广东省教育厅广州学协同创新发展中心研究成果
广州市教育局广州学协同创新重大项目研究成果
广东省普通高校人文社会科学重点研究基地研究成果

广州学研究丛书

城市创新的
国际经验

第一届『广州国际城市创新奖』研究

主 编 刘保春 顾涧清 涂成林

INTERNATIONAL EXPERIENCE
ON URBAN INNOVATION

Research on
the First Guangzhou International Award
for Urban Innovation

社 会 科 学 文 献 出 版 社
SOCIAL SCIENCES ACADEMIC PRESS (CHINA)

目　录

B I　总论篇

B II　评价篇

B III　生态环境篇

B IV　社会服务篇

B V   城市发展篇

B VI   城市交通篇

B I

总论篇

合作、共享与借鉴

——第一届"广州国际城市创新奖"研究报告

广州大学广州发展研究院课题组*

摘　要："广州奖"的重大战略意义，需要从两个方面来认识：世界城市面临的新挑战和发展的新趋势，以及广州长远发展的实际需要。通过对"广州奖"案例的深入研究，课题组提出4项建议广州市采行的具体措施：（1）明确目标定位，使广州成为华南创新中心；（2）成立创新中心，为全民创新提供组织保障和展示平台；（3）建设公共大数据平台，创新城市事务的公众参与途径；（4）将可持续发展作为科技创新切入点，推动生态文明建设。

关键词：广州市　广州国际城市创新奖　广州奖

一　"广州奖"的设立缘起

（一）第一届"广州奖"举办的基本过程

创新，是城市永续发展、保持活力的重要源泉。人类至今面临的一系列矛盾、城市至今遇到的一系列发展"瓶颈"，使我们比历史上任何时候都更加需要会聚彼此力量，更加需要依靠创新来促进科学发展、应对城市问题、造福人民。广州市联合世界城市和地方政府联合组织（UCLG，又简称城地组织）、世界大都市协会（World Association of Major Metropolises，以下简称 Metropolis），共同创设了"广州国际城市创新奖"（下文简称"广州奖"），旨在交流城市创新发展的先进经验，表彰全球城市和地方政

---

　　*　课题组长：涂成林；成员：谭苑芳、周凌霄、黄旭、艾尚乐、杨宇斌、汪文姣、吕慧敏。

府创新发展的成功实践，倡导城市创新发展的科学理念，进而推动全球城市的全面、和谐、可持续发展。

根据《广州国际城市创新奖章程》规定，"广州奖"评选每两年举办一届，每届选出 5 个获奖城市，奖励总金额为 10 万美元，每个城市奖励 2 万美元。评选对象面向全球范围内的城市和地方政府，凡属城市创新领域的成功实践都可参选。该实践必须是正在实施或近两年内完成的项目、举措或政策，具有独创性、非营利性，且产生了实际效果或具有重要影响。

2012 年 9 月 30 日，第一届"广州奖"报名截止，组委会共收到全球 56 个国家和地区、153 个城市提交的 255 个项目，包括西班牙马德里、墨西哥墨西哥城等 29 个首都城市，德国法兰克福、英国伯明翰、加拿大温哥华和蒙特利尔等国际知名创新型城市。技术委员会将不符合报告格式或提交材料与主题不相干的 45 个项目列为不符合参评资格的申请，再对其余 210 个合格项目做进一步评审。[①]

技术委员会经过两次全体会议，评选出 15 个提名城市，并在对它们做出书面评价、阐明评选理由后，提交给评审委员会参考。评审委员会从中选出了 5 个获奖城市，分别是：土耳其科喀艾里市、马拉维利隆圭市、韩国首尔市、加拿大温哥华市以及奥地利维也纳市。首届"广州奖"颁奖典礼已于 2012 年 11 月 16 日在广州成功举办。

（二）广州市举办"广州奖"所具备的优势

"广州奖"的创设和成功举办，与若干重要有利条件的具备有直接关系，课题组对此进行了总结和分析，以助广州市明确自身的作用及优势。课题组建议广州市在此后的相关工作中，进一步坚持和发扬这些优势，以利于"广州奖"的可持续发展。

1. 三方强强联合，具有较大国际影响力

"广州奖"是广州市联合世界城市和地方政府联会组织（UCLG）、世界大都市协会（Metropolis），共同创设的国际城市创新奖项。由地方政府依托世界城市多边组织发起设立国际奖项，在中国乃至全球都尚属首次。

---

① 此处使用《首届广州奖优秀参评项目汇编》中《2012 广州国际城市创新奖技术委员会初评工作报告》的数据，课题组在本报告附录中对参评城市及项目数量的统计与此稍有区别。

世界城市和地方政府联合组织（UCLG）总部设在西班牙巴塞罗那，于 2004 年由世界城市协会联合会、地方政府国际联盟和世界大都市协会合并组成，是目前世界上最大的城市和地方政府联合组织。组织宗旨是：通过构建全球地方政府之间的联系网络，增进理解、促进合作，帮助地方政府解决全球化和城市化带来的各种挑战。UCLG 在 136 个被联合国承认的国家拥有会员，其中直接城市会员有 1000 多个，全国性地方政府协会会员有 112 个，下设 8 个地区分会。

2004 年，广州市以创始会员身份加入 UCLG 并成为其世界理事会成员。从 2007 年开始，广州市连续 3 届担任 UCLG 的联合主席城市，在这一"地方政府联合国"的广阔平台上展现了中国城市积极参与国际事务的良好形象，提升了广州的国际知名度和全球影响力。

世界大都市协会（Metropolis）成立于 1985 年，以会员制的方式组织世界各主要城市和有关机构的联谊、交流与合作。2004 年世界大都市协会在保留其独立地位的前提下，并入当时新成立的 UCLG，承担其大都市部的工作。协会目前共有 84 个会员城市和一批准会员及个人会员。会员城市分布在世界各国，主要是人口超过 100 万的城市。广州市于 1993 年正式成为协会会员，1996 年被推选为董事会成员城市。除广州外，中国大陆的重庆市、杭州市、沈阳市、天津市、武汉市、海口市也是其会员。

因此，"广州奖"的创设是地方政府（广州市）与国际组织（UCLG、Metropolis）强强联合的结果。虽然"广州奖"是一个开放性的国际奖项，评选对象面向全球范围内的城市和地方政府。但作为一个新设立的奖项，其认受性和知名度必然有一个从低到高的过程，尤其在初创时期可能会面临参选城市和项目过少的窘境。但是从第一届的情况来看，全球共有 56 个国家和地区、153 个城市提交了 255 个项目参评，这是"广州奖"成功举办的一个重要前提。UCLG 和世界大都市协会遍布全球的会员网络，使"广州奖"在世界范围内具有较大的号召力和影响力，保证了有一定数量的城市和地方政府关注并参与"广州奖"的相关活动。

而"广州奖"永久落户的广州市是中国大陆的中心城市之一，有能力也有意愿提供国际评奖所必需的大量人力、物力，为创设和举办"广州奖"提供经费、场地、物质、组织等全方位的保障。广州自身的城市影响力和吸引力、长期积累的城市外交资源，也是"广州奖"评选活动顺利开展的重要保障。

2. 广州在国际上具有良好的城市形象

城市国际形象是国际社会对一座城市的整体印象，是城市的自然资源、人文环境、历史传统、经济发展、科教文化、建筑景观、整体风貌等多方面要素在国际受众认知中的综合反映。城市国际形象是一个城市重要的无形资产，是全球化背景下城市综合竞争力不可或缺的要素之一。良好的城市国际形象不仅能体现城市的魅力和吸引力，同时具有强大的凝聚力和辐射力，是城市扩大对外交往、吸引国外发展资源、增强国际影响力的重要途径。

广州城至今已有 2228 年的历史，自古就是商贸繁荣之地，素有"千年商都"的美誉。早在秦汉时期，广州就是闻名于世的通商口岸，至今从未关闭过，是海上丝路的发祥地和始发港之一。著名的"十三行"曾是全国对外贸易的核心区。从 1957 年起，在广州每年举办两届的中国出口商品交易会（后更名为中国进出口商品交易会）是我国规模最大、档次最高、成交量最大的出口商品交易会，其成交额占全国出口贸易的 1/3，被称为"中国第一展"，在国内外具有广泛的影响。

国内有学者专门对"外国人眼中的广州城市形象"开展了问卷调查。结果显示，受访者认为广州的国际知名度与莫斯科、吉隆坡、开罗、圣保罗等首都城市，以及曼彻斯特、釜山、洛杉矶、墨尔本等世界重要城市相当。在城市整体形象方面，80% 以上的在穗受访外国人认为广州的整体形象较好，近 60% 的受访者表示愿意在广州长期居留，只有 10% 的人"不愿意"在穗居留。关于城市国际形象定位，受访者对广州"现代化国际大都市"这一总体形象定位认同度较高，表明广州现代化国际城市的总体形象已经初步确立并正在获得广泛认同。在形象定位细分方面，"经济发达、商贸活跃"是受访者对广州最为深刻的印象，"国际商贸中心城市"是受访者认同度最高、一致性最强的细分城市形象。[1]

总体而言，广州市在国际上不仅具有较高知名度，城市形象也以正面为主，"国际商贸中心城市"是广州市在外国人眼中的具体定位。广州的城市形象充分反映了它在社会经济发展、城市建设与管理方面的巨大成就，以及对全球一体化的高度融入。由此可见，广州市已经具备举办国际性大奖的基本条件。

---

[1] 姚宜：《广州城市国际形象及其对外传播研究》，《城市观察》2013 年第 6 期。

3. 高水平的外事工作为广州积累了丰富的城市外交资源

广州市外事部门通过多年的辛勤工作，为广州积累了丰富的城市外交资源，尤其是建构了遍布全球的国际友好城市网络和国际友好合作交流城市网络，对第一届"广州奖"的成功举办功不可没。近年来，多边交往已成为广州城市外交的重要方式，呈现两大特色。

一是交往范围广、发展速度快。广州市外事办坚持创新城市对外交往模式，大力实施"国际友城拓展战略"，服务国家总体外交和广州经济社会发展的需要。目前，广州已与洛杉矶、温哥华、悉尼、法兰克福等32个国际城市缔结了友好城市关系；与墨尔本、巴塞罗那、墨西哥城、休斯敦等23个国际城市缔结了友好合作交流城市关系。此外，还与100多个区域性国际民间组织建立了友好关系。

二是交往层次高、国际影响大，广州早在2004年就以创始会员身份加入UCLG并成为其世界理事会成员，广州市行政首长连续3届当选UCLG五大联合主席之一，并于2012年创设了"广州国际城市创新奖"，为推动城市分享成功经验、共同繁荣做出了重要贡献。广州充分利用UCLG会员的身份，在国际上代表中国城市争取发言权和话语权，并努力参评国际奖项，先后获得了"国际花园城市奖""国际可持续交通奖""全球最适宜居住城区奖"等荣誉。

积极的城市多边外交对推动广州城市国际化发展有重要作用，也有助于广州获得来自海外的资金、技术、信息、对外关系等方面的发展资源，提高了广州的国际声誉，增加了广州举办国际奖项的优势。

4. 广州作为国家中心城市之一，具有雄厚的实力和影响力

国家中心城市是《全国城镇体系规划》提出的城镇体系规划中处于最高位置的城镇层级，这类城市在政治、经济、文化诸方面具备了全国性的引领、辐射、集散功能。广州作为一座拥有2228年历史的文化名城，是中国5个国家中心城市之一，经济总量连续多年位居中国内地城市第三位，城市化率已经超过80%，具有雄厚的实力和影响力。

根据《中国城市竞争力报告NO.11》所做的"2012年中国293个城市综合经济竞争力"排名，广州市排在全国第五名。若排除香港和台北，广州更是排在中国大陆城市的第三名，仅次于深圳和上海。[①]

---

① 倪鹏飞主编《中国城市竞争力报告NO.11》，社会科学文献出版社，2013，第1页。

广州市所取得的重大成就在很大程度上来自不断创新。事实上，广州作为广东省内创新中心的地位已经基本确立，尤其在教育及科技研发方面的领先地位更是不可撼动，聚集着丰富的创新资源。广东省多年来稳坐中国大陆经济的头把交椅，更是国内的创新强省，而广州正是创新强省的龙头。由于具有较高的独特性和重要性，广州在 2010 年获批为 17 个国家创新型城市试点之一。

总体而言，广州已经具备并充分展现了自身强大的创新能力与潜力，足以承载关于城市创新的国际性大奖的举办。

二 "广州奖"重大战略意义的再认识

广州市联合城地组织、世界大都市协会共同创设"广州奖"，对其中的重大战略意义必须首先透过两方面的分析，才可能有深入和到位的认识，一是世界城市发展的新挑战和新趋势，二是广州长远发展的实际需要。

（一） 世界城市发展的新挑战及新趋势

城市化和城市自身的发展过程，是人类活动的地理空间格局和社会结构的深刻变化过程。联合国经济和社会事务部 2012 发布的《世界城市展望》显示，截至 2011 年全球 70 亿人口中有一半生活在城市。尤其值得注意的是，生活在大城市和特大城市的人口增长速度最为迅速。在 2011 ~ 2050 年的 40 年间，全球人口将增加 23 亿，而城市居民将增加 26 亿，意味着城市除了吸收全球所有新增人口之外，还将吸收一些农村人口，因此农村人口将减少 2 亿 8800 万。①

这一快速的城市化进程在非洲和亚洲显得尤为突出，它们的城市人口总增量将占全球的 86%。增长最多的国家依次是印度（4 亿 9700 万）、中国（3 亿 4100 万）、尼日利亚（2 亿）、美国（1 亿 300 万）和印度尼西亚（9200 万）。这一变化将给城市居住、环境、基础设施等各方面带来新挑战。②

① 郭婧：《大城市化，高风险的膨胀？——2011 年版〈世界城市化展望〉报告分析》，《中国环境报》2012 年 5 月 15 日第 4 版。

② 同上。

全球农村地区人口数量及其占总人口的比例都将在 2020 年前后开始绝对降低。[①] 这就意味着人类的经济社会活动空间分布格局，已经进入以城市为主的时代。可以说，未来城市化和城市发展的特征和状况，在很大程度上决定着人类发展的特征和状况。

1. 世界城市化发展的新挑战

第一，全球化的不均衡性和不对称性。全球化的本质是全球范围内资源和生产要素的优化配置。虽然从一般意义上讲，全球化背景下各类要素都可以在全球范围内流动和重新配置，但就目前的情况而言，要素流动格局呈现出一定程度的不均衡性和不对称性：高端人才的流动性远远高于中低端人才；资本的流动性远远高于劳动力的流动性；发达国家对发展中国家消费模式、生产模式、产业结构、治理模式等方面的影响，总体而言大于发展中国家在这些方面对发达国家的影响。

第二，科技进步与城市发展的深度结合。20 世纪 80 年代以来信息通信技术的突破和广泛应用，带动了上一轮全球范围内的经济高速增长。该轮增长随着 2008 年底发达国家爆发的金融危机波及全球而陷入停滞。但展望未来，能够启动新一轮经济增长，特别是发达国家经济增长的根本力量，仍然是新的重大技术突破。信息通信技术的深度普及和应用、清洁能源的发展、新材料的出现、生物技术的发展等，都有可能成为启动第三次工业革命的科技突破点。能否结合自身城市的转型需要，充分利用先进科技所带来的重大发展机遇，成为世界各大城市未来发展所面临的又一挑战。

第三，全球治理模式和治理议题的变化。随着全球化的深入，许多重大议题越来越超出主权国家的治理范围，需要在全球范围内进行协调，才可能得到有效解决。诸如应对气候变化，维护全球政治、经济和金融稳定，控制传染病等全球性公共产品，成为摆在人类及城市面前的重大议题。全球治理结构的变化也孕育着全球政治格局等方面的深刻变化。

第四，各国民众的权利和平等意识普遍增强。美国战略思想家布热津斯基把这种现象称为"全球政治觉醒"（The massive global political awakening）。这种趋势对于一国国内政治、经济和社会制度的变化，具有难以预

---

① 郭婧：《大城市化，高风险的膨胀？——2011 年版〈世界城市化展望〉报告分析》，《中国环境报》2012 年 5 月 15 日第 4 版。

计、难以把控的重大影响，对国际关系也有重要影响。2013 年新兴市场城市频繁发生社会骚乱，12 月 14 日国际货币基金组织指出：由于新兴市场城市的社会分配不公不断加剧，城市的社会分化与矛盾使其不稳定性风险持续凸显，80% 的新兴经济体国家增长步伐已经开始放慢。[①]

这些因素相互之间并不独立，它们之间复杂的反馈和互动，将对城市化和城市发展产生影响。如全球化将催生越来越多的世界性城市以及城市网络；科技进步将影响生产活动在全球布局的重新调整，进而影响城市的产业分工格局；应对气候变化等全球治理议题将促进城市向资源节约和环境友好的方向发展；各国民众权利和平等意识的增强要求城市实施包容性的经济和社会政策；等等。

2. 世界城市发展的新趋势

在众多因素的综合作用之下，世界城市发展呈现出若干新趋势。

第一，大都市区的重要作用日益凸显。大都市区集中了很大比例的人口和经济活动。如以发达国家为主的经济合作与发展组织（Organization for Economic Co - operation and Development，简称 OECD），其成员国总人口中超过 70% 生活在大都市地区，这些区域中单个城市的人口规模往往超过 150 万人。不仅如此，这些城市的人口年均增长率为 0.8%，远高于中等城市和小城市的增长率。因此，OECD 国家的人口越来越集中在少数几个地区。在一些 OECD 国家，一个大都市区的人口几乎占据所在国总人口的一半。OECD 国家大都市地区的人均生产总值往往高于全国平均水平，其生产总值占全国的比重也远远高于其他地区。有些大都市区域创造的生产总值占到全国 GDP 的 1/3，有些地区甚至占到 1/2。[②]

但在现有的技术和产业条件下，大都市区的集聚效应并非没有上限。当城市发展到某个阶段后，集聚所带来的负面效应会超过正面效应，从而导致城市的竞争力下降。在人口达到 150 万及以上的 78 个 OECD 大都市中，有 1/3 经济增长率比国内平均水平低。欧盟对 258 个居民人口达到 25 万及以上的大城市的研究报告显示，在 2000 年到 2006 年之间，一半以上

① 唐佳蕾：《国际城市蓝皮书发布 雾霾入选 2013 年十大关注》，中国网，2014 年 2 月 12 日，http://news.china.com.cn/txt/2014-02/12/content_31445689.htm。
② 国务院发展研究中心发展战略和区域经济研究部“中国城镇化过程中若干典型问题研究”课题组：《世界城市化和城市发展的若干新趋势和新理念》，《中国发展观察》2013 年第 1 期。

大城市的经济增长率低于其国内平均水平。[①]

不过，发展中国家的情况可能会有很大不同。世界银行编写的2009年世界发展报告——《重塑世界经济地理》——显示，发展中国家人口和经济活动在地理空间上的集聚，基本与先行国家的历史轨迹相类似。所以可以预期，发展中国家将会随着经济发展而出现一批新的大都市群。

第二，科技创新将成为世界主要城市的竞争力源泉。第三次工业革命在发达国家的率先启动以及全球化深化，将带动各国城市发展格局发生深刻、丰富而不对称的变化。与第三次工业革命相关的尖端制造业将成为这些国家一些重要城市在较长时间内新的竞争力源泉，带动全球产业分工链条的重新调整。发达国家中为数不少以制造业为主而在全球化过程中衰落的城市，以及目前以服务业为主的城市，有可能因为尖端科技的发展而焕发新的生机，重新获得相当长时期的竞争力。当然，即使在发达国家内部，能够从新科技突破和再制造业化中受益的城市数量也并不多。

对于发展中国家而言，能否从新科技突破中受益，取决于其产业水平和技术能力与最前沿国家的差距有多大。差距较小的国家有可能受到前沿国家技术突破的辐射和带动。而差距较大的国家则很难指望从发达国家少数城市的高端制造业兴起中直接获得大而持久的带动作用。相反，如果高端制造业的产品或工艺对传统制造业形成了替代关系，那么发展中国家很可能会受到负面冲击，以及遭受发达国家资金撤回的影响。

第三，城市合作以及城市网络对竞争力的影响更加凸显。随着全球化的发展，单个城市追求自身最优规模、最高效益的做法越来越不合时宜。城市竞争力日益取决于多主体的合作质量以及自身在城市网络中所形成的独特优势。

根据OECD国家的经验，由于各产业部门中聚集经济的重要性有很大差异，而且不同城市的产业构成也不尽相同，所以不存在唯一的最佳城市规模。更重要的原因是，全球经济网络正日益演变成一个将全世界各大枢纽与节点连接在一起的横向网络。在这种背景下，虽然基于产业分工和专业化而形成的效率改进成本有所降低，但可替代性较强的从事标准化产品生产的能力，在全球化日益深化的今天很难构成核心竞争力。未来的产品

---

① 国务院发展研究中心发展战略和区域经济研究部"中国城镇化过程中若干典型问题研究"课题组：《世界城市化和城市发展的若干新趋势和新理念》，《中国发展观察》2013年第1期。

和服务需求将呈现更加多样化的格局,产品设计的时效性和差异化要求都会日益提高,生产流程也需要更加柔性化。这样,单体城市的竞争力将日益取决于价值链上的各个参与方、企业及其内部各部门、供应商和客户之间的沟通、合作的效率和质量,取决于单体城市在城市网络中所处的地位和核心优势。

第四,包容性发展逐渐成为城市发展的关键因素之一。长期以来,城市主要被视为经济活动的载体,其社会功能往往扮演辅助角色。而近年来,社会群体性事件大范围、激烈地在一些发达国家的城市中发生,从侧面体现出包容性问题(公正、公平)正在成为城市社会运行成功与否的关键性因素。

"包容性城市"建设的关键,在于建设高水平的社会服务体系。其中,社会服务的均等化,是完善社会服务体系的核心。未来一个较长的时期内,随着城市中产阶层规模的不断扩大,高水平医疗、教育等社会服务资源的广泛覆盖与均衡配置,将成为城市社会平稳发展的基础性保证,这对新兴经济体迅速崛起中的大都市尤为重要。此外,城市服务体系建设主要解决的是社会服务的机制、供给等"器物"问题,而在更高层面上,人的因素仍然是城市包容性发展的主要视角。移民,特别是国际移民的进入与流动,是国际大都市正在面临的重大考验。移民融合成为与城市内部族群融合同等重要的问题;而推动"第二代移民"的社会融入等措施,是消除歧视、防止移民成为不稳定群体的重要推进方向。

第五,绿色低碳运行成为未来城市的发展方向。为应对经济危机,世界主要国家均将低碳环保作为未来着力发展的重要领域。国际主要城市的转型战略也借助了这一"绿色东风",将低碳、环保作为未来发展的主攻方向,以促进城市的可持续发展。另外,国际城市发展中普遍出现的人口激增、无序扩张、环境污染、资源浪费加剧以及社会分配不平衡等问题,变得更为尖锐和凸显,带来城市低碳发展的需求。低碳运行成为国际主要城市发展的重要方向。值得注意的是,当前对城市宏观层面碳减排额度博弈与革命性技术突破的规划与探讨相对减少,而从小处、实处着手,从改变生活方式着手推进低碳的力度则有所增强。

在总体规划方面,"绿色城市"概念得到普遍认同。联合国环境规划署发布的《迈向绿色经济:通往可持续发展和消除贫困的各种途径》中提出,"绿色城市"是绿色经济在城市范畴内的延续。该报告特别指出,城市中的各组成部分，包括交通、建筑、能源、水、废物、科技等都必须采取措施促进绿色发展，同时提出只有政治体制改革、政策创新、市场激励与消费者参与等驱动力共同作用，才能使传统城市向"绿色城市"转变。在微观层面，从生活方式与微观个体行为方式入手，改变城市运行模式进而达成低碳的目标，是城市生态领域的新视角。

（二）广州发展的需要及未来的选择

1. 建设中心城市，承担国家使命

2008年国家发展和改革委员会发布了《珠江三角洲地区改革发展规划纲要（2008～2020年）》，明确要求："广州市要充分发挥省会城市的优势，增强高端要素集聚、科技创新、文化引领和综合服务功能，进一步优化功能分区和产业布局，建成珠江三角洲地区一小时城市圈的核心。优先发展高端服务业，加快建设先进制造业基地，大力提高自主创新能力，率先建立现代产业体系。增强文化软实力，提升城市综合竞争力，强化国家中心城市、综合性门户城市和区域文化教育中心的地位，提高辐射带动能力。强化广州佛山同城效应，携领珠江三角洲地区打造布局合理、功能完善、联系紧密的城市群。将广州建设成为广东宜居城乡的'首善之区'，建成面向世界、服务全国的国际大都市。"

目前，广州已经具备了建设国家中心城市的初步条件和基础，但与国际区域性中心城市相比较，与承担华南地区乃至全国中心城市功能的要求相比较，广州离国家中心城市还有不小的差距。从资源配置功能来看，广州虽然是商贸中心，但服务功能还比较弱。从经济辐射功能来看，广州虽然生产基地功能比较突出，但对区域性产业活动的辐射能力较弱，总部经济发展缓慢，创新能力还不强。从城市功能布局看，广州城市块头不小，但城市功能分区还不够突出。正如前任省委书记汪洋所言："建设国家中心城市是今后一个时期广州工作的一条主线，也是广州必须承担的一个重大历史责任。"

2. 转变发展方式，提高经济发展质量

广州在自主创新能力、资源配置功能、经济辐射功能、城市功能布局、社会事业辐射功能等方面与国家中心城市的地位还不相适应，这些不适应主要是由发展方式仍然粗放、转变仍然不到位造成的。广州只有加快经济发展方式转变，形成以服务经济为主体的中心城市产业结构，才能拥

有对物资流、资金流、技术流、信息流更大的支配力、控制力和配置力，才能不断提升中心城市的高端要素集聚和综合服务功能，增强集聚辐射和资源配置能力，在提升区域竞争力中更好地发挥国家中心城市的龙头带动作用。具体而言，需要在以下6个方面实现提升。

（1）把扩大内需作为加快转变经济发展方式的首要任务。当前广州扩大内需要突出"刺激消费、优化投资"两个重点。尤其是要充分发挥民营企业在扩大内需、内生增长中的主力军作用。（2）把提高自主创新能力作为加快转变经济发展方式的核心战略。以技术创新引领现代产业体系跨越发展，着力打造"广州服务""广州创造""广州制造"三大品牌。（3）把加快建设现代产业体系作为加快转变经济发展方式的基本途径。在选准现代产业体系建设重点、完善现代产业体系布局与优化现代产业体系发展环境等3个方面狠下功夫。（4）把大力发展绿色经济作为加快转变经济发展方式的战略举措。（5）把深化改革开放作为加快转变经济发展方式的根本动力。（6）把加强民生社会建设作为加快转变经济发展方式的根本目的。

3. 发展社会民生事业，维护城市公平正义

古今中外治国理政的理论与实践充分证明，大力发展社会事业，切实改善民生，是获取人民群众拥护和支持，巩固执政地位的根本要求；是实现社会公平正义，建设中国特色社会主义的本质要求；是推动经济社会发展转型，实现科学发展的内在需要；是适应人民群众新期待，建设和谐社会的时代要求。广州市必须积极顺应社会发展的客观规律，敏锐把握群众对民生的新要求、新期盼，以增强群众幸福感、提高幸福指数为根本，大力发展社会民生事业，维护城市公平正义，实现长治久安。具体而言，需要在以下6个方面实现提升。

（1）促进教育公平均衡优质发展，以发展保证教育公平，以惠民政策落实公平，以规范管理保障公平。（2）提高公共医疗卫生服务水平，优化公共卫生服务体系，提升城乡医疗服务水平。（3）促进就业稳定增长，在调结构、促转变中扩大就业，加强和完善就业服务体系，提高劳动者就业能力，发挥劳动者、市场、政府促进就业的合力。（4）完善社会保障体系，必须扩大覆盖面、提高保障水平，财政性社会保障投入要重点向农民、农民工、被征地农民、城市无业人员和城乡残疾人等特殊困难人群倾斜。（5）提高住房保障水平，健全住房保障体系，扩大住房保障覆盖面，多渠道拓宽保障性住房建设用地来源。（6）加强社会治安综合治理，切实抓好社会矛盾化解工作，在重大事项、重大决策前对可能引发的不稳定因素，要进行社会风险评估，进行先期防范、先期化解。

4. 改善城乡生态环境，建设绿色宜居广州

建设生态文明，是现代城市的共同追求，更是广大市民的共同期盼。广州市作为一个特大型中心城市，随着工业化、城市化进程不断加快，特大型城市面临的人口、资源、环境压力越来越大：一是人口容量已经超过生态临界点。截至 2013 年底，广州市常住人口为 832 万人，实际居住的流动人口为 837 万人左右，反超常住人口。两者相加达 1669 万人，已经超过 1500 万的人口长远控制目标。而且人口高度集中在面积仅占全市 15.7% 的 6 个老城区，使这里人口占比达到 60%。① 二是资源约束进一步凸显。虽然广州每平方公里土地产出率排在省内、国内城市的前列，但与国际先进城市相比则有明显差距，比如只有香港的 1/17、新加坡的 1/18、首尔的 1/32 和大阪的 1/80。② 今后 10 年土地约束矛盾更为突出。三是环境压力不断加大。近年来广州的环境整治工作取得了明显成效，但在大气和水污染治理方面依然面临严峻挑战，节能减排任务仍十分艰巨。

广州社情民意研究中心于 2013 年 6 月进行了"2013 年度生态环境状况广州市民评价"民调。调查发现，对生态环境状况市民不满意度显著上升，较 2011 年上升 9 个百分点，达 30%，而满意度降至 22%。对政府的环境保护工作，市民不满意度为 32%；满意度为 24%，低于不满意度 8 个百分点。从近年数据来看，亚运期间生态环境治理取得成效，市民评价曾有明显好转。但亚运过去 3 年，市民满意度直线下降，不满意度迅速反弹，恢复到 2009 年时的负面差评水平。其中，对"水环境"不满的市民最多，不满意度达 41%，较 2011 年上升了 11 个百分点。日益增多的环境污染及其引致的身体不适，使市民对生态环境的安全感受发生了变化。民调显示，市民对本地生态环境的安全感较 2011 年减少了 6 个百分点；而不安全感增至 21%。72% 的受访者认为本地环境"有"污染，其中，近六成人认为程度"严重"和"比较严重"。

由此可见，"建设绿色宜居广州"不能继续停留在口头上和文件上，改善城乡生态环境已经到了刻不容缓的紧要关头。

---

① 李光裕：《流动人口比常住多了 5 万》，《广州日报》2014 年 4 月 13 日第 A3 版。
② 严利、毕征：《加快经济发展方式转变推进国家中心城市建设》，《广州日报》2010 年 5 月 20 日第 A1 版。

（三）"广州奖"助力广州走向新的战略制高点

1. 搭建国际城市间的创新交流平台

对于全球的参评城市代表而言，参与"广州奖"活动不仅让他们能够推介自己所代表的城市和城市的创新实践，更重要的是获得了一个全球城市互相交流管理和服务经验的机会。

在第一届"广州奖"举办期间，主办方广州市政府特意安排了"市长访谈"和"案例交流会"两项活动，以促进城市管理者就城市创新进行互动和交流。市长访谈由中央电视台财经频道《对话》栏目主持人陈伟鸿主持，并在国际城市创新大会上进行。广州市市长陈建华、西班牙巴塞罗那大区副主席安东尼奥·巴尔蒙、立陶宛维尔纽斯市市长阿图拉斯·佐卡斯、南非约翰内斯堡市市长帕克斯·塔乌，围绕城市创新发展的主题，畅谈了城市管理经验与建设未来城市的理想。案例交流会则将15个提名城市分为增强城市的社会包容性、应对气候变化的新途径、可持续发展计划与改善城市行政管理四个方面，分别进行案例展示及分享讨论，并邀请相关领域的专家对提名案例进行点评及提问。

当今世界正发生着日新月异的变化，发展中国家城市的变化速度更是惊人。通过"广州奖"及其系列活动，全球城市的管理者能够讨论和交流经验，各个城市得以更清楚地看到自身正在经历的一些变化、在世界城市格局中所处的位置，以及未来开展合作和提升的潜力。通过与其他城市的交流，有助于城市更好地进行管理和规划——不仅是市容市貌方面的一些硬件规划，更重要的是在城市管理和服务方面，使政策的实施和制定能够更科学、更便捷、更透明、更符合民意。

2. 开创城市外交的新形式

城市外交是城市或地方政府代表城市或地区的利益，在国际政治和外交舞台上与其他行为主体进行互动，发展双方关系的活动或过程。城市外交属于地方外交的范畴，是国家总体外交的重要组成部分，具有层次多样、优势互补的特点。城市外交既有官方色彩，同时具有民间含义，反映出国际交往活动中主体多元、内容多样的特点。在党的十八大报告中，中央再次明确提出：扎实推进公共外交和人文交流，开展同各国政党和政治组织的友好往来，加强人大、政协、地方、民间团体的对外交流，夯实国家关系发展的社会基础。

"广州奖"是借助 UCLG 平台而落户广州的永久性国际大奖，是难得的城市外交、公共外交长效品牌，通过它，传统的地方外事工作正在向创新的城市外交发展。仅在 2012 年 11 月 14 日至 17 日的第一届"广州奖"活动期间，就有来自 62 个国家和地区 149 个城市的代表来到广州参加活动。正如前任外交部部长杨洁篪所言："举办广州奖活动，可以超越因意识形态、体制机制不同造成的矛盾与分歧，进一步丰富了对外交流合作的形式。"

总体而言，"广州奖"很好地搭建了一个推进地方外交的新型渠道和平台，在国际舞台上打出中国广州名片，"巧发声""发强声"，有助于进一步加强广州与世界城市间的多边交往，盘活广州民间外交资源。"广州奖"由于增强了中外交流，对于消除别国对我国的偏见和误解起到了重要作用，进一步提升了我国的软实力。

通过与 UCLG 和世界大都市协会的合作，广州从参会到办会、从领奖到设奖、从双边到多边，城市外交实现了多层次多领域的突破。因此可以毫不夸张地说，"广州奖"的创设和成功举办，使广州乃至中国的特色城市外交和民间外交工作提高到了一个新的水平。

3. 向世界展示广州形象和发展成果

每两年举办一届的"广州奖"永久落户广州，是继 2010 年广州亚运会之后，广州进一步向全世界展示城市形象、城市魅力的重要机遇。尤其是首届评奖活动还与广州国际城市创新大会和世界大都市协会董事年会一起进行，重要性和影响力更是非同凡响。

为了充分展示广州城市魅力和近年的发展成果，广州市主要领导对"广州奖"筹备工作进行了细致部署，精心策划了以花城广场、广州塔为主的"城市建设线"、以荔湾涌和陈家祠为主的"历史文化线"、以芳和花园保障房小区为主的"保障性住房线"和以友谊商店为主的"时尚购物线"等线路。在活动期间共组织 12 批次 557 人次的参观考察活动，使外国嘉宾多视角、近距离、全方位地亲身领略了广州经济社会发展的成就和独具特色的岭南文化魅力，对广州城市建设留下了深刻印象。参观过后，巴西累西腓市长约翰·考斯特由衷赞叹："广州很大，可以称得上国际大都市之一。它怎么能有效率地组织人力物力，城市怎么建设得很漂亮，是可以思考和借鉴的。我会介绍我的朋友来中国，来中国要来广东，来广东就要来广州。"① 韩国代表团团长李尚孔也对广

---

① 黎蘅等：《柏林市长赞广州保障房》，《广州日报》2012 年 11 月 15 日第 A13 版。

州印象深刻："我从没来过广州，……这是个有活力的、很开放的城市。从广州塔看到了整个城市，比我想象中要干净，建筑风格非常简练。"①

展示城市形象，目的还是促进广州社会经济可持续发展。"一奖两会"期间，广州市还组织了以"促进交流、共同发展"为主题的国际城市经贸交流会，来自友城的代表、驻穗商会代表以及广州市政府有关部门负责人和企业负责人等约300人出席了活动。市长陈建华致辞并推介了广州巨大商机，广州市外经贸局负责人做了广州投资环境的推介。此外，还举办了广州与部分友城代表的访谈问答和企业对接交流活动，显著地促进了广州与国际城市的经贸合作。

4. 为广州城市发展提供经验借鉴

广州的城市建设和社会经济虽然持续实现高速增长，但与发展相伴随的城市病似乎也有愈演愈烈的趋势。党的十八大报告指出要实施创新驱动发展战略，并强调要坚持走中国特色自主创新道路，以全球视野谋划和推动创新，提高原始创新、集成创新和引进消化吸收再创新的能力。事实上，唯有创新才能克服城市发展中面临的问题，才能永续保持城市发展的活力，才能让城市人民生活更美好。当下，广州正致力于特大型城市科学发展的创新探索，力争走出一条低碳经济、智慧高效、生活幸福的新型城镇化发展道路。"广州奖"作为城市创新实践的重要载体，是对十八大报告精神的学习贯彻，是以实际行动吸收全球城市创新发展经验，并以此进一步推动广州新型城镇化发展和国家创新型城市建设。

广州如此认真地承办"一奖两会"，正蕴含着城市管理者为广州的转型升级和未来发展树立先进标杆，为广州城市发展提供经验借鉴的良苦用心。在活动期间，众多专家和嘉宾对城市发展的真知灼见、各个获奖城市和项目的先进经验，有助于打破广州各个创新主体头脑中的"天花板"，推动广州整体迈上新台阶。正如陈建华市长所言："广州要建设一个世界先进的城市，而作为一个有两千多年历史的古老城市，广州是我国五大中心城市之一。发挥中心城市的作用，坚持以人为本和可持续发展，在现代化的过程中向这个目标迈进，让人民的生活更加美好，这就是广州创新的动力。"

广州虽然是广东省的创新资源聚集中心，但具备一些创新优势不等于一定能成为创新型城市。一个真正的创新型城市，必须具备两个条件：一

---

① 黎蔷等：《柏林市长赞广州保障房》，《广州日报》2012年11月15日第A13版。

是持续不断地向其他城市学习,二是吸引或帮助其他城市成为自己的学习者。其实质就是广州作为未来的国际性大都市、国际性知识城市,要能够在残酷的国际竞争中立足,并通过合作实现共赢。这一目标虽然任重道远,但广州已经走在正确的道路上,而"广州奖"正是这条道路上的一个重要环节。

三 国际城市创新基本经验及其对广州城市发展的启示

"广州奖"会聚了全球 200 多个城市创新项目。归纳总结项目的先进经验、为广州城市发展提供借鉴,是本课题的工作重心与价值重心之一。

(一) 第一届"广州奖"推荐项目及城市的特征分析

"广州奖"是国际"城市创新的诺贝尔奖",其评审团于 2012 年 10 月 15 日至 17 日召开初评会议,评选出获奖城市、提名城市和专家推荐城市。为了能够更加全面、透彻地分析"广州奖"提名、推荐项目和城市的特点,课题组对提名、推荐的城市和项目的具体内容进行了量化分析。通过归纳总结国际创新城市和优秀创新项目的特点和规律,一方面,协助广州市主要党政领导及广州市外事部门明确"广州奖"在国际城市中的真实号召力和影响力,有助于客观评价"广州奖"相关工作的开展成效;另一方面,协助广州市主要党政领导和城市建设、管理部门掌握世界城市创新的重点领域及发展趋势,有助于更科学合理地推进广州新型城镇化发展和国家创新型城市建设。

1. 主题类型主要集中在社会服务和生态环境方面,表明民生及社会的可持续发展受到普遍重视

据课题组统计,在获奖城市提交的项目中社会服务类项目占总数的 60%。在提名城市提交的项目中,社会服务类项目占 38.9%,生态环境类项目占 33.3%。在推荐城市提交的项目中,社会服务类项目占 24.6%,生态环境类项目占 26.3%。从数据上看,社会服务类项目和生态环境类项目所占比重远远超过其他五大主题。这说明民生及社会的可持续发展受到全球城市及地方政府的普遍重视。

社会服务类项目旨在提高政府服务水平和市民生活质量,这类项目的大量出现说明政府越来越关心市民作为城市主体的地位,并注重由管理型

政府向服务型政府的转型。另外，随着现代人类社会对地球资源的过度开发，生态环境已成为当今世界的焦点问题和热点话题，本次推荐项目中这类项目比例偏大，表明当前的城市建设与发展日益关注生态环境问题，以保证城市的可持续发展。

2. 发达国家以社会服务和生态环境的创新占优，发展中国家以公共管理和住房交通的创新占优

由于城市所在国家发展阶段不同，对于创新项目的需求也不同。课题组制作了 46 个获推荐城市所在国家的发展程度与 57 个获推荐项目主题类型相关性的统计表。

表 1　推荐城市所在国家的发展程度与项目主题的相关性

单位：项,%

国家类型	城市整体发展	城市区域发展	公共管理	社会服务	生态环境	智慧城市	住房交通
发展中国家（百分比）	5（13.5）	1（2.7）	6（16.2）	8（21.6）	9（24.3）	2（5.4）	6（16.2）
发达国家（百分比）	2（10）	1（5）	1（5）	6（30）	6（30）	3（15）	1（5）

在七大主题中，城市区域发展项目数量过少，统计数据不具有代表性，在此不予讨论。城市整体发展项目在发展中国家与发达国家中所占比例接近，分别为 13.5% 和 10%。在推荐项目的公共管理和住房交通两大主题中，发展中国家所占的比例都远远高于发达国家，这说明发展中国家更重视这两大主题项目的建设，这与它们处于发展中国家的发展阶段是直接相关的。公共管理旨在提高政府的管理水平，住房交通则直接关系民生，这些都是发展水平较低的发展中国家需要解决的问题。发达国家的发展程度较高，公共管理和住房交通的可改善空间较小，也不是它们急需解决的问题。发达国家需要解决的是更具前瞻性或科技含量更高的问题——建设智慧城市、保护生态环境以及提高城市的社会服务。因而在以上三大主题中，发达国家占有比较明显的优势——社会服务类项目中，发达国家比发展中国家多出 8.4 个百分点；生态环境类项目中，发达国家比发展中国家多出 5.7 个百分点；最具科技含量的智慧城市项目中，发达国家则比发展

中国家多出 9.6 个百分点。

3. 地方政府和公共部门既是城市创新资源的主要提供者，也是主要的创新主体

"广州奖"的宗旨是："表彰城市和地方政府在城市创新领域中的成功实践，通过推进城市及地方政府的创新活动，为城市和地方政府实现全面、和谐和可持续发展，提供创新示范和引领，为全球城市合作发展做出积极贡献。"

从统计数据来看，实际情况与此宗旨基本一致，地方政府和公共部门既是城市创新资源的主要提供者，也是主要的创新主体。从附表 2 中可以看出，以地方政府作为主要资助方的项目有 41 个，占全部项目总量的71.9%。即由地方政府所资助的项目比其余五大类之和还要多，可见地方政府是各个项目的最主要资助方。同样的情况在创新主体指标体系中也有体现。根据附表 5 可知，在四大创新主体中，公共部门有 47 项，占全部项目总量的 82.5%。

4. 创新的主要障碍分布比较均衡，发达国家与发展中国家所面临的创新障碍基本类似

从附表 3 中可以看出，课题组在设置指标分类时将"广州奖"推荐项目（包括提名项目和获奖项目）的主要障碍分为 10 大类，这是所有指标分类中数量最多的一项。从数据分配比例来看，除"工作对象或实施方"所占比重略高（22.8%）外，其余各项指标所占比重都比较接近，基本没有发生单一障碍垄断的情况。在获奖项目中，则是官僚体系障碍的比重较大。另外，统计数据显示：创新项目所面临的主要障碍与城市所在国家的发展程度缺乏相关性。由此可以推断：城市创新的主要障碍分布比较均衡，发达国家与发展中国家所面临的障碍基本类似。

5. 长期项目数量最多，反映了地方政府作为最大创新主体的公益性

从附表 6 的统计数据来看，实施时间为长期的获奖项目有 3 个，提名项目有 9 个，推荐项目有 24 个，分别占项目总数的 60%、50% 和 42.1%。所占比重为所有项目之最。究其原因，这与主要资助方和创新主体的构成直接相关。上文已有分析，地方政府和公共部门是城市创新资源的主要提供者和创新主体，除地方政府和公共部门外，主要资助方和创新主体中的中央政府、非政府组织、国际组织、教育机构都与地方政府和公共部门都有着共同的特点，即着眼于地方社会的发展，不以营利为目的。这就在一定程度上保证了大多数创新项目可以摆脱短时利益或既得利益的束缚，能够着眼于城市的可持续发展。

6. 第一届"广州奖"的参评城市以发展中国家的城市为主，缺乏国际创新型大都会的参与

从附表 9 中可以看出，虽然在获奖城市组中发达国家多于发展中国家，但是在提名城市组和推荐城市组中，发展中国家明显偏多；在所有参评城市中，发展中国家也比较多。这显示了发展中国家的城市是"广州奖"的参选主体，其中包括一些鲜为人知的小城市。研究资料显示，推荐城市中甚至包括仅有 3.5 万人口的小城市。其原因在于：一方面，"广州奖"仍处于初创阶段，影响力还比较有限，所以很难吸引纽约、东京、柏林、伦敦等国际创新型大都会报名参选；另一方面，"广州奖"主办方也是有意识地邀请更多发展中国家城市参与评选。众所周知，中国是世界上最大的发展中国家，是所有发展中国家的领跑者。为了推动同等发展阶段国家的城市发展，并提高它们的显示度，"广州奖"以开放的胸怀来接纳发展中国家的城市。从附图 5、附图 6、附表 7 和附表 9 中可知，亚洲城市和发展中国家城市在统计中占有绝对比重。其中，亚洲的推荐城市有 20 个，占所有推荐城市的 43.5%；发展中国家的推荐城市有 27 个，占所有推荐城市的 58.7%。

（二）国际城市创新的经验概括

1. 以领先理念带动城市创新

在当今世界，理念领先是最重要的领先，观念滞后是最致命的滞后。理念是现代城市获取竞争优势的核心要素，理念创新是城市创新能力的重要体现，也是新型城镇化与传统城镇化最显著的区别。

领先理念带动城市创新，昭示着一条与过去"物质带动型"不同的创新发展道路。城市不再被动地跟着资本、市场等要素走，而是要强化科学理念的先导作用，克服城市发展的盲目性和非理性，通过对形式、质量、内涵的强化控制，使城市的创新发展更人性、更和谐、更协调、更健康。因而在大多数情况下，理念创新成为城市突破瓶颈、实现创新性发展的前提条件。课题组从第一届"广州奖"案例中总结出以下 3 项与理念有关的启示。

（1）城市创新需理念先行。无论是提出崭新理念，还是借鉴已有经验，成功的城市创新往往具有明确、领先的理念，以此引领项目的规划和实施，避免在运行过程中偏离初衷。

（2）理念创新要有前瞻性。优秀的城市创新项目，必须符合时代的发展趋势、国家的发展趋势、具体城市的发展趋势，并且要适度超前。换句话说，项目必须具有前瞻性。而项目的前瞻性，很大程度上来自理念的前瞻性，亦即来自对城市现状及问题的深切把握、对未来发展趋势的高度提炼。

（3）项目需蕴含人文关怀。人文关怀本身就是一种随着时代发展而演化扩散、逐渐被社会各界所广泛接受的理念。在中国共产党第十七次全国代表大会的报告中，中共中央也第一次明确地提出了"注重人文关怀"。城市创新的人文关怀，是指项目要体现对所有个体的尊重。让市民幸福、为市民服务就是项目的根本目标，而不是为了达到其他目标的手段。

2. 科学技术是城市创新的根本动力

对于"广州奖"而言，科技创新不仅指原创性的科技发明，也包括了对现有科技的创造性运用。从第一届"广州奖"的参评项目来看，科技创新是城市创新领域的一个重要元素——正是由于网络、节能、环保等先进科技的出现及运用，城市创新的主题、形式和内容才变得前所未有地丰富多样。因此可以毫不夸张地说：城市创新的根本动力在于科学技术创新。纵观第一届"广州奖"的参评项目，有以下3项与科学技术创新有关的经验值得重视。

（1）新科技应具备广阔的应用前景。新科技的应用前景，固然包括了它在获得经济收益方面的市场前景，但对"广州奖"而言，所谓的"前景"更主要的是指新科技在改善人民生活、增进人民幸福方面的有效性，以及受惠群体的潜在规模等。"广州奖"参评项目中的科学技术创新，也主要是用于改善城市环境、对市民开展教育和培训、提升公共服务效率等，能够显著地提升城市公共利益，因而具有广阔的应用前景。

（2）以创新项目提升城市科研水平，引导城市转型升级。某些与科技有关的创新项目，不仅能够改善市民的生活质量、实现城市的可持续发展，还能提升城市整体的科研水平和创新能力、引导城市转型升级，使城市在知识经济时代占据发展先机。

（3）利用互联网技术，拓展项目的服务范围。互联网技术的不断更新和迅速普及，极大地拓展了城市创新的形式和内容。纵观"广州奖"的参评项目，电脑及手机网络的应用是常见元素。不少项目借助互联网的普及化，实现了数据及公共服务的电子化，使更多市民得以享受城市创新所带来的好处，直接提升了项目的效益和效率。

3. 以体制机制创新作为城市创新的抓手

正如 2014 年 7 月 15 日李克强总理主持召开经济形势专家学者座谈会时所言："就像知识产权是企业的资本一样，体制机制创新本身就是红利。政府的体制机制创新仍有巨大空间，创新得好，可以释放出更多的红利。"[①] 不管对企业、公共部门还是城市，体制机制创新都是其活力的重要源泉。第一届"广州奖"的优秀项目，都或多或少地包含了体制机制创新的因素。事实上，体制机制创新不仅为城市创新提供了具体途径和基本保障，它还是创新理念向创新实践转化的核心环节。纵观第一届"广州奖"的参评项目，有以下 4 项与体制机制创新有关的经验值得重视。

（1）体制机制创新要符合城市特点，因时、因地制宜。成功的体制机制创新，往往具有显著的针对性。这意味着其内容必须与具体城市的发展阶段和需要相一致，不能仅仅为创新而创新。与此相对应，其他城市的成功经验也不可能放之四海而皆准，城市管理者不应罔顾自身实际条件和情况、盲目照搬。总的原则是必须因时、因地制宜。

（2）以行政程序标准化提升服务品质、降低成本。20 世纪 80 年代伊始，西方国家借鉴企业业务流程再造来推动政府流程再造，成为政府制度改革的重要举措。其中，通过将行政程序标准化来规范政府行为、保证政府持续稳定地提供高品质服务，既是行政改革的趋势，也是公共部门体制机制创新的重要方面。

（3）以战略管理实现公共资源的高效利用。战略是直接左右政府或企业等组织能否持续发展的核心决策参照系。战略管理以促使组织目标顺利达成为目标，包括两个方面：战略的制定和形成，以及依据规划对战略实施过程加以监督、分析与控制。政府通过体制机制创新，对公共资源实施有效的战略管理，能够提高资源利用的针对性和效率，花更少的钱办更多的事。

（4）建立公众参与公共事务的常规机制。现代化的城市管理模式，提倡公众对包括决策、实施、监督在内的城市管理全过程的参与，即自下而

① 肖楠：《李克强：体制机制创新本身就是红利》，《新京报》2014 年 7 月 18 日第 A9 版。

上的公众参与和自上而下的政府行政管理形成合力。公众参与既为城市建设与发展提供坚实的基础，也有利于城市管理水平的提高。

（三）可供广州市借鉴的具体经验及案例

第一届"广州奖"会聚了全球不同类型城市的众多创新项目，每个城市都可以从中挖掘于己有益的先进经验。课题组按照理念、定位、制度、组织和科技五个方面对参评项目进行了分析和归类，从众多参评项目中总结了五个可供广州借鉴的具体经验。每个经验以若干"广州奖"的优秀项目为范例，以"项目实施原因—项目内容—项目实施效果"的形式进行梳理，有针对性地展示世界其他城市的创新经验，供广州有关部门参考。

1. 以市民的幸福和市民的发展为本，提升城市的人文关怀

无论属于七大主题中的哪个类型，优秀的城市创新项目往往在理念中蕴含着对每一个市民的尊重，从前期的构思到中后期的规划、实施、评估、调整等各个阶段，都凸显了"人"的特殊地位，体现出浓厚的人文关怀。

——随着越来越多移民流入，加拿大温哥华市面临的住房和环境压力在持续增加。为了善用现有资源、抓住机遇、继续走在创新规划的前沿，温哥华市提出"满足每个人的需求"的理念，实施了"理想温哥华：打造面向全民的宜居可持续空间"项目。针对可持续发展问题，早在1988年，温哥华就成立了世界上首个特别小组，评估大气变化对城市规划和活动的影响，为2008年启动的生态密集项目奠定了科学基础，以引导温哥华成为"更能可持续发展，更加宜居的城市社区"。针对住房问题，2011年温哥华实施了市长房屋购买能力特别小组项目，以保证所有居民都能获得住房，消除差别。随着项目的成功开展，温哥华成功打造了宜居、可持续发展的环境，被公认为北美地区充分利用城市密集性和用途多样性的领先城市。

——为提高政府服务质量，建造一个友好、无阻碍的网络化城市，"台湾"高雄市政府实施了"1999呼叫中心项目"。它以"公众的小事就是我们的大事"为理念，提出了"不收取任何呼叫费用，提供更好服务"的宗旨。项目的人文关怀体现在方方面面：（1）将企业水平的顾客服务引入政府服务体系，整合电脑和电话系统；成立专门的呼叫中心和1999快速拨号通道，方便人们记忆。（2）采用标准化和自动化的工作流程，避免漏接任何一个电话；实施后台电话分析和满意度调查，提高服务质量。

（3）率先把"1999"公众服务热线设置为免费电话。（4）把所有公共服务部门和机构联合起来，提供包括市政维修、清扫街道垃圾、医院急救等52种服务，问题解决后会以电话告知，而与安全相关的事件都会优先得到紧急处理。从2008年初开始运营时全年接听1.6万人次来电，至2013年发展到每年79万多人次，1999呼叫中心已经成为高雄市民最离不开的资讯和服务热线。

——在韩国，每年有20万青少年离家出走，其中有1/4甚至去从事色情行业。政府提供的"保护"和"指导意见"并不符合青少年的愿望和需要，受助的失学女童大多重返街头。为此，首尔市政府实施了"全民参与通过地区互联网预防青少年卖淫项目"，核心理念是以失学女童的真正需要为出发点，引导她们走向"自我独立"。在这一先进理念的引领下，市政府制订了两大战略：一是创立以教育和就业为核心的自强系统，包括建立自强学校、自强培训店等，帮助青年在获得学位之后能相对顺利地找到工作。二是提供一系列量身定制的自强服务，包括针对不同教育程度者提供一对一辅导，帮助她们获得学位；进行性别认知教育，加强她们的意志。从自强学校毕业的青年得以开展新的人生，基本没有人再次做出卖淫的极端选择，成功避免了她们进入成年的卖淫业。该项目也成为城市社会服务创新的典范。

2. 找准城市目标定位，为发展和创新指明方向

当前，国家与国家、地区与地区之间的竞争，越来越多地表现为城市与城市之间的竞争。在全球化时代，城市能否在激烈的竞争中脱颖而出，其中一个关键因素是对自身的目标定位是否准确、明确。只有找准城市目标定位，才可能确定城市的工作重点和阶段任务，为发展和创新指明方向。

——彼尔姆市历来是俄罗斯军工、重工战略物资生产基地，商业落后，轻工民用产品也依赖外部供给。为了表明自己是一个对各种新思想都持开明态度的现代化城市，扭转人们对它的刻板形象，彼尔姆将自身定位成"区域性的文化与知识中心"，并为此实施了"战略总体规划"项目。总体规划作为城市定位的实施手段之一，以3年为一个阶段，规定了与未来12年的市政预算案相协调的措施和项目，制订了新的城市规划指南以及法定分区制的修正案，按照人口规模规范并确保物理环境的改善。项目的核心是停止城市的无计划扩张，将注意力集中在已开发的空间上，建设紧凑型城市，创造一个综合的、高利用度的多元化城市结构。项目还提高了城市发展进程和政策讨论中的公众参与度,公众承担起的活跃角色帮助政府平衡了来自开发商的压力。随着项目的实施,俄罗斯的其他大城市已经发现了彼尔姆的经验,并将其视为后工业化城市在自由经济时代发展的典范。

——哥伦比亚麦德林市的发展目标是成为"国内教育水平最高的城市",为此实施了"数码城市麦德林"项目,旨在为所有麦德林市民提供新型的学习和交流工具,为市民参与创新、接受教育创造新的可能。通过这一项目,麦德林不仅在全市多个地点提供免费网络,还在各个学校设立了"开放型教室",学生可以通过虚拟课堂学习使用技术性的应用程序;学校教师也需接受培训,并将有关信息通信技术的应用知识付诸教学实践。放学之后,开放型教室便成为社区学习场所,居民被邀请到学校使用电脑或参与各类学习活动。这些学校中的一部分还设立了"云学校"补充项目,用于支持能够连接服务器的屏幕设备,此举不仅降低了学习成本,还使项目具备了更大的可拓展性。根据 2012 年的调查统计,有 150 万市民受益于数码城市项目,有 50% 的麦德林市民能定期使用互联网,比全国平均水平高出 15%。

3. 以行政制度改革为突破口,提升服务质量并降低成本

改革行政制度,是"广州奖"参评项目中的一项常见内容。一些城市通过行政制度改革,为项目实施提供保障;一些城市更是直接把行政制度改革作为项目的主要目标,以解决政府内部的一系列问题。不管项目属于哪个主题,以提高公众参与为代表的行政制度改革,都在不增加行政成本的前提下,提升了城市的公共服务质量。

——为了减少民众的行政负担、节约成本并确保公共服务品质,西班牙阿维莱斯市议会开展了涉及全部机构、全部职员、全部民选官员的行政程序根本变革——"市议会行政程序标准化设计项目"。该项目将市议会的所有工作流程、任务、职责分派标准化和电子化,简化审计工作。市民提出的申请、投诉、建议等,都被整合进这一新型的工作系统。所有文件在没有人工干预的情况下被自动识别并分类,文件在管理者之间的传递则通过一个提醒和通知系统来实现,并使用电子签名以节省文件等待签署的时间。所有提醒、通知、最终的处理结果,都被整合到标准表格中。各项工作从启动到结束,包括与其他行政管理机构间的信息和文件互换,全部以电子文件的形式来处理,摒弃了纸张的使用。该项目确保了行政工作最大程度的透明化、缴费的简易化、沟通的有效化、信息获取的便利化,满

足了西方社会对公共服务越来越挑剔的需求，展现了阿维莱斯的新形象，是一项极为成功的行政制度创新。

——受始于 2008 年的世界金融危机影响，西班牙全国面临严重的经济危机，各地的公共赤字和贷款不断增加，毕尔包鄂市实施了"基于经济紧缩和战略预算的公共管理"项目以应对危机。市政府制定战略重点和战略预算控制表来推动项目的实施：对内通过市政府各部门之间的合作，多渠道、多方面地收集信息；对外通过问卷调查、目标群体研究等手段，找出市民最迫切的需求。随后根据战略点、战略目标和行动计划来制定预算，目的是明确项目的重点领域以及后期的财务控制。市政府还制订了严格的控制指标，从实施、资源使用、效率与项目质量四个方面进行分析检测，所有的数据都通过官方网站公布，赢得了市民的高度信赖。项目将公共服务的发展和城市改造完美结合，具有高度创新性而且效果显著。2011 年毕尔包鄂市历史性地实现了零债务、零赤字，同时保持了良好的运行、服务和投资，成为欧洲乃至全世界在后金融危机时代的标杆式代表。

——巴西卡诺阿斯市长期采取集权的管理模式，市民的合理需求未能得到满足，公众对公共事业的信心日渐下降。为了使公众关注并维护公共政策，市政府实施了"市民和广泛参与系统"项目。该系统记录了每一位参与者的详细资料，包括基本信息、参与记录、需求和服务等，并每月更新，作为年度总结的基础信息。每周六早上，市长、副市长和市政秘书都会参与"街道市政厅活动"，旨在接待市民、倾听意见；设立了面向公众的电子平台——"虚拟集会"，市长和市政秘书在指定时间内与市民就公共问题进行沟通。此外还有市民参与资金预算会议、服务领域全体会议、经济和社会发展委员会、公众听证会、议会和城市代表大会等子系统。公众参与在卡诺阿斯市被广泛应用于所有政府领域，不仅重塑了市民对市政公共管理的信心，更催生了新一代的自信市民，民间团体已经成为市政府最主要的合作伙伴。

4. 成立新机构，为创新提供组织支撑

为解决城市在发展过程中面临的突出问题，城市或地方政府往往需要履行新的职能、提供新的资源，而原有的组织框架可能无法满足城市发展的新要求。在这种情况下，城市需要创立新机构，为创新提供组织支撑。

——土耳其科喀艾里市处于地震带内，是 1999 年造成大量人口伤亡的马尔马拉地震的震中。从那时起，科喀艾里下定决心不能再和以前一样与

风险共存，应该未雨绸缪，尽可能降低地震威胁。为此，科喀艾里州、土耳其灾害与应变管理中心、科喀艾里工商会合作实施了"地震监测和教育中心"项目。项目把两个特色分明、又相互补充的部分结合在一起——一是负责收集数据和分析地震风险的地震综合监测系统，二是市民教育的推行。以往，土耳其的灾害与应变管理只是出于科学研究的考虑，教育和传播部分则隐在幕后。随着项目的启动，培训和传播部分开始被放在议事日程的首位，使州政府与社会的关系更加亲密。在教育部门的帮助下，民众防御地震的意识得到加强，获得了有关地震、地震预防、急救等知识和技术。项目还吸引到大批来自科喀艾里州境内其他兄弟城市、高等院校和国外的代表，来中心参观学习并分享技术信息。

——英国伯明翰市近年来遭遇了高失业率、教育水平差异和健康状况不均衡等严峻挑战。为此，市政府和伯明翰大学共同实施了一种革新性的合作方式——"公共服务研究院项目"，在共同的战略框架下分享和讨论最好的公共服务措施和政策。该项目利用大学的学术资源，对伯明翰及伯明翰以外地区的公共部门提供政策制定和研究方面的支持，通过学生实习等一系列机制来进行学术研究、数据分析并提供服务。研究院是一个供不同主体聚集在一起寻找办法、解决问题的中立平台，也是政策讨论和思考的公共论坛。通过与政府的合作，大学在课程设置中加入了分析并解决当前城市问题的内容，也搭建起学生进入就业市场的桥梁。研究院使更佳的公共决策结果得以形成，改善了市民的生活品质，伯明翰也得以向着英国公共政策创新中心的方向迈进。

5. 以科技创新为动力，促进城市可持续发展

课题组认为，科技创新不仅包括原创性的科技发明，也包括对现有科技的创造性运用。纵观第一届"广州奖"参与项目，既有以科学技术为主要创新点的项目，也有不少项目对现有的互联网、节能环保等技术做出了创造性运用，有力地促进了城市环境、经济、社会和地方政府的可持续发展。

——韩国首尔市作为一个常住人口超过1000万的特大型城市，每天产生的巨量垃圾不仅带来分类和清理的困难，运输和处理过程所产生的废水、臭味也降低了市民的生活品质。为此，首尔市政府实施了"可持续发展城市——在市中心建设和管理环境友好的资源循环设施"项目。通过使用先进技术，创造性地将垃圾处理设施全部建在市区的地下，地上则建设开放性的演出场所及公园，供市民娱乐、休憩。项目将处理废水有机物时

使用的厌氧消化法，利用在食物垃圾及其产生的废水的处理上，极大地增加了有机物收集量，提高了生物气的产能；将以往在垃圾处理时没能用到的蓄热式燃烧氧化装置用在垃圾除臭上。地下设施每天可以处理 98 吨食物垃圾，每年还可以生产 2500 户家庭所需的电力。项目使城市街道更加干净，彻底摆脱了处理垃圾时产生的臭味，从根源上彻底阻断了生活垃圾及废水排向海洋的机会。

——奥地利维也纳市一直在生态和生活品质方面积极地探索解决方案，已经成为环境质量和生活品质方面的国际先驱。为了将丰富的经验进一步提升，实现向智慧型城市转型，维也纳市实施了"智慧城市维也纳"项目。该项目基于欧洲 SET 计划的核心主题，目标任务包括：城市能源系统的整体管理，高效生产和供应技术，智能网络和热能供应，低能源需求的"活性"建筑、环保、高能效、低二氧化碳交通系统的发展。这些目标在以下三个领域体现：（1）城市规划、建设、生产、交通运输和技术架构，（2）包括需求、供给的城市能源网络系统，（3）能源系统、地理结构、物流结构的演变以及市民的整合。其突出优点是将项目进程、能源与气候保护的目标、智慧城市发展的示范项目、城市发展计划等密切联系起来，确保城市的空间、社会和经济结构得到充分考虑，以科技创新项目引导城市整体性地转型升级。

——台北市政府的一个主要工作目标，是向 260 万本地居民、500 万经常往返本市的台湾人、年均 600 万的国际游客提供全天候的优质、便捷服务。"超越未来：整合台北市云计算服务"项目就是为了实现这一目标采取的重要措施。通过对互联网技术的创新性使用，台北市政府实现了公共服务方式的拓展和内容的更新：（1）一站式服务，成功整合了 16 大类 64 个项目，并调整了相关的信息管理流程，民众可用手机、个人电脑、电视得到这些服务。（2）24 小时不间断服务，大量政府信息和服务都可以通过应用程序在互联网上获取，节省了人力，实现全天候服务。（3）通过向公众提供信息，市民可以更好地了解政府，政府也可以更好地传播信息；通过开发新的应用程序，更多个人和组织可以参与城市公共事务，政府透明度和公众参与度都得以提高。

（四）建议广州市采行的具体措施

为了用好用足"广州奖"所会聚的先进经验，促进广州的创新型城市建设和新型城镇化发展，课题组结合广州市的具体情况，分别从目标定位、组织创新、制度创新与科技创新四个方面，总结出四项可供广州市借鉴采行的具体措施。

1. 明确目标定位，使广州成为华南创新中心

在创建国家创新型城市和推进新型城镇化发展的过程中，广州市必须尽快明确自身的目标定位，为各项工作的开展提供方向。具体而言，广州应该进一步巩固自身广东省创新中心的地位，并明确提出建设华南创新中心的目标。

在 2008 年的广东省科学技术大会上，广州市首次提出了创建"华南科技创新中心"的目标，并为此做出了多方面努力，取得了显著成果。科技固然是创新的重要方面，但完整意义上的创新，还包括政治、经济、社会、文化、艺术、教育等其他领域。城市和地方政府在不断发展变化的经济社会环境中，要想实现全面、和谐、可持续发展，单靠科技创新是远远不够的，必须在发展理念、组织形式、体制机制等方面进行创新探索。广州作为一个具有重要战略地位、人口超千万的特大型城市，在行政管理、社会组织、公共服务、文化建设等方面的创新发展更是必不可少。正因为如此，广州必须明确提出建设"华南创新中心"的目标，作为"华南科技创新中心"目标的升级版。

事实上，广州作为广东省内创新中心的地位已经基本确立，尤其在教育及科技研发方面其领先地位更是不可撼动——广州拥有全省 2/3 的普通高校、97% 的国家级重点学科，并集中了中国科学院广州能源研究所、南海海洋研究所等国家级研究机构，[①] 以及中山大学、华南理工大学等教育部重点研究型大学。客观而言，广州已经会聚了众多创新资源、具备了相当程度的创新优势，在党中央、国务院建设创新型国家的战略地图中亦占有显著地位。正因为如此，广州市在 2010 年获批为国家创新型城市试点之一。

与此同时，广州市的相关部门还应该意识到：广州的相对优势地位还不牢固，创新型城市建设仍然任重道远。仅在华南地区，同属国家创新型城市试点的还有深圳、厦门、长沙三市。根据《中国城市创新报告（2013）》的研究结果，在副省级（含）以上城市的创新能力综合测评中，

① 王鹤：《粤 97% 国家重点学科在穗》，《广州日报》2013 年 4 月 26 日第 A2 版。

深圳市排名全国第三（94.6 分），广州市排名第五（83.8 分），厦门市排名第九（78.8 分）。而长沙市在地级市测评中位居全国第九（81.8 分），综合得分高于厦门市而略低于广州市。① 因而，广州不仅在省内面临着来自兄弟城市的强大挑战（省内的东莞、佛山、中山、珠海等地级市的创新能力综合得分皆高于广州），省外还有其他地域性创新龙头在紧追不舍。

明确城市目标定位的重要性，也被国内若干主要城市所重视。如深圳市在 2012 年发布的《科学技术发展"十二五"规划》中明确提出了打造"华南地区重大科技基础设施高地"和"东南亚地区科技创新中心"，成为"国际知名的区域科技创新中心"的目标，以此"为深圳未来 30 年发展奠定坚实基础"。相比起目前广州市创建"华南科技创新中心"的目标，深圳市对自身的目标定位显然更具有国际性大城市的气魄和长远的战略眼光。武汉市也在第十二次党代会上提出了"建设国家创新中心、国家先进制造业中心和国家商贸物流中心"的目标，以此"增强中心城市的功能和作用，努力提高城市综合竞争力，将武汉建设成为立足中部、面向全国、走向世界的国家中心城市，实现大武汉新的伟大复兴"。

事实上，哪座城市才是整个华南地区创新活动的中心，至今还未有定论。广州作为国家中心城市、综合性门户城市和区域文化教育中心，肩负着带动华南地区走创新发展道路的历史使命。广州应该抢占先机，率先提出创建华南创新中心的定位，此举既可为自身的创新发展树立明确目标，也有助于确立舆论话语权。

2. 成立创新中心，为全民创新提供组织保障和展示平台

为营造全民创新氛围，推动广州成为华南创新中心，课题组建议广州市政府设立一个实体机构——"广州城市创新中心"，专门承担城市创新的教育、实践及推广任务。

广州城市创新中心首先应是一个开放性的公众实验室。中心可建造并购买基本的科学实验设施、设备、耗材、工具，让公众免费使用，激发普通市民的创新潜力，培养市民的动手能力，让每一位有意愿、有能力的市民更容易获得创新资源。在中心试验或制造的产品，应以提高市民日常生活水平为主要目标，或是有助于培养市民的企业家精神。

---

① 周天勇、旷建伟等：《中国城市创新报告（2013）》，社会科学文献出版社，2013，第 189～191 页。

广州城市创新中心应是一个创新成果的展示及交流平台。中心的一个重要功能应是展示广州市及其他城市的创新实践以及市民的创新产品，增加广州创新能力的显示度。除了常设展览以外，中心还应不定期地开设专题展览，为市民和参访者提供一个高质量的学习和交流场所。

广州城市创新中心还应是一个创新教育及推广中心。中心应配备若干讲堂或课室，用于举办与城市创新有关的讲座、理论课、实践课、案例分享课等，填补广州的创新教育空白。中心还应该在专业人士的主持或指导下，向中小学和基层社区巡回开展创新知识推广活动。

鉴于广州市面积大、人口多，各行政区之间距离较远，广州城市创新中心除了在主城区设置总部以外，还应该在距离市中心较远的从化区、花都区、白云区、增城区、黄埔区、番禺区、南沙区设立分部，分部受总部直接领导。各分部视条件和需要提供与总部类似的部分或全部服务。

除了实体中心以外，还应该充分利用互联网技术，设立广州城市创新虚拟中心，将中心收集的创新知识和成果，以及讲座、课程等信息存储在专门的服务器上，供全球网民查看使用。虚拟中心还应该开展网上答疑、交流等活动，并对中心开展的各项活动进行预告和宣传，提高广州城市创新实体中心的服务覆盖面。

在中国大陆，同属国家中心城市的上海市已经率先于2012年底在静安区科技馆启动了"智慧城市市民实验室"，并免费向公众开放。市民实验室首批集中了近30家智慧城市领域的企业，包括"智慧时尚""智慧家庭""智慧社区""智慧商务""智慧政务"等共50多个与智慧城市各领域息息相关的应用和产品。市民不仅可以动手学习和体验，还能反馈使用意见，帮助有关部门或企业改进应用和技术。"智慧城市市民实验室"是在上海市经济与信息化委员会、上海市科学技术委员会和上海市科学技术协会的指导下，由上海市静安区科学技术委员会、上海市静安区科学技术协会、上海市信息化青年人才协会、上海交通大学城市创造力与传播研究促进中心联合主办的。[①]

而课题组所建议设立的"广州城市创新中心"，并不是对上海市"智慧城市市民实验室"的拷贝和照搬。广州城市创新中心应不仅具有展示和

---

① 李若楠、李永生：《"智慧城市市民实验室"启动 市民体验时尚科技新乐趣》，新民网，2012年12月31日，http：//shanghai.xinmin.cn/msrx/2012/12/31/17919403.html。

实验功能，不仅是满足市民好奇心的高新科技产品展览馆，还具有与创新相关的教育和交流、市民创新能力培养、创新知识的传播等功能，而且后者才是创立这一新机构的重点所在。据课题组了解，目前国内还没有具备类似功能的机构或场所。因此广州城市创新中心本身就是一个城市创新项目，它必将有力地推动广州建设国家创新型城市的进程，并为广州在海内外赢得显著的声誉。

3. 建设公共大数据平台，创新城市事务的公众参与途径

广州市在政府事务的公众参与方面，历来被市民和媒体所诟病。时至今日，公众参与已经不仅仅是一种需要推行的价值和理念，还是一种必须认真面对的客观事实。本质上，政府没有自己的"事务"和"利益"，所有的"政府事务"都应是公共事务，所有的"政府利益"都应是公共利益。扩大公民有序的政治参与，不只是满足所谓的"公民权利"，更在于它是提升公共决策质量、提高公共生活品质的重要保证。凡是公共参与率低的地方，一定没有真正意义上的监督机制，腐败率一定高，公共行政效率一定低。

课题组建议市政府充分利用早已普及的互联网技术和设备，建设公共大数据平台，探索公众参与城市事务的新途径。大数据平台的使用，要求公共部门将所有工作流程、任务、职责分派逐步标准化、简单化、电子化。在此基础之上，按照先易后难、先简单后复杂的原则，逐步将各个部门的信息资源和业务通过公共大数据平台对外开放，并提供网络查询和网上服务功能，让市民办事更加便捷。公共大数据平台可以给更多市民提供评价、监督政府工作的机会，还可以协助政府就广州城市发展中的困难征集对策。此举可激活巨量的公共数据、实现各部门的信息联通、充分利用政府部门信息化建设的成果，从公共部门开始，推动广州的智慧城市建设。另一方面，大数据平台可用于了解、统计、收集市民的公共需求，为政府科学决策、高效使用公共资源提供依据。

建设广州市公共大数据平台的目标，就是将公众关心什么、希望参与什么，公共部门的工作重点是什么，有哪些公共资源可以利用，公众与政府能够做什么等问题有机结合起来，实现城市创新需求和创新供给的对接与互动。通过公共大数据平台，能有效满足日益高涨的公民参与热情，从社会结构和技术手段方面解决好扩大公民参与的问题；在公共事务的决策中，能最大限度地吸纳各种公众意见；有助于提升政府运行绩效，加快科学发展，推进和谐社会建设，从而全面实现社会进步。

互联网技术在提升城市公共服务绩效方面的重要作用已经引起了国内其他中心城市的重视。北京市已于 2014 年 4 月启动了一个重要的城市科技创新项目——"首都科技大数据平台"，目的是唤醒并整合长期分散于各个政府部门、科研院所、行业部门的科技数据资源，利用互联网、大数据等手段，依法合规地逐步向社会开放，并依托电商等互联网企业，调动力量深入挖掘科技大数据的经济、社会价值，使单个政府部门的小数据变为大数据，提升科技资源的公共服务能力。北京市科学技术委员会目前已经梳理了来自科委管理系统内部 18 个信息系统的 800 余万条数据信息，但要让这些历史数据"活起来"，还需要通过具体的建设方案来实现。因此作为该平台的第一个应用项目，北京市科委在 2014 年 5 月正式启动了"公众参与创新北京行动"（第一季），吸引个人、企事业单位参与到创新平台上来，提出创新的设计、创意、产品或建议等，并邀请公众、专家团队、专业机构参与评价，最终将优秀成果以市场化的机制对接到企业、孵化器、投资机构等。[①]

北京市的"首都科技大数据平台"是将政府所掌握的科技数据与市场对接，其实质是激活科技数据的潜在经济价值。而课题组建议广州设立的"公共大数据平台"，则是将政府的公共服务数据与广大市民对接，其实质是要创新城市事务的公众参与途径，提升公共服务的效率和质量。课题组在中国大陆地区还未发现有类似的城市创新实践。

4. 将可持续发展作为科技创新切入点，推动生态文明建设

对于广州市科技创新的主要发展方向，市委市政府在 2012 年的《关于推进科技创新工程的实施意见》中提到了很多，包括生物健康、工业设计、光电子与纳米材料、发光材料与器件、机器人、移动通信、基因工程药物、数字家庭、节能环保、新能源、新材料等。然而，方向很多就等于没有方向，重点很多就等于没有重点。从缓解城市发展瓶颈的角度出发，结合加强生态文明建设的新要求，课题组建议将可持续发展作为广州市推动科技创新的切入点，集中发展或引进废弃物处理和节能环保方面的科学技术和产业。

在废弃物处理方面，韩国首尔市的"可持续发展城市——在市中心建

---

① 北京市科委：《数据活起来、信息联起来、成果用起来——北京启动首都科技大数据平台建设》，中华人民共和国科学技术部，2014 年 6 月 17 日，http://www.most.gov.cn/dfkj/bj/zxdt/201406/t20140616_ 113785. htm。

设和管理环境友好的资源循环设施"项目极具借鉴意义。结合广州市的具体情况，可从以下三个方面实施废弃物处理的科技创新：（1）探索土地节约型的废弃物处理方式。通过使用先进技术，将垃圾处理设施全部建在市区地下，节省宝贵的城市土地资源；地上则建设公园、广场、运动场等公共设施，增加市民的娱乐、健身、休憩空间。（2）处理废水、消除臭味。引进韩国首尔开发的新技术——厌氧消化法和蓄热式燃烧氧化装置，或者进行科技攻关、开发新的技术手段，用于处理城市废弃物所产生的废水和臭气。（3）利用废弃物发电。包括利用食物垃圾强制发酵所产生的气体发电，以及利用环保的垃圾焚烧发电。以上三个方面的科技创新不仅有助于解决广州市自身的废弃物处理问题，还具有巨大的应用前景和市场潜力，将有力地推动广州相关产业的发展。

在节能环保方面，意大利萨勒诺市的"可再生能源发展项目"具有较大的借鉴意义。结合广州市的具体情况，可从以下几个方面实施科技创新：（1）照明设备和家用电器的节能科技。（2）绿色环保建筑及隔热装置。（3）节水技术和设备。（4）可再生能源的生产及运用，如光能、热能、生物质能、沼气、风能等。（5）固体废弃物的回收和循环利用。（6）可持续型交通工具，如将传统汽车改装成混合太阳能汽车、油电混合型汽车、油气混合型汽车、气电混合型汽车等。（7）可持续性城市规划。以上节能环保技术不仅有利于广州的生态文明建设，还具有可观的市场前景，对广州节能环保产业的发展也将发挥积极作用。

近年来，对生态文明建设的关注成为从中央到地方政府的共识。《中华人民共和国国民经济和社会发展第十二个五年规划纲要》明确要求各地"加快建设资源节约型、环境友好型社会，提高生态文明水平"。自国务院2012年印发《"十二五"节能环保产业发展规划》，尤其是2013年发布《关于加快发展节能环保产业的意见》以来，全国各主要城市迅速发布了相关的发展规划和扶持政策，争先对发展节能环保产业进行战略布局。如北京市制定了《北京市节能环保产业发展规划（2013-2015年）》，上海市制定了《上海市节能环保产业发展"十二五"规划》，南京市发布了《市政府关于加快发展节能环保产业的意见》，深圳市推出了《深圳节能环保产业振兴发展政策》，郑州市也出台了《关于加快郑州市节能环保产业发展的实施意见》。反观广州市，却迟迟未见相应的文件、政策出台，似乎与珠江三角洲产业领头羊的地位并不相称，也不利于广州在节能环保产业发展方面占领先机。

随着工业化、城市化进程不断推进，广州作为一个人口超千万的特大型城市，面临的人口、资源、环境压力越来越大。《广州市国民经济和社会发展第十二个五年规划纲要》中也提到了要"坚持生态优先，促进绿色低碳发展，着力推进资源能源的高效利用，加强环境保护和生态建设，完善城市环境综合治理的长效机制，率先建成资源节约型和环境友好型城市，切实增强可持续发展能力"。因此，以科技创新为广州城市的可持续发展注入源源不断的动力，既是落实与响应中央加快生态文明建设之举，也是推动城市可持续发展、实现产业转型升级的客观需要，广州市应该尽早着手相关工作。

附录一　第一届"广州奖"专家推荐项目及城市的统计分析

（一）分析对象、方法及目的

1. 分析对象

本附录主要对"广州奖"提名和推荐的项目和城市进行统计分析。具体而言，有三方面内容需要说明。

其一，本研究对"广州奖"的专家推荐"项目"和"城市"分别进行统计分析。"广州奖"虽为国际"城市"大奖，但是由于可行性等原因，在实际操作中却是以"项目"为依托进行展示并参与评选的。另外，有一些城市申报了多个项目，如首尔就同时申报了"项目信息管理系统""分包合同价格付款确认系统""全民参与通过地区互联网预防青少年卖淫项目""可持续发展城市——在市中心建设和管理环境友好的资源循环设施""Jang－su 镇""健康首尔——儿童和青少年网瘾预防"等 6 个项目，但其中只有"全民参与通过地区互联网预防青少年卖淫项目"和"健康首尔——儿童和青少年网瘾预防"获得提名，获奖项目则是"健康首尔——儿童和青少年网瘾预防"。由此可见，城市和项目并非简单的一一对应关系。鉴于此，课题组在设计统计指标时将"项目"和"城市"分成两大组。其中，统计"项目"相关指标时侧重项目实施的具体内容，如项目主题、创新点、实施障碍等；统计"城市"相关指标时则侧重项目所在城市的客观环境，如城市规模、发展阶段等。

其二，课题组对获奖、提名、推荐的项目和城市分别进行统计分析。第一届"广州奖"共有 5 个获奖项目和城市，18 个提名项目和 15 个提名城市（包括获奖项目和城市），57 个推荐项目和 46 个推荐城市（包括提名项目和城市）。① 这三个级别的项目和城市各具特色，对它们的分别统计将有利于课题组及委托方全方位了解各个项目的特点和各个城市的特点。

其三，课题组主要统计获得推荐级别（包括提名和获奖）的项目和城市的各项指标。第一届"广州奖"共有 258 个项目和 156 个城市参评，② 即除上文提到的获提名和推荐的项目、城市外，还有 201 个项目和 110 个城市基本未纳入本课题的统计分析。原因在于：一方面，这些项目和城市的资料大多不完整而且难以获得，无法进行量化以供分析；另一方面，其代表性、成效性、影响性也大多不如获得推荐（包括提名和获奖）的项目和城市。所以课题组仅在统计城市所在大洲的数据时囊括了所有参评项目，其余统计仅涉及 57 个项目和 46 个城市。

2. **分析方法**

（1）统计指标法。统计指标法是指运用各种统计指标来反映和研究客观现象总体的数量特征和数量的研究方法。课题组利用统计指标法对大量的原始数据进行了整理汇总。根据"广州奖"主办方的格式要求，参选城市所提供的资料大致包括："项目背景""项目目标""项目参与方及所需资源""项目创新""实施困难及处理""项目实施效果及评估""工作方法""可供借鉴的经验"等。其中，"项目目标""项目实施效果及评估"和"可供借鉴的经验"完全属于描述性内容，无法进行量化统计。

课题组在其他各项可量化的资料中，按照城市提供资料的翔实度，在"项目"统计方面设计了"主题类型""主要资助方""主要障碍""主要创新点""主要创新主体""项目实施时间" 6 个指标。其中，"主题类型"

---

① 据《首届广州奖优秀参评项目汇编》的《2012 广州国际城市创新奖技术委员会初评工作报告》介绍，技术委员会共评选出 45 个专家推荐项目，15 个提名项目和 5 个获奖项目。但是从参评项目具体资料来看，墨西哥城大都会区是都会区，其城市规模与墨西哥城出入较大，应区别对待，所以课题组认为共有 46 个推荐城市。另外，有些城市申报了多个项目，这些项目虽为同一城市所报，但是项目目的、内容、实施等各个方面均不相同，所以应作为多个项目分别进行统计分析。

② 据《首届广州奖优秀参评项目汇编》的《2012 广州国际城市创新奖技术委员会初评工作报告》介绍，技术委员共审阅了 153 个城市的 255 个项目。但是课题组通过对《首届广州奖优秀参评项目汇编》的《2012 年广州国际城市创新奖参评项目一览》的统计，实际上共有 156 个城市的 258 个项目。

的统计有利于课题组把握推荐项目的整体方向；"主要资助方"的统计有利于课题组把握项目的主要推动力量，因为对于任何一个项目而言，经济资助都是该项目得以立项并实施的最重要因素；"主要障碍"的统计有利于课题组把握各个项目在实施中遇到的问题；"主要创新点"和"主要创新主体"的统计有利于突显当前国际城市创新实践的特点和趋势；"项目实施时间"的统计可以更好地考察项目的时效性及可持续性。

在"城市"统计方面，课题组设计了"所在大洲""人口规模""所在国家发展阶段"3个指标。通过这些指标不仅可以看出推荐城市的地理分布，而且有利于课题组掌握这些项目所在城市的具体情况及特点。

（2）对比分析法。在统计指标法的基础上，课题组还使用了对比分析法。其目的就是把各个项目和城市按照课题组列出的相关指标进行对比，以此判断获得推荐（包括提名和获奖）项目和城市的本质和规律。

（3）比例分析法。比例分析法是统计、分析、研究社会现象的一种重要方法，可以对分析对象进行综合分析。本研究中，课题组精确计算了推荐城市和项目各个统计指标占总量的百分比，即主要使用构成比例分析法，分析总体内各个组成部分之间的比例关系及各组成部分占总体的比重，从而反映"广州奖"获得推荐（包括提名和获奖）项目和城市的要素和内部结构。

除以上分析方法外，课题组还使用了统计学中最常用的分组分析法、图示分析法和归纳推断法等。

3. 分析目的

（1）定量分析与定性分析相结合，更科学地分析"广州奖"相关资料

定量分析与定性分析是人们认识事物时用到的两种分析方式。我国在社会科学研究领域往往倾向于采用定性研究方法，擅长做抽象笼统的纯理论分析，缺少以调查数据为基础的定量分析。但单一的研究方法往往不能满足研究发展的需要，致使研究过于片面，分析结论缺乏有力的数据论证和支持。"广州奖"是国际性的城市大奖，对于它的研究应更凸显科学、全面的分析视角，所以课题组尽可能地将定量分析与定性分析有机结合。本研究中，课题组注重对推荐项目和城市的统计分析，尤其是以数据为基础，通过图示展现研究对象的本质规律和特征，发挥定量研究与定性研究两种方法的优势，以充分利用研究资料，使本研究更具全面性、严谨性和科学性。

（2）分析推荐项目和城市的特点及规律，为进一步完善"广州奖"提供数据支撑

从课题组所掌握的资料来看，57 个推荐项目和 46 个推荐城市呈现出某些规律性特征。课题组通过统计数字和图示对相关内容所进行的分析，一方面反映了第一届"广州奖"参评项目和城市的大体状况，展现出了"广州奖"的特色；另一方面为客观评价"广州奖"提供了数据支撑，有助于对"广州奖"的进一步完善。

（二）第一届"广州奖"推荐项目的特征

1. 社会服务和生态环境是最主要的创新主题。

课题组根据"项目背景""项目目标"等资料，将项目主题分为 7 种类型，分别为：城市整体发展、城市区域发展、公共管理、社会服务、生态环境、智慧城市和住房交通。根据统计发现，社会服务项目和生态环境项目在获奖项目组、提名项目组和推荐项目组所占比例均偏高，两个主题的项目数相加后均占项目总数的一半以上（见附表 1和附图 1）。

附表 1　第一届"广州奖"推荐、提名、获奖项目各主题类型数目及百分比

单位：项,%

项目级别	城市整体发展	城市区域发展	公共管理	社会服务	生态环境	智慧城市	住房交通	合计
获奖项目（百分比）	1（20）	0	0	3（60）	1（20）	0	0	5（100）
提名项目（百分比）	2（11.1）	0	1（5.6）	7（38.9）	6（33.3）	1（5.6）	1（5.6）	18（100）
推荐项目（百分比）	7（12.3）	2（3.5）	7（12.3）	14（24.6）	15（26.3）	5（8.8）	7（12.3）	57（100）

2. 地方政府是创新项目最主要的资助方

课题组根据"项目参与方及所需资源"的资料，将资助方分为中央政府，地方政府，非政府组织，企业、私人，国际组织和教育机构等 6 种类型。遇到一个项目有多个资助方的情况，课题组则统计出资助份额最大的资助方（见附表 2 和附图 2）。

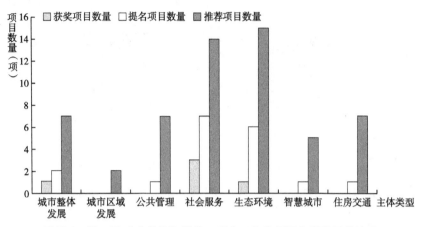

附图1　第一届"广州奖"推荐、提名、获奖项目主题类型统计图

附表2　第一届"广州奖"推荐、提名、获奖项目主要资助方统计表

单位：项

项目级别	中央政府	地方政府	非政府组织	企业、私人	国际组织	教育机构	合　计
获奖项目	0	4	1	0	0	0	5
提名项目	2	12	2	2	0	0	18
推荐项目	5	41	3	6	1	1	57

从附表2和附图2中可以看到，地方政府在所有资助方中占有绝对高的比重，在推荐项目、提名项目和获奖项目中分别占72%、67%和80%。非政府组织，企业、私人和中央政府对项目的资助状况在不同统计组别中差别较大。国际组织和教育机构对于"广州奖"项目的资助最少，在获奖项目和提名项目中都为0，在推荐项目中均仅占2%。

3. 主要障碍的分布比较均衡

主要障碍指项目实施过程中遇到的主要问题。课题组根据"实施困难及处理"的资料，将项目障碍分为：官僚体系、现行法规、当地居民、资源或资金短缺、工作对象或实施方、固有理念、缺乏智力支持、利益群体和无障碍等10种类型（见附表3和附图3）。

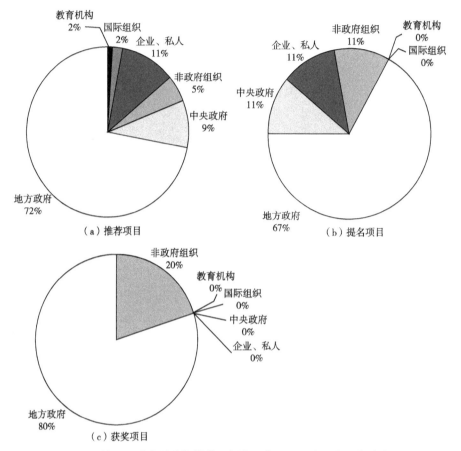

附图2　第一届"广州奖"推荐、提名、获奖项目主要资助方统计图

附表3　第一届"广州奖"推荐、提名、获奖项目主要障碍统计表①

单位：项

项目级别	官僚体系	现行法规	当地居民	资源或资金短缺	工作对象或实施方	固有理念	缺乏智力支持	利益群体	无障碍	不明或其他	合计
获奖项目	2	1	0	0	1	0	0	0	1	0	5
提名项目	2	1.5	2	3	4	0	0.5	0	5	0	18
推荐项目	3.5	3	9	8.5	13	3	6	3	5	3	57

---

① 一般而言，一个项目会遇到多个障碍，本研究着重统计最主要的障碍。个别项目存在两个不分伯仲的障碍，每个计作0.5。

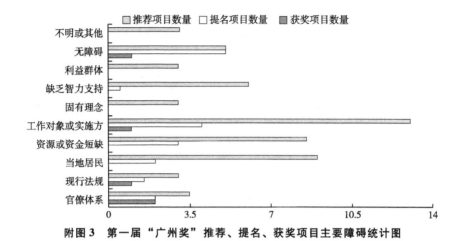

附图3 第一届"广州奖"推荐、提名、获奖项目主要障碍统计图

附表3和附图3表明，工作对象或实施方是项目实施过程中相对突出的障碍，在三大组别中均占到20%或以上。但在获奖项目中，官僚体系障碍占到40%。"当地居民""资源或资金短缺"等在所有障碍中所占比重也略大。其余障碍则分布比较均衡。无障碍项目所占比例也相对较高，尤其在提名项目和获奖项目中，分别占27.8%和20%，这在一定程度上有助于理解这些项目为什么能够获得提名或获奖。

4. 制度政策是主要的创新点

课题组根据"项目创新"及"可供借鉴的经验"等资料，将推荐项目的创新点分为：理念创新、制度政策创新、科学技术创新、方法创新和组织机构创新等5种类型。一个项目同时具备多个创新点时取影响力最大的创新点。因为"广州奖"是国际城市"创新"大奖，所以创新点为各项统计指标中较能突显"广州奖"特色的一个指标（见附表4和附图4）。

附表4 第一届"广州奖"推荐、提名、获奖项目主要创新点统计表

单位：项

项目级别	理念创新	制度政策创新	科学技术创新	方法创新	组织机构创新	合计
获奖项目	1	3	0	1	0	5
提名项目	2	6	2	8	0	18
推荐项目	15	19	7	14	2	57

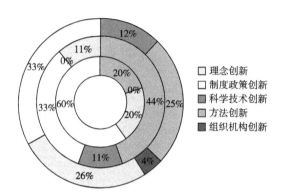

附图4　第一届"广州奖"推荐、提名、获奖项目主要创新点统计图

注：从外到内依次为推荐项目、提名项目和获奖项目

从附表4和附图4中可知，与前三个指标体系相比，"主要创新点"这一指标分类较少，可见城市创新实践中的创新点较为集中。其中，理念创新、制度政策创新和方法创新是最主要的创新点，在获奖项目中分别占20%、60%和20%。在提名项目中，制度政策创新和方法创新之和占到总项目的75%以上。在推荐项目中，除组织机构创新仅占4%外，其余创新点均在10%～35%之间。

5. 公共部门是最重要的创新主体

课题组根据"项目背景"和"项目参与方及所需资源"等资料，将推荐项目的创新主体分为：公共部门、非政府组织、教育科研机构和企业等4种类型。虽然创新主体和资助方有实质上的区别，但从课题组已掌握的资料看，主要创新主体和主要资助方出现了一定程度的重合，因而在统计数据上也表现出较高的一致性（见附表5）。

附表5　第一届"广州奖"推荐、提名、获奖项目主要创新主体统计①

单位：项

项目级别	公共部门	非政府组织	教育科研机构	企业	合计
获奖项目	4	0	1	0	5
提名项目	15	2	1	0	18
推荐项目	47	5.5	2	2.5	57

———————————

① 一个项目存在多个创新主体的统计最重要的一个，创新主体间不分伯仲者以0.5计。

附表 5 的数据显示，公共部门在各创新主体中所占比重最大，在推荐项目中有 47 个项目以公共部门为创新主体，占总数的 82.5%。在提名项目和获奖项目中，公共部门作为创新主体的也占 80% 或以上。非政府组织、教育科研机构和企业作为创新主体的项目数量则较少。

6. 项目实施时间呈现两极分化，5 年以下的短期项目及长期项目占有绝对比重

项目实施时间段的划分以国家之间比较通用且具节点性质的 5 年为限，有些项目因未设时间上限，故视作"长期"项目（见附表 6）。

附表 6：第一届"广州奖"推荐、提名、获奖项目实施时间统计

单位：项

项目级别	≤5 年	6 ~ 10 年	11 ~ 15 年	16 ~ 20 年	21 ~ 25 年	长 期	合 计
获奖项目	1	0	1	0	0	3	5
提名项目	5	1	3	0	0	9	18
推荐项目	20	6	5	1	1	24	57

附表 6 的数据显示，实施时间为 5 年以下的短期项目和不设时间上限的长期项目占有绝对比重，在推荐项目中分别有 20 个和 24 个，各占全部项目的 35.1% 和 42.1%。中长期项目的数量相对较少，尤其是 16 ~ 20 年和 21 ~ 25 年的项目数量极少，在提名项目和获奖项目中均为 0。

（三）第一届"广州奖"推荐城市的特征

1. 亚洲的参选城市最多，大洋洲的参选城市最少

附图 5 显示，各大洲均有城市参加"广州奖"评选。其中，"广州奖"主办城市所在的亚洲是参评城市数量最多的大洲，在"获奖城市"组、"提名城市"组、"推荐城市"组和"所有城市"组中所占比重都接近一半。国家数、人口数最少的大洋洲参选城市也最少（见附图 5 和附表 7）。

2. 大城市和特大城市在推荐城市中的比例最高

由于城市面积的大小与该城市的人口规模基本一致，所以课题组仅以城市人口规模作为城市规模的衡量标准。

附图5 第一届"广州奖"参评、推荐、提名、获奖城市所在大洲分布

附表7 第一届"广州奖"参评、推荐、提名、获奖城市所在大洲百分比统计

单位：%

城市级别	北美洲	非洲	南美洲	欧洲	亚洲	大洋洲
获奖城市所占百分比	20	20	0	20	40	0
提名城市所占百分比	13.3	13.3	13.3	20	40	0
推荐城市所占百分比	10.9	6.5	10.9	26.1	43.5	2.2
所有城市所占百分比	5.8	14.1	7.7	25	46.8	0.6

鉴于"广州奖"是"国际"城市大奖，所以课题组在统计人口规模时，仅按国际公认的由联合国发布的标准划定。即以2万人作为城市的人口下限，以10万人作为大城市人口下限，以100万人作为特大城市人口下限（见附表8）。

附表8 第一届"广州奖"推荐、提名、获奖城市人口规模统计表

单位：个,%

城市级别	中小城市	大城市	特大城市	都会区①	合　计
获奖城市	0	2	3	0	5
（百分比）		(40)	(60)		(100)
提名城市	2	6	7	0	15
（百分比）	13.3	(40)	(46.7)		(100)
推荐城市	5	16	23	2	46
（百分比）	(10.9)	(34.8)	(50)	(4.3)	(100)

---

① 鉴于都会区与城市有比较大的区别，所以单独列出。

从附表 8 中可见，无论是获奖城市、提名城市还是推荐城市，大城市和特大城市均占绝对多数，分别占 30% 和 45% 以上。尤其是获奖城市均属于大城市或者特大城市。10 万人以下的城市和都会区所占比重非常小。需要注意的是，发展中国家的城市是"广州奖"的参评主体，而这些城市的人口规模普遍大于发达国家的城市，这就在很大程度上推高了参评城市中大城市和特大城市的比例。

3. 参选城市中发展中国家数量最多，获奖城市中发达国家城市比例最高

关于"发达国家"的概念和范围，并没有完全统一的界定。课题组根据经济合作与发展组织的成员国构成、世界银行认定的高收入经济体、国际货币基金组织认定的发达经济体、美国中央情报局发布的《世界概况》、联合国开发计划署提出的人类发展指数等多方面综合考量，认定美国、加拿大、日本、新加坡、韩国、塞浦路斯、以色列、安道尔、奥地利、比利时、捷克、丹麦、芬兰、法国、德国、希腊、爱沙尼亚、爱尔兰、意大利、拉脱维亚、列支敦士登、冰岛、马耳他、摩纳哥、芬兰、挪威、卢森堡、圣马力诺、斯洛伐克、斯洛文尼亚、西班牙、瑞士、英国、瑞典、葡萄牙、澳大利亚和新西兰等国家为发达国家，其余则为发展中国家。

城市所在国家的发展阶段对于城市创新的推动力有显著影响。虽然从整体上而言，推荐城市所在国家大多为发展中国家，但是发达国家拥有较完善的教育、研发体系，资金充足，具有比较成熟的创新孕育环境。所以，在获奖城市中发达国家较多。发展中国家由于社会和经济发展的需要，对创新具有迫切的客观需求，创新活动数量更多，所以在提名城市和推荐城市中均占有较大比重（见附表 9 和附图 6）。

附表 9 第一届"广州奖"推荐、提名、获奖城市所在国家发展阶段统计

城市级别	发达国家	发展中国家	合 计
获奖城市	3	2	5
提名城市	5	10	15
推荐城市	19	27	46

附表 9 和附图 6 的数据显示，发展中国家在"广州奖"推荐城市和提名城市的统计中占绝大多数。分别拥有 27 个推荐城市和 10 个提名城市，

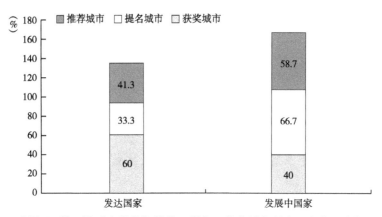

附图 6   第一届"广州奖"推荐、提名、获奖城市所在国家发展阶段

各占 58.7% 和 66.7% 。这说明发展中国家在城市创新方面也有可能获得令人瞩目的成绩。

附录二 第一届"广州奖"专家推荐、提名、获奖项目及城市分类汇总表

城市	所在国家	所在大洲	人口规模(万人)	城市面积(平方公里)	所在国家发展阶段	项目名称	主题类型	主要资助方	主要障碍	主要创新点	主要创新主体	实施时间(年)	类别
利隆圭	马拉维	非洲	67.75	465	发展中国家	约翰内斯堡省导利隆圭主制定城市发展战略项目	城市整体发展	非政府组织	官僚体系	理念创新	公共部门	5	获奖
达喀尔	塞内加尔	非洲	105.6	82.2	发展中国家	投入密集劳动力建设道路通途工程	住房交通	地方政府	当地居民	方法创新	公共部门	5	提名
锡来特	孟加拉国	亚洲	50	2650	发展中国家	社区和机构有效减灾动员	社会服务	非政府组织	无障碍	制度政策创新	非政府组织	1	提名
萨克宁	以色列	亚洲	3.5	24.5	发达国家	TAEQ萨克宁市绿色建筑：环境研究与教育中心项目	生态环境	中央政府	资金短缺	科学技术创新	非政府组织	长期	提名
首尔	韩国	亚洲	1052.88	605.41	发达国家	全民参与通过地区互联网预防青少年淫荡	社会服务	中央政府	当地居民、工作对象	方法创新	公共部门	10	提名
						健康首尔——儿童和青少年网瘾预防	社会服务	地方政府	工作对象	制度政策创新	公共部门	长期	获奖

续表

城市	所在国家	所在大洲	人口规模（万人）	城市面积（平方公里）	所在国家发展阶段	项目名称	主题类型	主要资助方	主要障碍	主要创新点	主要创新主体	实施时间（年）	类别
清迈	泰国	亚洲	6.72	60.85	发展中国家	改善城市生态环境、增加生物多样性	生态环境	地方政府	缺乏智力支持，当地居民	方法创新	公共部门	5	提名
高雄	中国	亚洲	277.5	2947.62	发展中国家	1999呼叫中心	社会服务	地方政府	资源短缺	方法创新	公共部门	长期	提名
科贾埃里	土耳其	亚洲	1601.72	3505	发展中国家	地震监测和教育中心	社会服务	地方政府	官僚体系	制度政策创新	教育科研机构	长期	获奖
						融入新移民	社会服务	地方政府	现行法规	方法创新	公共部门	长期	获奖
维也纳	奥地利	欧洲	171.41	415	发达国家	可持续能源管理的发展和能源优化污水处理	生态环境	企业	无障碍	科学技术创新	公共部门	13	提名
萨勒诺	意大利	欧洲	13.9	58.96	发达国家	"生态购买"	生态环境	地方政府	工作对象	制度政策创新	公共部门	长期	提名
彼尔姆	俄罗斯	欧洲	100	799.68	发展中国家	可再生能源发展项目	生态环境	地方政府	无障碍	方法创新	公共部门	11	提名
						战略总体规划	城市整体发展	地方政府	工作对象，现行法规	制度政策创新	公共部门	3	提名
温哥华	加拿大	北美	60	114	发达国家	打造面向全民的宜居可持续空间	生态环境	地方政府	无障碍	制度政策创新	公共部门	11	获奖

续表

城市	所在国家	所在大洲	人口规模（万人）	城市面积（平方公里）	所在国家发展阶段	项目名称	主题类型	主要资助方	主要障碍	主要创新点	主要创新主体	实施时间（年）	类别
阿瓜斯卡连特斯	墨西哥	北美	79.7	1204	发展中国家	绿色线路：社会发展综合	社会服务	地方政府	资金短缺	方法创新	公共部门	长期	提名
库里提巴	巴西	南美	17.47	432	发展中国家	绿色区域	公共管理	地方政府	无障碍	方法创新	公共部门	长期	提名
麦德林	哥伦比亚	南美	239.3	380.64	发展中国家	数码城市麦德林项目	智慧城市	企业	工作对象	理念创新	公共部门	长期	提名
开普敦	南非	非洲	350	2500	发展中国家	节电运动	生态环境	地方政府	缺乏智力支持	方法创新	公共部门	长期	推荐
广州	中国	亚洲	1270.96	7434.4	发展中国家	保障性安居工程	住房交通	地方政府	资源短缺，资金短缺	制度政策创新	公共部门	长期	推荐
哈尔滨	中国	亚洲	1064	53000	发展中国家	百里生态长廊	生态环境	政府职能部门	工作对象	理念创新	公共部门	3	推荐
艾哈迈达巴德	印度	亚洲	600	466	发展中国家	快速公交系统	住房交通	地方政府	工作对象	理念创新	公共部门	4	推荐
苏拉卡尔塔	印度尼西亚	亚洲	53.65	44	发展中国家	人性化搬迁，给子摊贩权利	公共管理	地方政府	工作对象	制度政策创新	公共部门	长期	推荐
马什哈德	伊朗	亚洲	250	200	发展中国家	女性参与到决策系统以及决策活动	公共管理	地方政府	不明	制度政策创新	公共部门	长期	推荐

续表

城市	所在国家	所在大洲	人口规模（万人）	城市面积（平方公里）	所在国家发展阶段	项目名称	主题类型	主要资助方	主要障碍	主要创新点	主要创新主体	实施时间（年）	类别
德黑兰	伊朗	亚洲	850	686.3	发展中国家	市区居民健康公平性评估（市区之心）	社会服务	地方政府	工作对象	制度政策创新	公共部门	长期	推荐
阿什克伦	以色列	亚洲	13.1	48	发达国家	市政府发展太阳能项目	生态环境	地方政府	资金短缺	方法创新	公共部门	2	推荐
光州	韩国	亚洲	148	501.24	发达国家	智能城市决策支持系统	社会服务	地方政府	当地居民	科学技术创新	公共部门	7	推荐
祖克米迦勒	黎巴嫩	亚洲	3.5	3.08	发展中国家	碳银行（GHG）减少排放	生态环境	地方政府	当地居民	理念创新	公共部门	4	推荐
阿尔拜	菲律宾	亚洲	123.3	2552.6	发展中国家	鼓励、授权、共同建设美好社区	公共管理	地方政府	当地居民	制度政策创新	公共部门	长期	推荐
						降低灾害风险和适应气候变化创新项目	社会服务	地方政府	官僚体系	制度政策创新	公共部门	长期	推荐
新加坡	新加坡	亚洲	518	710	发达国家	21世纪城市河流一体化项目	生态环境	中央政府	缺乏智力支持	理念创新	公共部门	5	推荐
卡德阿伊（伊斯坦布尔）	土耳其	亚洲	55.3	25.7	发展中国家	耶特吉门利复兴项目	城市整体发展	地方政府	市场不支持	理念创新	公共部门、非政府组织	3	推荐

续表

城市	所在国家	所在大洲	人口规模（万人）	城市面积（平方公里）	所在国家发展阶段	项目名称	主题类型	主要资助方	主要障碍	主要创新点	主要创新主体	实施时间（年）	类别
迪拜	阿拉伯联合酋长国	亚洲	190	3978	发展中国家	2020迪拜城市总体规划项目	城市整体发展	地方政府	缺乏智力支持	制度政策创新	公共部门，企业	10	推荐
荣市	越南	亚洲	30.6	104.97	发展中国家	由社区推动的荣市城镇贫困人口住房升级	住房交通	非政府组织	现行法规，资源短缺	理念创新	非政府组织	2	推荐
塔林	爱沙尼亚	欧洲	41.7	159	发达国家	免费公共交通服务	住房交通	地方政府	资金短缺	方法创新	公共部门	1	推荐
不来梅	德国	欧洲	55	325.42	发达国家	汽车共享运营	生态环境	企业	固有理念	理念创新	公共部门	11	推荐
杜塞尔多夫	德国	欧洲	59	216.64	发达国家	东南部内城交警发展规划共建项目	城市整体发展	中央政府，地方政府	当地居民	理念创新	公共部门，企业	6~7	推荐
华沙	德国	欧洲	170.85	517.2	发达国家	维拉诺区建设	城市区域发展	地方政府，企业	项目实施方	理念创新	公共部门	17	推荐
阿维莱斯	西班牙	欧洲	8.34	26.81	发达国家	市议会行政程序标准化设计	公共管理	地方政府	缺乏智力支持，官僚体系	理念创新	公共部门	1	推荐
	西班牙					"联网之城"	智慧城市	私人	项目实施方	制度政策创新	公共部门	5	推荐
科内利亚	西班牙	欧洲	8.82	6.9	发达国家	欧洲首个城市市民实验室内利亚城市实验室项目	智慧城市	地方政府，私人	固有理念	理念创新	非政府组织	长期	推荐

续表

城市	所在国家	所在大洲	人口规模（万人）	城市面积（平方公里）	所在国家发展阶段	项目名称	主题类型	主要资助方	主要障碍	主要创新点	主要创新主体	实施时间（年）	类别
萨瓦德尔	西班牙	欧洲	20.8	37.8	发达国家	智能城市：3E模式下的城市管理新系统	智慧城市	国际组织	资金短缺	理念创新	公共部门	2	推荐
伯明翰	英国	欧洲	107.3	267.8	发达国家	公共服务研究院项目	社会服务	教育机构	现行法规	组织机构	教育机构	长期	推荐
布里斯托尔	英国	欧洲	42.82	110	发达国家	计算机重复使用计划	社会服务	地方政府	资金短缺	组织机构	公共部门	长期	推荐
						市民创新与政府现代化项目	公共管理	地方政府	固有理念	制度政策创新	公共部门	长期	推荐
墨西哥城	墨西哥	北美	885.11	1485	发展中国家	自行车战略、个人运输系统 ECOBICI	社会服务	地方政府	利益群体	制度政策创新	公共部门	长期	推荐
						环境噪声监测网络	生态环境	中央政府	项目实施方	制度政策创新	公共部门	2	推荐
墨西哥大都会区	墨西哥	北美	多于2000	7718	发展中国家	大都会区各地空气质量改善 2011-2020	生态环境	中央政府，地方政府	利益群体	方法创新	公共部门，企业	9	推荐
辛辛那提	美国	北美	213	201.9	发达国家	辛辛那提计划——30年来第一个综合计划	城市整体发展	地方政府	工作对象	方法创新	公共部门	13	推荐

续表

城市	所在国家	所在大洲	人口规模（万人）	城市面积（平方公里）	所在国家发展阶段	项目名称	主题类型	主要资助方	主要障碍	主要创新点	主要创新主体	实施时间（年）	类别
布宜诺斯艾利斯	阿根廷	南美	289	202	发展中国家	第八社区的公共参与及社区规划项目	城市区域发展	地方政府	利益群体	制度政策创新	公共部门	长期	推荐
						Donado Holmberg 地区公园项目	住房交通	地方政府	当地居民	制度政策创新	公共部门	7~8	推荐
						智能数字分批（IDP）系统	智慧城市	地方政府	工作对象	科学技术创新	公共部门	1	推荐
						布宜诺斯艾利斯土地绘图	城市整体发展	地方政府	缺乏智力支持	科学技术创新	公共部门	0.5	推荐
						行人优先项目	住房交通	地方政府	当地居民	方法创新	公共部门	长期	推荐
贝罗奥里藏特	巴西	南美	237.5	331.4	发展中国家	沟通团结项目	社会服务	地方政府	缺乏智力支持	理念创新	非政府组织	长期	推荐
圣保罗大都会区	巴西	南美	1968.4	7943.082	发展中国家	圣保罗大都会区环境公路南段影响区内城市土地使用、植被和人口动态的监控方法	公共管理	企业	不明	科学技术创新	企业	21	推荐
墨尔本	澳大利亚	大洋洲	10	37.7	发达国家	创新性的雨水收集项目	生态环境	地方政府	当地居民	科学技术创新	公共部门	2	推荐

Cooperation, Sharing and Reference: the First "Guangzhou International Award for Urban Innovation" Research Report

Guangzhou Development Research Institute of Guangzhou University

Abstract: The significance of Guangzhou International Award for Urban Innovation should be recognized through two aspects: new challenges and tendencies on the development of global city, and practical suggestions for Guangzhou's long – term development. By intensively studying the cases in the Guangzhou International Award for Urban Innovation, this study raises four concrete measures for Guangzhou municipal government: (1) specifically target Guangzhou as the innovative center in South China; (2) establish the innovative center to provide organizational guarantees and exhibition platforms for civil innovations; (3) build up a public data platform, bringing forth new pathways for public participation; (4) use sustainable development as a starting point of science and technology innovation for the construction of ecological civilization.

Keywords: Guangzhou, Guangzhou International Award for Urban Innovation, Guangzhou Award

B Ⅱ
评价篇

对第一届"广州国际城市创新奖"的
评价及改进建议

广州大学广州发展研究院课题组*

摘　要：通过创办第一届"广州奖"，广州深度参与了国际城市创新讨论，积累了一批可供借鉴的先进经验，国际影响力也得以巩固和提升。与此同时，"广州奖"应当从以下 5 项措施入手，进一步完善"广州奖"的评选：（1）充分认识"广州奖"的战略价值；（2）加强"广州奖"的权威性和持续发展能力；（3）转化、提升"广州奖"的多重价值；（4）促进广州跨越式发展，打造先进的后现代城市；（5）构建与国际大奖匹配的保障体系。

关键词：广州市　广州国际城市创新奖　广州奖

一　第一届"广州奖"的成效、影响和基本经验

早在 2012 年，联合国人居署世界城市行动指导委员会主席、"广州国际城市创新奖"（下文简称"广州奖"）技术委员会专家游建华就反复强调"广州奖"的两个意义："广州有胆识，举办广州奖，既为城市发展创新搭建交流平台，又为自身的发展和提升建起智库。"[①] 在 2013 年 7 月 12 日召开的"广州国际城市创新研究会第一次全体会议暨国际城市创新研讨会"上，陈建华市长更明确指出：一方面，要推动"广州奖"成为"城市创新诺贝尔奖"；另一方面，要使广州有更多机会借鉴先进城市的成功经验，在城市建设上少走

---

*　课题组长：涂成林；成员：谭苑芳、周凌霄、黄旭、艾尚乐、杨宇斌、汪文姣、吕慧敏。
① 谭秋明：《广州奖是城市发展的智慧金矿》，《广州日报》2012 年 10 月 24 日第 A2 版。

弯路。① 因此，以"作为国际城市创新经验的交流平台"和"为广州建设提供经验启示"这两个意义作为基本标准，来分析第一届"广州奖"产生的社会影响，可以进一步明确推动此项目的努力方向及实施路径。

（一）第一届"广州奖"获得的关注及取得的成绩

第一届"广州奖"通过从筹备阶段到正式召开颁奖大会之后的一系列活动，扩大了"广州奖"的影响力和知名度，使这个奖项所确定的"国际城市创新经验交流平台"和"为广州建设提供经验启示"两个建设意义，在一定程度上得到落实。

1. 第一届"广州奖"获得广泛关注。

第一届"广州奖"从筹备到 2012 年 11 月 16 日晚举行颁奖典礼，整个过程吸引了国内外众多媒体的关注，而参评项目的创新性和先进性，也得到国际城市建设领域的专家、官员的高度赞赏。

（1）从国际社会权威人士评价来看，第一届"广州奖"的影响力已经初步展现。例如，在 2013 年，世界大都市协会主席派遣的代表、西班牙巴塞罗那大区副主席安东尼奥·巴尔蒙表示，在世界城市发展面临着越来越多问题之际，广州首次提出并举办广州国际城市创新奖非常及时。他在评议中尤其重视"广州奖"作为世界城市创新经验交流平台的建设功能："'广州奖'所开创的平台，可以让来自世界各地的城市沟通交流，同时应探索一些新的路径，更顺利地实现这种交流。"2014 年 3 月 13 日，在韩国首尔举办的世界大都市协会国际培训中心开幕式上，世界大都市协会秘书长阿兰·乐松也高度评价"广州奖"的创设，并引用世界城市和地方政府联合组织（简称"城地组织"）主席卡迪尔·托普巴什对"广州奖"的评价，称其为"地方政府联合国的诺贝尔奖"。②

（2）第一届"广州奖"获得国际友人的高度肯定。2014 年 2 月 12 日，在该年外国驻穗领团新春团拜会上，陈建华市长专门通报了第二届"广州奖"报名及评选活动的启动情况，同时邀请各国领馆共同参与到促进城市创新发展的事业中来，并协助邀请各国城市参与"广州奖"评选和城市创

---

① 刘圆等：《广州拟打造"城市创新诺贝尔奖"》，人民网，2013 年 7 月 12 日，http：//gd. people. com. cn/n/2013/0712/c123932 - 19065043. html。

② 见广州国际城市创新奖官方主页，http：//www. guangzhouaward. org/555/content _ 1256. html。

新交流合作,共同探索城市发展新路径。各国驻穗领事馆官员对陈市长的邀请予以积极回应,并认为"广州奖"是推动城市创新和城市间合作的新平台,驻穗领馆也是推动中国与世界各国友好交往的重要桥梁,具有共同的使命和价值。他们将不遗余力地把"广州奖"推荐至本国城市,为促进城市创新发展和国际交流合作创造更多有利条件。①

事实上,正是第一届"广州奖"的成功举办,使"广州国际城市创新奖"这个品牌开始获得较高的关注度。例如,2013 年 11 月 16~17 日,在广州体育中心举办了广州地区中外友人运动会,会场设立的展览会上,第二届"广州奖"专题宣传图片展吸引了众多嘉宾和参赛者的驻足。根据记者现场访问,多位国际友人表示了对于"广州奖"及其参评项目的关注和赞赏,认为这个奖项有助于世界城市先进经验的交流学习。此外,从第二届"广州奖"的报名情况看,其影响力较之第一届已经表现出略有提升(见表 1。本研究对第一届参评城市和项目数量的统计,与技术委员会的公报略有出入,下表仅反映趋势变化,因此引用技术委员会报告的数据)。

表 1　第一、二届"广州奖"报名情况

单位:个,项

	报名国家和地区数	报名城市数	提交项目数
第一届（截至 2012 年 9 月 30 日）	56	153	255
第二届（截至 2014 年 7 月 31 日）	57	177	259

(3)第一届"广州奖"受到国内各界人士的高度重视。第一届"广州奖"的成功举办以及围绕该奖项的一系列活动,都受到国内相关党政部门和普通观众的高度关注。例如,2012 年 11 月 15~17 日举办的以"创新成就未来"为主题的国际城市创新范例展,短短 3 天便有 4 万人次进场参观;2012 年 11 月 16 日上午国际城市创新大会开幕式当天,中央外办、财政部、外交部、建设部、审计署、广东省四套班子代表,广州市四套班子全体成员,省直、市直有关单位,联合国、UCLG、世界大都市协会、参评城市,外国驻穗领馆、在穗企业、商务机构及其他各界共 62 个国家和地区的 700 余名贵宾隆重出席。

---

① 见广州国际城市创新奖官方主页,http://www.guangzhouaward.org/555/content_1244.html。

2. 第一届"广州奖"取得的成绩

从交流平台和对广州的启示这两个角度来评价第一届"广州奖"的成绩，可以透过以下4个方面来考察：（1）广州是否实质性地介入了世界城市发展前沿问题的讨论，（2）是否积累了相当的智力资源，（3）是否产生了一定影响力（知名度），（4）智力积累是否已应用于实践。通过梳理及分析资料，课题组认为，第一届"广州奖"在前3个方面取得了一定的成绩，但是在第4个方面却表现得颇为不足。以下主要论述"广州奖"取得的成绩，对第四个方面的总结及其分析，将在后文涉及。

（1）以"广州奖"为载体，广州深度参与了国际城市创新讨论。从以往的事实来看，世界城市发展与创新的话语，始终笼罩在欧美发达城市的绝对影响之下。发展中国家城市一方面只能作为学习者，沿着发达国家城市的轨迹亦步亦趋，另一方面难以寻找到一个公开的平台，相互交流和学习自身应对问题、谋划未来的心得体会。但透过第一届"广州奖"的举办及其后继宣传、推动工作，借助"广州奖"这个载体，广州已经开始较有深度地参与到世界城市创新的话题讨论中：首先为参评项目提供了一个从"广州奖"的理念和标准出发的形象展示机会，其次也使更多国际友人重视广州向世界发声的力度。例如，2014年4月6～13日，在哥伦比亚麦德林参加由联合国人居署主办的第七届世界城市论坛（The 7th World Urban Forum）时，城地组织（UCLG）秘书长罗伊格与世界大都市协会秘书长阿兰·乐松对"广州奖"给予了高度评价，同时多个城市代表表示将持续关注和参与"广州奖"。世界城市论坛是由联合国人居署主办的，每两年召开一次，是联合国关于世界城市发展主题的最高端国际论坛，也是全球人居问题的第一大会。"广州奖"在这里的亮相以及参与讨论，是广州实质性、深层次参与国际城市创新话题讨论的一种行动表现。

（2）通过"广州奖"，广州积累了一批可供借鉴的先进经验。参评"广州奖"的项目都是各个城市精心推出的作品，从第一届参评情况看，项目涵盖城市整体发展、城市区域发展、公共管理、社会服务、生态环境、智慧城市和住房交通七个领域，占比最多的项目是围绕提高政府服务水平和市民生活质量、改善人居环境及社会与生态协调发展等主题的项目。更难能可贵的是，在获推荐项目中，发展中国家的项目占总数的69.6%，远多于发达国家的项目。这种状况体现了：第一，"广州奖"作为国际城市创新交流平台，从第一届开始已经直接涉入当今世界城市面临的最重大、最紧迫问题（城市公共服务水平问题与生态环境问题）的探讨；第二，"广州奖"吸引了一批优质的发展中国家城市创新项目，这为思考多元性城市发展路径、在发展过程中应对严峻问题提供了有力的实践支撑。总之，第一届"广州奖"已经汇集了丰富的城市创新经验资源，值得深入挖掘，寻找对于广州及其他城市发展有益的借鉴和启示。

此外，"广州奖"作为汇集先进城市创新经验的交流平台，对于广州的新型城镇化发展具有最直接的益处。毋庸讳言，在快速城市化发展思路的指引下，广州城市发展近年已经遭遇许多瓶颈，如城市空间激烈扩张、土地利用粗放、城市人口剧烈增长、公共服务资源配置不均、生态承受力趋向临界值等，这需要城市建设者们拓宽思考路径，寻求新的发展动力和发展理念。通过"广州奖"开拓的国际交流机会，广州已经把自己的问题放在世界城市发展问题之中进行讨论，例如 2014 年 4 月，在哥伦比亚麦德林召开的由联合国人居署主办的第七届世界城市论坛（The 7th World Urban Forum）上，广州市与世界城市和地方政府联合组织（UCLG）、世界大都市协会共同举办了"城市创新和包容性治理"主题边会，并在大会展区设立展位，专题推介第二届"广州奖"。这次论坛的主题为"城市的公平发展——城市改变生活"（Urban Equity in Development Cities for Life），涉及能源、环境、土地、住房、基础设施、卫生、教育、健康、安全、贫民窟改造等热点话题。

广州代表团以宣传和推广"广州奖"的名义，参与类似的世界城市高级论坛，把广州的发展问题与世界城市的发展问题进行比较、辨析，对广州深刻认识自身处境、吸取先进经验、开阔视野、建立国际协作，以及全方位推进新型城镇化建设，积累了丰富的资源。

（3）借助"广州奖"，广州的国际影响力得到巩固和提升。广州利用主持"广州奖"的契机，已在广州国际城市经贸交流会、麦德林第七届世界城市论坛、澳门国际环保合作发展展览、第五届亚太区 3R 论坛暨 2014 年绿色技术创新博览会、日本滨松的城地组织（UCLG）亚太区执行局会议等国际一流学术研究和交流平台光鲜亮相；同时，通过回访获奖和提名城市——如科喀艾里、首尔、清莱、锡尔赫特、高雄等，一方面对创新项目进行了深入考察研究，另一方面也加强了城际交流沟通，辐射了广州的影响力。此外，通过"广州奖"，更多的国际组织、世界城市产生了了解广州、关注广州的热情。如西班牙萨拉戈萨市近期慕名而来，其副市长热诺尼莫·布拉斯可·郝勒吉率团赴穗现场申请参评"广州奖"，并提交了该市正在研发的智能管理限价房项目作为第二届"广州奖"参评项目；2014 年 4 月，加拿大渥太华大学 Telfer 商学院代表团对广州国际城市创新奖办公室进行拜访，详细了解了与"广州奖"相关的具体情况；而在世界城市论坛、在国际环保合作发展展览会上，许多国际组织和城市表示了对"广州奖"和广州的极大兴趣，更促成了一些城际互访、商贸洽谈活动。

事实上，作为我国改革开放前沿城市的广州，近年大力建设国家中心城市、力图扩展其国际影响力，借助"广州奖"举办的契机，已经在这方面取得了一定效果，大大提升了广州作为大都市的国际形象。2012 年 11 月 17 日，即在第一届"广州奖"开幕大会之后，参会城市共同发布了《广州宣言》，提出 6 项倡议：一是树立以人为本的城市发展根本理念；二是坚持绿色低碳的城市发展方向；三是建设智慧城市，促进现代城市高效运行；四是创新与传承城市历史文化，彰显城市魅力；五是推动公众参与城市发展，焕发持续创新活力；六是加强城市间的交流合作，推动城市创新。这个宣言充分展现了广州作为国际大都市的气度和视野，同时标志着广州的城市发展与当前世界最前沿的城市发展理念紧密相联。

（二）与其他世界级城市评奖的比较分析

"广州奖"的高标准建设，使它可以与当前世界卓有影响的城市评奖进行比较。当然，由于项目推进时间尚短，"广州奖"在定位、理念、评选程序、现实影响力等各个方面尚存在欠缺，这些可改进之处也将通过比较分析得到清晰展现。

1. 李光耀世界城市奖（Lee Kuan Yew World City Prize）

这个奖项由新加坡政府 2009 年 6 月 22 日设立，是一项国际性奖项，每两年颁发一次。从影响力来看，李光耀世界城市奖已经获得了国际城市规划和建设领域权威的认可，作为新加坡政府设立的一项国际性大奖，被喻为"城市规划界的诺贝尔奖"。

与"广州奖"进行一个简洁的对比，李光耀世界城市奖具有如下几点重要优点，值得学习借鉴。

首先，发起和主办机构级别较高。李光耀世界城市奖由新加坡中央政府为发起机构，所依托的是世界城市峰会。在城市峰会召开期间，新加坡政府首脑亲自致辞。而除了李光耀世界城市奖的颁发之外，峰会还设有如世界城市会议、城市方案展示、市长论坛等活动，对于推动城市之间的深度交流，扩大奖项的权威性、影响力，具有显著作用。

其次，奖项定位明确、主题鲜明。李光耀世界城市奖着重于4个城市主旨，即可持续性（Sustainability），宜居性（Liveability），城市活力（Vibrancy），城市生活质量（QualityofLife），旨在奖励以远见和创新思维进行城市规划和管理工作，或者解决许多城市面临的环境挑战，并能以纵观全局的方式为不同社区带来社会、经济及环境效益的城市及其领导人和组织。

再次，评选程序严格、程序设计精致。奖项以推荐为提名方式，通过两层遴选过程，即先由提名委员会审查所有提名并推荐卓越提名，然后再由李光耀世界城市奖理事会决定最终得奖者。具体而言，依照程序规定，李光耀世界城市奖不接受自我推荐，它的被提名方只能由都市规划、建屋、交通管理、都市设计与建筑、节能、都市政策与管理及任何其他相关领域中具有领导地位的学者、政府官员及国际组织领导人组成的第三方推荐（同时也可以接受公立或私立组织、非政府组织及学术机构推荐。但提名者在推荐时必须具体说明这些重要领导人及/或伙伴组织在城市都市转型中所做出的卓越贡献）。所有符合资格的被提名方都将经过李光耀世界城市奖理事会及提名委员会的两轮严格遴选程序。提名委员会将审核所有提名名单并将有潜力的候选方推荐给李光耀世界城市奖理事会，然后由该理事会根据推荐原因评选出获奖得主。以上两个评选单位的成员均由公立、私立领域多种相关学科的著名业内人士、决策者、学者及专家担任。

最后，奖项的社会化运作较为成功。李光耀世界城市奖虽然是政府主导的奖项，但是从创办之初就非常重视拓宽社会资金的参与途径，使该奖项实现了十分灵活的多元资金注入的效果，如新加坡政府投资的大企业淡马锡（TEMASEK）等，对奖项进行了大额投资。社会化运作可以保证奖项的可持续发展。

2014年，获李光耀世界城市奖的是中国苏州。该奖项提名委员会主席、新加坡国立大学李光耀公共政策学院院长马凯硕在宣读颁奖辞时说，苏州从24个国家和地区的36个城市中脱颖而出，是因为它兼顾经济发展与历史文化传承，为市民和外来务工人员创造了宜居的生存环境和均等的社会保障机会。[①]

---

① 陈济朋：《中国苏州获颁"李光耀世界城市奖"》，新华网，2014年6月2日，http://news.xinhuanet.com/2014-06/02/c_1110956929.htm。

2. 迪拜国际改善居住环境最佳范例奖（简称"迪拜奖"，Dubai International Award for Best Practice to Improve the Living Environment，DIABP)

这个奖项由联合国人居署和阿拉伯联合酋长国迪拜市政府于1995年设立，旨在奖励在人类居住条件的改善及可持续发展方面做出杰出贡献的项目。该奖每两年评选一次，每次评选出10个获奖项目。全球任何组织和机构甚至个人，只要在改善人类——尤其是贫困人口及弱势群体——的居住环境方面产生了积极和显而易见的影响，并给这一领域带来持久的变化，都可以申报。

"迪拜奖"的特征非常鲜明：第一，发起和主办机构级别较高。"迪拜奖"由迪拜市政府与联合国人居署联合设立，保证了奖项的官方权威性；第二，主题设置明确。正如"迪拜奖"在其导言中指出的，所谓"改善居住环境"，是根据联合国人居署的定义而界定的三层意思：对提升居民生活质量有显著清晰的影响；是公共部门、私营部门和市民之间通力协作的成果；在社会、文化、经济和环境上具有可持续性。相应地，奖项评议的内容分解为三个"子题目"，即"对居民生活积极的显著影响""公私部门之间合作的模式""该项目促使本地产生持续的变化"。第三，评奖程序严格、合理。相比而言，"迪拜奖"的评奖程序不如李光耀世界城市奖那样复杂精致，但也非常严格且合理。（1）项目可以通过直接申报，也可以通过组委会的邀请参加评选；（2）参评项目必须通过受组委会委托并独立于组委会的"技术咨询委员"（TAC）的评议，通过者获得提名参评资格；（3）终评委从获提名资格者中评选出最佳的项目；（4）技术咨询委员会和终评委人选都是组委会从事先确立的专家库中选任的，而且二者人员不可重合。

到目前为止，已经有来自全球140个国家的2100多个项目提出申报，最终获奖的项目只有50个。从1996以来，我国先后有7个项目获此殊荣。以2012年获奖的杭州长桥溪水生态修复公园为例，在有这个公园之前，长桥溪流域内居住区和鱼塘、林田混杂，溪床垃圾成堆、蚊蝇滋生、臭气熏天，长桥溪流入西湖的水常年为地表水劣V类水质。长桥溪水生态修复公园建成后取得了良好的生态效益和社会效益：长桥溪入湖水质得到了显著改善，流域生态环境得到了根本性的修复，为游人提供了清幽宜人的游览休憩场所，成为一个集生态、观赏、休闲、科普教育和水生态修复示范为一体的新型公园。"迪拜奖"对这个建设项目的赞赏,正充分体现了该奖项关注"改善人居生态环境方面所取得的突出成绩"的定位。

(三) 第一届"广州奖"的影响评价及其改进思路

1. 影响评价

通过前文对国际国内舆论和专家意见的梳理,可以肯定:第一,第一届"广州奖"的影响力已经初步彰显,不但获得城市建设领域专家和官员的肯定,也吸引了大量普通民众的关注,这对于进一步扩大"广州奖"的影响力和权威度奠定了良好的基础。第二,"广州奖"的专业影响力在不断增强。例如,2014年4月24~25日,在湖北红安举办的广州国际城市创新奖经验交流会上,中国人民对外友好协会相关负责人、UCLG亚太区大使、各科研机构和高校专家,围绕"广州奖"本身以及各参评项目的创新度进行了深入讨论,一方面认为"广州奖"已经有资格成为中国对外发声的重要载体,另一方面也强调从参评项目中挖掘亮点启示,帮助国内城市建设发展。第三,"广州奖"在国际城市创新领域的影响力也有所显现。2014年3月,在澳门国际环保合作发展论坛及展览(MIECF)中,"广州奖"代表团应澳门贸易投资促进局的专门邀请,出席论坛并参与专题展览,展会现场还专设了广州国际城市创新奖展位;2014年4月,在哥伦比亚麦德林召开的第七届世界城市论坛上,相关组织举办"城市创新和包容性治理"主题边会,专门对"广州奖"进行了推介。

整体而言,从城市创新交流平台与借鉴学习先进经验的窗口这两个意义上看,"广州奖"都表现出一定的影响力,而且随着宣传工作的进一步开展、第二届"广州奖"评选活动的举办,这种影响力有显著增大的趋势。当然,如果与上述李光耀世界城市奖、"迪拜奖"这类已经形成优质品牌的同类型国际奖项相比较,"广州奖"在自身建设上还有一些弱项有待提高,如奖项的定位、专业权威性、影响辐射力等,都需得到强化。

根据"广州奖"设定的"作为世界城市创新经验的交流平台"和"为广州城市发展提供经验启示"两个意义对前文分析进行归纳,可以对第一届"广州奖"已经产生的影响力及其不足进行分类观察(见表2)。

表2 第一届"广州奖"影响力的初步评价（定性）

评价内容	影响力表现（成绩或不足）
作为世界城市创新经验的交流平台	1. 获得许多国际权威的一定认可 2. 获得国际社会（友人、友城）的相当认同 3. 参与世界城市发展论坛进行深度讨论 4. 与国内各地科研机构进行创新经验交流 5. 未能充分代表世界城市创新的先进水平
为广州城市发展提供经验启示	1. 获得国内许多城市和地区的官方关注 2. 获得广州市委市政府的高度关注及认可 3. 未形成有影响力的后续成果 4. 所积累的城市创新经验未转化为决策参考资料 5. 所积累的城市创新经验未曾转化为城市建设方面的科研参考资料

　　总体来看，"广州奖"在国际社会的影响力似乎要强于国内，相应而言，对广州本地的影响似乎显得不足。换句话说，两个评价内容中，"作为世界城市创新经验的交流平台"所实现的效果要优于"为广州城市发展提供经验启示"。如果以上分析有一定合理性，那么，如何在巩固和持续提升前者（作为交流平台）的基础上，大力、跨越式地提升后者（为广州提供启示），成为进一步完善和推动"广州奖"工作的努力方向。当然，需要明确的是，由于"广州奖"尚处于起步阶段，因此即使是上述第一届"广州奖"获得的认可、认同以及通过这个载体进行的深度交流，也都还处于萌芽状态；甚至由于"广州奖""未能形成有影响的后续成果"，各项"成绩"更显得单薄。未来改进工作的重心，应在于使第一届"广州奖"积累的智力成果转化为城市领导人的决策参考，以及转化为城市研究者的科研参考。

　　2. 改进思路

　　（1）进一步提升权威性和代表性，充分反映世界城市创新的先进水平。如前文所述，"广州奖"虽已形成自己的品牌效应，但其权威性和代表性还有提升的空间。改进思路在于如下几点。

　　第一，奖项定位需要一定程度的聚焦。目前，"广州奖"提出"旨在表彰城市和地方政府在城市创新领域中的成功实践"，今后有必要对这个总括性宗旨进行分解，形成几个稳定、独立然而保持一定动态且相互联系紧密的"子题目",一方面有利于与城市建设领域学有专攻的国际一流专家对接,借助国际城市创新研究的智力支持,提升自身权威性,同时扩大国际影响力;另一方面,通过子题目的分解,可以把发达城市应对其发展后的城市问题的创新项目与发展中国家应对发展过程中问题的创新策略分开进行评议,这样有利于同步吸引国际一流大都市与地方特色城市共同参与评奖,扩大"广州奖"的代表性。

第二,评选程序应进一步完善。例如,目前的评审程序规定,技术委员会由相关领域的 11 名技术专家组成,评审委员会由至少 5 名具有国际声誉的专家组成。但是,"广州奖"组委还没有建成一个具备国际学术影响力、地域及行业代表性强、公信力高的城市创新专家资源库,很难向公众说明其评委选任的权威性。总体而言,"广州奖"有必要通过完善各项制度建设,拓展与国际学术人才交流合作的途径,同时提升自身的权威性和代表性,真正把这个奖项打造成城市创新领域的诺贝尔奖。

(2)加强对申报项目的深度研究,形成有力的后续成果。实际上,对项目的研究目前正处于推进过程中,如前文提到的对获奖或提名城市的回访,还有如加强广州国际城市创新研究会建设,通过研究会加强与上海、杭州等地城市研究机构的交流合作等。但是,整体来说,对于申报项目的挖掘和深究依然不够。

"广州奖"的相关成果未能落地到城市进一步的发展实践中,非常令人遗憾。无论从哪一点上讲,"广州奖"都有必要大力拓展与国内外城市研究机构的深度合作,既借"外脑""外力"大量投入对于手中项目丰富资料的研究,又积极推动城市创新研究理论水平的提升,更能通过学术科研机构的媒介作用,把研究成果公之于众并提供给政府职能部门使用,整体性地提高广州及其他城市的创新和管理能力。

(3)加大编制和经费投入,改革融资方式,形成可持续性发展的坚实保障。就人员编制而言,"广州奖"采用的是项目制运作方式,推广、宣传、协助评奖等方方面面的工作大约由 15 位社会招聘人员承担,没有行政编制或事业单位编制作为保障,能否可持续发展成为疑问。负责"广州奖"整体工作的"广州奖办公室",目前既不是行政机构也不是事业单位,仅仅属于外事办名下的项目运作部门,本身没有法人资格,在许多工作(尤其是涉外交流活动)中受到相当大的限制。

与之相比,李光耀世界城市奖是新加坡政府的奖项(更是冠以该国建国总理的名义），由新加坡市区重建局和宜居城市中心具体负责，而"迪拜奖"则是由富裕的迪拜市政府作为主办者，在人员和经费配置上及与政府相关职能部门的联系上保障了其发展的可持续性。例如，"迪拜奖"的每届奖金总额达48万美元；根据报道，2014年我国苏州市获李光耀世界城市奖，奖金价值为30万新元（约合23.6万美元）。而按照《广州国际城市创新奖章程》规定，"广州奖"每届选出5个城市授奖，奖金总额仅有10万美元，每个城市仅获2万美元。奖金的多少不能与奖项的影响力、权威性直接挂钩，但是这一点可以说明，与"迪拜奖"和李光耀世界城市奖在投入上的"大手笔"相比，"广州奖"显得与"国际城市创新诺贝尔奖"的设计初衷不相称。

此外，"广州奖"目前还存在没有研究吸引社会资金注入、实现社会化（市场化）运作的问题。其实，作为政府主导的奖项，最大的担忧就在于，如果财政状况恶化或者政府领导人关注点转移，该奖项就会面临难以为继的困难。"李光耀世界城市奖"由于良好的市场化运作模式，已经不必担心这个问题，而"迪拜奖"由于最近数年迪拜市财政状况不佳，新一届市政府已经难以如同其前任一样表现出对于该奖项的重视了。"广州奖"要避免类似"迪拜奖"的发展困境，必须未雨绸缪，大力研究吸引各类资金投入、实现良好的市场化运作的途径。

总而言之，随着"广州奖"国际影响力的提升，有必要逐步增加人员编制和经费等资源配置，同时探索市场化、社会化的运作模式，更需要投入相当的资源设立研究项目，以便促进"广州奖"与城市创新科研机构之间的合作、与政府职能部门之间的沟通交流，转化"广州奖"积累的智力资源，切实推动广州以及国内外其他城市的可持续性、创新性发展，提升"广州奖"在广州市内外的地位和影响力。

二 进一步完善"广州奖"评选的若干建议

第一届"广州奖"已于2012年成功举办，其成就得到城市研究领域专家、国内主要媒体及官员的肯定，被誉为"UCLG的诺贝尔奖"。然而，广州国际城市创新奖本身就是一个创造性的尝试，也是广州市第一次创办具有较大影响力的国际性奖项，难免会存在一些不足之处。为了进一步把"广州奖"办成名副其实的"城市创新诺贝尔奖"，课题组对进一步完善

"广州奖"评选提出以下5项建议。

（一）充分认识"广州奖"的战略价值

广州市主要领导对"广州奖"的高度重视，是"广州奖"成功举办并实现可持续发展的重要保障，也是广州举办国际城市创新奖的显著优势，这一点仅从广州市举办第一届"广州奖"所投入的大量人力和财力就可以看出来。

然而，对"广州奖"的重视程度，不仅要看主办城市所投入的人力和财力有多少，更重要的是广州市委、市政府对"广州奖"的价值和意义有何认识。课题组认为，"广州奖"不仅是提高广州市国际知名度的重要手段，更是助力广州未来走向新战略制高点的有力支撑。只有在这一层面和高度上来认识"广州奖"，才能充分发挥它的多重价值，促进广州实现跨越式发展。

基于这一初衷，课题组建议广州市在现有的基础之上进一步加强"广州奖"的宣传和推广力度。市委、市政府应该尽量利用各种外访机会以及接待外宾的各种场合，着重向发达国家的主要城市，尤其是向人口规模、面积、经济总量等与广州相近的国际大都市宣传和推介"广州奖"，以提高这些城市在所有参评项目中的比例，增加可供广州借鉴的参照系，并使"广州奖"逐渐成为真正的"城市创新诺贝尔奖"。

为了提高广州市各部门和单位对"广州奖"的借鉴和研究力度，课题组建议由广州市主要领导带队，组织"国际城市创新考察团"，对优秀参评项目进行实地考察，与相关的组织和个人进行面对面交流。考察团的成员除了广州市相关部门的代表以外，还应包括广州市属高校和科研院所的研究骨干。

2009年，在广州市政府的决策咨询会上，很多专家提出广州应该参照北京、上海的做法，举办一个属于自己的城市论坛，吸纳海内外知名学者共同为广州的城市发展出谋划策。此后，在中山大学党委书记郑德涛的再次提议下，"广州论坛"在2010年正式诞生，至今已连续举办5届，论坛的规格及所吸引的关注度也在逐年提高。为了进一步扩大"广州奖"的影响力，加强对城市创新项目的研讨力度，课题组建议"广州奖"与"广州论坛"进行强强联合。具体而言，在每届"广州奖"的评奖活动结束之后，随即举办当年的"广州论坛"，并以"广州奖"的优秀项目作为研讨的主题之一。此举将使"广州奖"直接进入国内相关学科领军人物的视野和话语范围，显著增强"广州奖"的国内影响力。"广州论坛"也可利用"广州奖"的丰富案例，进一步启发参与论坛的顶尖专家学者，为广州城市发展提出更好的建议。

（二）加强"广州奖"的权威性和持续发展能力

正如上文已经提及的，第一届"广州奖"的参评城市以发展中国家的城市为主，其中包括一些鲜为人知的小城市，缺乏国际创新型大都会的参与。这在一定程度上说明了仍处于初创阶段的"广州奖"，其权威性、影响力还比较有限，很难吸引纽约、东京、柏林、伦敦等国际创新型大都会报名参选。如此种情况长期得不到改善，必然会损害"广州奖"的可持续发展能力，"城市创新诺贝尔奖"的美誉就会成为笑谈。

课题组建议通过制定项目评价指标体系和成立国际咨询委员会两项措施，来加强"广州奖"的权威性和可持续发展能力。

1. 制定项目评价指标体系，增强评选的科学性

纵观联合国、发达国家、国际顶级科研机构和智库的做法，他们在对全球国家和城市在某一领域的成就和问题进行评价时，都会以一个有针对性的评价指标体系①作为基础：先是为各个国家或城市在若干方面的具体表现进行评分，再把分项目的评分赋予不同权重，最后才进行综合评分并进行比较。可见，制定评价指标体系，不但会使评选更具合理性、科学性，也是一个国际通行的惯例。

目前，《广州国际城市创新奖章程》中规定了四个评奖标准，分别是：创新性——必须具有独创性而非模仿或简单重复其他已经或正在进行的实践，成效性——必须能够被事实充分证明已经达到或正在达到预期目标，应用性——须具有显著的可示范效应和推广意义，影响性——必须对城市创新与发展具有广泛深远的影响力。但是以上标准过于笼统，缺乏分层次、具体化、可量化的指标，导致评选缺乏客观标准。技术委员会和评审委员会对项目的取舍，很大程度上是评委个人主观喜好的体现，削弱了"广州奖"作为国际城市创新大奖的客观性和科学性。

---

① "评价指标体系"是指由表征评价对象各方面特性及相互联系的多个指标所构成的具有内在结构的有机整体。

　　课题组建议为"广州奖"制定专门的评价指标体系，用于创新项目的评选。一个科学合理的城市创新评价指标体系，应该具备以下3个要素：（1）指标体系应满足评选的实际需要，符合各城市所能提供的定性和定量数据的实际情况。（2）评价方法应具有现实的可操作性，为技术委员会、评审委员会对各项目进行横向对比和纵向对比提供便利。（3）评价指标体系应该充分吸收国内外先进经验和既有成果，在此基础上再结合"广州奖"的特定要求进行设计和改良。

　　在具体评价指标的选用方面，可以参考世界知识产权组织（WIPO）、英士国际商学院（INSEAD）、康奈尔大学共同编制的《全球创新指数》（Global Innovation Index，GII），欧盟委员会（European Commission）与马斯特里赫特经济和社会研究所（UNU – MERIT）共同编制的《创新联盟记分牌》（Innovation Union Scoreboard，IUS），中国城市发展研究会编制的《中国城市创新报告》等创新研究的指标体系，再结合广州国际城市创新奖对于创新性、成效性、应用性、影响性的取向要求，选用和制定具体的评价指标。将所有选定的指标通过科学的方法加以分类、组合，再赋予相应的权重，以此构建出广州国际城市创新奖的评价指标体系。

2. 成立国际咨询委员会，增强评选的权威性和专业性

　　广州国际城市创新研究会已于2012年11月成立，是"广州奖"发展框架下的国际城市创新发展研究领域的综合性、学术性、非营利性社团组织。然而单看其名称，与广州国际城市创新奖（the Guangzhou International Award for Urban Innovation）的规格和要求并不相符。广州国际城市创新研究会的英文名称为 Guangzhou Institute for Urban Innovation，表明它仅仅是一个关注城市创新的广州本土研究机构。另外，广州国际城市创新研究会的成员虽然有不少属于国内知名学者，是广州市或广东省内相关单位和行业的领头人物，但对他们中的大多人而言，城市研究或创新研究并非其擅长的领域。而且该研究会的团体会员全都是位于广州市的高校、科研院所、企事业单位；个人会员也无一例外地属于在广州市工作的中国人。这些都再次印证了它仅仅是一个广州本土的研究机构，缺乏真正的国际性和专业性。因此总体而言，广州国际城市创新研究会在目前还无法与"广州奖"的高端定位和国际化特性相匹配。

　　而事实上，该研究会自2012年11月成立以来，仅在2013年7月举行了第一次全体大会暨城市创新研讨会，除此之外并无其他公开活动，其对国际城市创新的研究能力无从体现，对于提升"广州奖"的学术性和权威性并未发挥实质性的支撑作用。

因此，课题组建议另行设立一个专门为"广州奖"服务的新组织——城市创新国际咨询委员会，其成员应该包括国内外最著名的城市研究及创新研究专家、学者，以及做出了卓越贡献和具有国际知名度的城市管理者，以便向广州市相关领导和部门、广州国际城市创新奖组织委员会等提供真正前沿、可靠的参考信息。另外，国际咨询委员会的成员应该体现出"广州奖"的国际性特质，需要包括一定比例的外籍专家，尤其要有来自拉丁美洲、非洲、大洋洲的专家代表。咨询委员会成立之后，组委会在挑选"广州奖"评审团成员时也就有了现成的候选对象。只有既具权威性，又具专业性的国际咨询委员会，才能为"广州奖"的可持续发展提供有效支持。

城市创新国际咨询委员会可以仿照广州国际城市创新研究会的形式，申请注册成为非营利性的社团组织；也可以作为广州国际城市创新奖组织委员会的下属机构，纳入其组织架构之内。不管采取何种组织形式，作为一个非营利的咨询机构，咨询委员会成立初期的行政与活动经费应该主要由广州市的公共财政支付，并接受广州市政府外事办公室的工作指导。随着"广州奖"影响力及重要性的不断提升，以后可逐步探索多渠道筹集运行资金的办法。

（三）转化、提升"广州奖"的多重价值

作为一个城市创新领域的国际性大奖，"广州奖"不仅具有学术价值和彰显城市荣誉的价值，还具有政治、文化、商业等多方面的价值。简而言之，"广州奖"在价值方面具有多重性。但通过对第一届"广州奖"的回顾与分析可以看出，其多重价值还未能充分展现。当前，迫切需要一种"转换器"，以使"广州奖"的价值得以在国际上转化、提升。课题组认为，设立"全球城市创新排行榜"是实现这一目标的有效措施。

当前，重要性和科学性得到公认的创新排行榜，在国外主要有上文提到的《全球创新指数》和《创新联盟记分牌》，但它们是以国家作为统计单位的，并非面向城市，因而无法从中得知广州在全球城市创新领域中的地位和影响；在国内则有《中国城市创新报告》，它虽然面向城市，但其统计及研究范围仅局限于中国大陆，导致广州等城市虽然被纳入其"中国

城市创新能力测评结果"之中，却无法与港澳台及其他国家的城市进行对比。总体而言，面向全球的城市创新水平测评，以及相关的排行仍然是一个空白领域，谁最先着手这一工作，并公开发表研究成果，谁就有可能掌握这一领域的话语权。

广州国际城市创新奖评价指标体系，不仅可用于对参选项目的打分、评奖，在对评价指标和权重进行调整的基础之上，还可以用于对全球城市的创新水平进行评价，进而做出"全球城市创新排行榜"。为解决统计数据的获取问题，课题组建议全球城市创新排行榜在初始阶段只对"广州奖"的参评城市进行评分和排名，并要求各参评城市在提交参评项目资料时，一并提交与城市整体有关的资料，以用于对城市总体创新能力及情况的综合统计评价。

课题组建议全球城市创新排行榜应该在第二届"广州奖"的颁奖典礼上向全球公开发布，以此增强"广州奖"的影响力，吸引全球更多城市参与"广州奖"的评选并提交相关材料，使广州市和"广州奖"率先掌握全球城市创新的话语权，并以此作为逐步转化、提升"广州奖"多重价值的重要手段。

（四）促进广州跨越式发展，打造先进的后现代城市

当前，广州既要满足"强化作为国家中心城市、综合性门户城市"的新要求，又必须面对来自全球主要城市的强力竞争。实现跨越式发展，打造先进的后现代城市，理应成为广州未来的重要战略目标。为所在城市的战略目标服务，正是"广州奖"进一步完善的有效举措。为此，首先要对"广州奖"的参评项目开展深入研究，还要使研究成果活化、运用到城市的实际运作之中。

如前文所言，广州国际城市创新研究会已于2012年成立，但至今未有具重要影响的研究成果面世。与第一届"广州奖"相关的正式出版物，仅有《首届广州奖优秀参评项目汇编》一书，但它只是汇集了15个入围提名城市和30个专家推荐城市的部分项目材料，算不上研究成果。整体而言，至今未见国内外学界对广州国际城市创新奖及其汇集的材料开展专门研究。

除了缺乏研究以外，对于"广州奖"案例的借鉴运用也多被忽略。广州是"广州奖"的主办城市，却未见与城市发展有关的部门与市政府外事

办公室就如何发挥案例的作用实现合作，这意味着广州实际的城市创新需求并未与丰富的城市创新资料形成有效对接。

课题组建议必须对每一届"广州奖"的参评项目进行深入研究，从而实现广州打造中国最先进后现代城市的目的。对于入围专家提名的 15 个城市及其项目，尤其要开展包括实地考察在内的深度个案研究，以提升具体城市和项目的借鉴价值。另外，还应该充分利用收集到的最新创新资源和研究成果，集全球经验助推广州新型城镇化，促进城市跨越式发展。

具体而言，可以通过以下途径加以实施：（1）设立专项科研经费，为针对"广州奖"开展研究的海内外科研团队提供资助。（2）举办"广州国际创新奖优秀研究成果评选"，评选以"广州奖"为研究主题的论文或专著，对其中特别优秀的研究成果颁奖并给予资金奖励。（3）依托广州大学的"广州蓝皮书"系列，增加"广州城市创新研究报告"，为"广州奖"的相关研究成果提供高端的发表平台。（4）定期举办"全球城市创新学术论坛"，为相关领域的学术研究提供固定的交流平台，促进全球城市创新研究水平的提升。（5）广州市政府外事办公室联合本课题的主要承接单位以及广州国际城市创新研究会，主动与市建委、市发改委、市交委、市规划局、市城管委、市民政局、市环保局等具体的城市建设和管理部门进行对接沟通，向他们宣传外事办通过"广州奖"所会聚的全球创新资源和关系网络，以探索部门之间深化合作、推动广州创新型城市建设和新型城镇化发展的具体途径。（6）由广州市政府牵头成立"全国城市创新联盟"，建立推动国内地方政府之间就城市创新实践进行互相交流、学习的组织机制，并推动政府间开展实质性的合作，以创新实现共赢。

（五）构建与国际大奖相匹配的保障体系

目前，广州国际城市创新奖组织委员会及其办公室仍属于临时机构，无固定的编制以及经费支持，其工作的开展主要靠抽调广州市政府外事办公室的现有资源来进行。广州国际城市创新研究会作为社会团体，其编制、经费也未能落实。总体而言，"广州奖"并未构建起与国际大奖地位相匹配的保障体系。而要使"广州奖"实现可持续发展，相关的对外联络、网站及数据管理维护、与城市创新主体的业务对接、与研究机构的合作，以及全球创新经验的收集、整理、核实等，都应该由相对稳定的团队来长期承担。

考虑到我国于 2014 年 7 月 1 日正式施行的《事业单位人事管理条例》

确立了全国事业单位人事管理改革方向，以及广州市提出了"从严把握行政类事业单位认定标准，着重清理事业单位工作任务"的要求，结合"广州奖"具有非营利性及公益性的特征，课题组建议广州市相关部门采取政府购买服务的方式，依托地方大学或科研院所，创立"广州国际城市创新研究院"，为"广州奖"提供具体的组织保障，使"广州奖"的各项工作得以持续、稳定地开展。

与李光耀世界城市奖（每届评选 1 个获奖城市，奖金总额 30 万新加坡元，约合 24 万美元）和迪拜国际改善居住环境最佳范例奖（每届评选 12 个获奖范例，奖金总额 48 万美元）这两大国际著名城市奖项相比，"广州奖"的奖金总额仅为 10 万美元，每个获奖城市仅得 2 万美元，奖励力度偏低。课题组建议把"广州奖"的奖金总额调整为 50 万美元；获奖城市的数量保持不变，每届仍然选出 5 个城市。这样每个获奖城市的奖金数额可达到 10 万美元。如此一来，"广州奖"对每个获奖城市的奖励力度将高于迪拜国际改善居住环境最佳范例奖，奖金总额也高于以上两大国际城市奖项。"广州奖"将成为世界上"奖金额最高的城市奖项"，既是提升"广州奖"国际知名度的有效方式，也显示了广州市委市政府对国际最新城市创新实践的重视。

关于"广州奖"相关活动所需要的经费，除了来自广州市财政的支持以外，还应该探索建立社会资本回报城市公益事业的模式，吸引社会资本对"广州奖"进行投入。课题组建议"广州奖"的主办方设立"广州国际城市创新奖公益基金会"，向全球公开募集资金，专门用于支持"广州奖"的相关研究项目和奖励获奖城市。在广州市政府、UCLG、世界大都市协会一致同意的前提下，公益基金会可由出资金额最大的单位或个人冠名，以表彰其对国际城市创新的支持和贡献。

Reviews and Recommendations of the First "Guangzhou International Award for Urban Innovation"

Guangzhou Development Research Institute of
Guangzhou University

Abstract: Through founding the award, Guangzhou is deeply involved in the discussion of international urban innovation, accumulating a number of advanced experiences, as well as consolidating and enhancing its international influences. However, it exists some weaknesses on the award issuing, and should be improved from the following five measures: (1) deeply recognize the strategic value of the award; (2) strengthen the authority and sustainability of the award; (3) transform and promote multiple values of the award; (4) build an advanced postmodern city of Guangzhou through deap development; (5) establish a security system for the international award.

Keywords: Guangzhou, Guangzhou International Award for Urban Innovation, Guangzhou Award

B Ⅲ
生态环境篇

萨克宁：环境保护与多元化教育相融合

——"绿色建筑：环境研究与教育中心"
项目对广州的启示

广州大学广州发展研究院课题组*

摘　要：TAEQ 是以色列第一个阿拉伯人与以色列人合作共建的环境组织，通过技术创新、建筑风格创新、工作方法创新、污水处理和循环利用创新，倡导人与人之间、人与环境之间的和平和谐。该项目在以下 3 方面对广州有所启示：（1）结合本地现实情况，充分利用自身资源，加强环保技术和机制的革新；（2）提升全社会民众的环保责任意识，建立完善的生态和谐宣传教育架构；（3）增强周边区域城市间协调合作，分享借鉴环境保护和可持续发展领域的创新经验。

关键词：可持续发展　环境研究　教育中心　环保和平

绿色建筑：环境研究与教育中心（TAEQ）是建立于 1993 年的城市间合作组织，也是以色列第一个阿拉伯人与以色列人合作共建的环境组织，位于以色列的阿拉伯聚居区之内。TAEQ 由加利利地区的 6 个阿拉伯市统一管理，为 1500 公顷土地上的 8 万多人进行服务。TEAQ 专注于地区环保意识提升、绿色经济发展、传统文化保护与传承，通过节能减排技术的研发应用、地方特色与现代科技相融合的建筑形式以及多样态的跨文化宣传与教育等方式推进环保与可持续发展的理念和实践。经过近 20 年的发展壮大，该项目已经成为本地区令人瞩目的城市创新代表，对周边区域的生态与社会事业的发展产生了巨大影响。2012 年此项目从全球 255 个广州国际城市创新奖候选项目中脱颖而出，使项目所在城市萨克宁成为获得第一届"广州国际城市创新奖"

---

　　*　执笔：周凌霄、艾尚乐。

（下文简称"广州奖"）提名的 15 个城市之一，得到评审团的积极评价和赞誉。

一 "绿色建筑：环境研究与教育中心" 项目的产生背景

（一）解决以色列内部阿拉伯地区面临的环境问题的需求

以色列属于发达国家，但是萨克宁所属的阿拉伯地区仍处在发展中阶段。基于本地区经济、社会快速发展的需要，一些高污染、高耗能的产业——如石油加工、造纸、精细化工、矿产开采等——开始急剧扩张，这一方面确实对本地区的经济实力增强和工业化进程加速增添了充足动力，但是不能忽视的是，另一方面也给本地区的河流湖泊、土壤空气、农业设施、生活环境等带来了大量污染和破坏。因此，解决本地区面临的日益严峻的生态危机和环境问题同样也被提上议事日程。

（二）增强本地区民众的环保意识教育的需求

本地区居民主要是犹太裔和阿拉伯裔以色列人和其他少数民族。其中，犹太裔群体由于普遍接受过一定层次的教育，文化和科技素质较高，尤其是环保意识相对比较强，而阿拉伯裔和其他少数民族则由于经济收入和生活水平的限制文化水平偏低，极少数接受过高等教育，大多数只达到初等教育程度，更是难以获得较为完备的环保理念教育，因此，迫切需要接受系统、完整的环保教育培训来增强环保意识和可持续发展能力。

（三）在加利利地区节约能源、提高能源利用率的需求

随着加利利地区人口数量的持续增加，特别是阿拉伯裔人口的快速增长，城市和定居区域的建设规模日趋扩大，工业和产业的持续发展带来了经济的稳步增长。但是这种发展和增长面临着日渐减少的可利用土地、稀缺的淡水资源、矿产资源开发难度大、能源大部分需要进口等一系列严峻局面，因此，增强本地区能源资源利用率、提升城市节约环保效能成为各方迫切需要解决的热点。

（四）加强以色列各文化群体间，特别是犹太裔和阿拉伯裔以色列人之间合作的需求

由于历史和战争的原因，本地区的阿拉伯裔和犹太裔以色列人之间长期以来处于一种相互隔离、各自为政的状态。双方在宗教观念、风俗习惯、生活方式、价值认同、工作模式、发展需求等方面存在较大的差异，交流与互动缺失。但他们同时面临着本地区城市化和现代化进程的不断加快，尤其是本地区日益严峻的环保问题，因此，双方迫切需要化解恩怨、消除隔阂、尊重差异、强化认同，以互信互助的态度和方式加强环境治理方面的合作，以促进整体环保意识的提升。

二 "绿色建筑：环境研究与教育中心" 项目的理念与实践运作（图1）

（一）项目的理念目标

从整体上看，本项目旨在通过一个绿色建筑的真实案例来影响本地区相关公共领域各项服务的政策制定和各类保护资源举措的实施，主要着眼于增强公众的环保和社会参与意识。基本目标包括：保护环境、经济的持续增长、有机农业、教育自主、科研发展、人与自然和谐共处、环保法规的制定、环保教育和技术培训、各类群体的教育辅导等。其愿景是倡导人与人之间、人与环境之间的和平和谐。

图1 环境研究与教育中心

（二）项目的实践运作

1. 项目参与方及所需资源

领导者：萨克宁、迪尔·汉娜、阿拉贝、考卡布、额拉布恩、布恩纽格达的市长。

领导者主要负责该项目目标方向的确定、整体方案的策划设计以及所需资源的提供和调配。

执行者：萨克宁市的政府工作人员，包括城市规划专家、城市工程师（公共部门）等。

执行者主要负责项目的具体实施，特别是绿色建筑的设计和建造、绿色建筑的功能发挥以及相配套的其他设施的运作。

技术人员：各类建筑师（非政府工作人员）。

技术人员主要负责提供建造绿色建筑所需的各项技术支持并予以监督。

资金支持：非政府组织贝拉查基金、欧盟资助的地中海地区建筑节能项目以及以色列教育和环境部提供资金支持。除此之外，在绿色建筑中进行的教育和科研活动是通过许可方式获得以色列国内或国外专项资金资助的。

资金支持的对象主要是绿色建筑的运作、环保教育培训、环保项目开展、污水处理的技术运用等。

服务人员：各类型志愿者和实习生。

服务人员主要负责处理和解决项目运作过程中可能出现的一系列问题，提供项目实施所需的人力资源保障。

2. 项目的实践运作

该项目主要开展四方面的实践运作：绿色建筑的设计建造；环保意识提升教育；社会活动的策划和开展；污水处理和再循环技术应用。其中，绿色建筑的设计建造是该项目实施的核心重点，其他三方面是依托绿色建筑来进行运作的（见图2）。

（1）绿色建筑的设计建造。绿色建筑的设计与建造是该项目的实施重点。该绿色建筑由本地区著名的设计师团队进行方案的设计策划，其设计理念一方面充分融合了本地区特有的阿拉伯文化风格（如棱角、穹顶）和以色列犹太文化风格（院落），使整体的建筑风格呈现出混合式特征，易于为本地区民众接受，另一方面则是将现代环保技术（风能转换装置、太阳能发电装置）运用于建筑的设计之中，保证建筑功能作用的发挥。此外，该建筑在建造过程中合理利用了本地丰富的劳动力资源，特别是占大多数人口的阿拉伯人，很大程度上解决了迫切的就业需求，保证了建筑按期施工完成。

（2）环保意识提升教育。其主要致力于为不同群体——如教师、儿童、专家学者、农民、长者、市政工作人员和游客等——提供各类型环保设施和教育指导。主要包括：为适龄儿童创造合适的环保教育场所、高校学生参与环保试验项目、组织以培育环保领袖为目标的夏令营、举办各类型的关注环保问题的会议及论坛、为教师进行环保课程培训等。例如，TAEQ 通过专家团队来为本地区的 7 万多名民众提供咨询建议，帮助他们保护家园和保障生活。

（3）社会活动策划与开展。其主要致力于在犹太裔以色列人和阿拉伯裔以色列人之间搭建起建设性对话的桥梁以促进可持续发展经验的分享和环保责任的承担，核心就是建立"环保和平"。例如，在一个欧盟资助的"为和平营造伙伴关系"的项目中，TAEQ 积极引导本地区的阿拉伯人和犹太人共同协商处理污染和保护自然资源事宜。又如，2007 年，TAEQ 为巴勒斯坦和埃及提供了污水处理方面的咨询建议，借助双边协商来宣传"环保和平"理念。

（4）污水处理和再循环技术应用。其主要致力于发挥各类学者专家的作用来实践环保理念，特别是运用低成本和易操作的技术手段来实现土地和水资源的合理开发利用。众所周知，在以色列，水资源供应是一个热点问题。据相关方面统计，阿拉伯地区的大约 30% 水资源供应面临着固体废弃物和污水排放的威胁。在美国的 MERC 基金和"生活城市"项目的支持下，TAEQ 首先联合约旦、埃及、巴勒斯坦、以色列和美国等国的专家进行污水处理技术的研发，然后将研发出的新的污水处理净化系统引入本区域，使其应用于农田灌溉、有机农业发展、水资源循环利用等领域，为本地区民众带来了丰厚的收入回报和经济利益。

3. 项目的创新特色

（1）技术创新。本项目技术层面的创新表现为："绿色建筑"对于以色列来说特别是国内的阿拉伯地区而言是以前从未出现的新生事物。尽管以色列建国几十年来在环保领域尤其是节水领域的创新保持优先，但是一

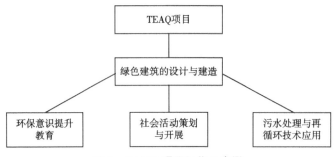

图 2　TAEQ 项目运作示意图

直到 2010 年，政府部门才发布了关于绿色建筑的评价体系，相比起来，本项目从理念目标的提出到实践的组织运作都要比国内其他地区早得多。更为重要的是，以环保和教育中心为定位的本项目实际应用了一系列节约能源和替代能源的先进技术，例如太阳能光伏电板和风涡轮，前者通过将本地区丰富的光能转化为电能为建筑内各项活动所使用，后者则是根据力学原理将风能进行储藏与转化为制冷和供暖所用，区别于一般意义上消耗能源资源的机械设备。这些技术的运用对于本地区乃至以色列其他地区都是极其罕见的，可以称得上是"零能源消耗"建筑。

（2）建筑风格创新。本项目的风格创新主要表现在：它不是单一孤立的建筑，而是逐步发展式的。它大量运用了传统的古拜占庭—阿拉伯建筑元素，如多棱角的窗户、穹顶的设计、小孔洞的散布等，这些元素特色既能够带来凉爽的空气和充足的日光，也能够为本地区文化遗产的保护和多元文化特质的融合提供建筑层面的示范，而这是本地区的其他各类型现代建筑所不具备的。某种程度上说，本项目是现代节能技术和传统阿拉伯建筑风格相互搭配的创新性混合体。

（3）工作方法创新。本项目将"绿色建筑"业已取得的成果推广至阿拉伯地区的其他城市，这些城市借鉴本项目的经验分别建立了指导委员会等执行机构，以便在各区域内推广"绿色建筑"。除此之外，本项目将以色列教育部划拨的预算中的一部分提供给本地区各个学校，包括初中、高中和大学，来帮助其提高校园各类型建筑的环保和教育功能，如咨询服务、教育培训、会议论坛、参观游览接待等。

（4）污水处理和循环利用创新。TAEQ 结合本地区的实际情况，特别是水资源和可利用土地资源比较稀缺的特质，将研发的三段式新型污水回收处理和再循环系统应用于本地区的农田灌溉、生活用水、有机农业推广等方面，取得了良好的实践效果，尤其是本地区的阿拉伯裔以色列人借助新技术的应用实现了群体就业率的提升和收入的显著增长（见图3～图7）。

图3　建筑的穹顶设计

图4　风能转化装置

图 5　太阳能供电设备

图 6　独特的窗格设计

图 7　污水处理及循环利用系统

三 "绿色建筑：环境研究与教育中心"项目 存在的问题及实施效果

（一）存在问题

1. 资金来源不足。虽然本项目有以色列政府和其他相关组织机构的资金支持，但是对于项目的持续运作而言，当前每年70万美元的经费支出仍无法满足日益增长的需求。例如，新型环保技术的开发、环保会议论坛的举办、教师学生的培训教育、人员机构的工资发放、项目的推广交流等方面需要更为充足的资金支持，引入私营组织、企业公司、商业机构的投资成为本项目持续拓展的必然选择。

2. 文化的冲突。由于历史和宗教的原因，本地区阿拉伯人和犹太人之间长期以来缺乏相互信任，隔阂较大。双方在环保理念、风俗习惯、处事准则、生活方式、工作模式、技术手段等方面存在相当大的差异，因此本项目在实施执行过程中遇到了诸多误解和阻力。如阿拉伯人对于利用处理过的水有很大疑虑，认为其亵渎神灵不能使用，经过工作人员的耐心解释和悉心指导，相当一部分民众改变了原先的看法，开始使用经过处理的水并获得了良好的收益。由此不难看出，消除文化隔阂和误解是推进 TAEQ 进一步发展的重要步骤。

（二）实施效果

该项目取得了以下成果。

1. 倡导理念的科学有效。本项目的理念是融传统性和现代性于一体的绿色建筑能够节约能源资源。有关机构通过对绿色建筑的能源消耗进行监测，发现其与传统建筑相比，减少了75%的能源消耗，同时也减少了与能源生产、能源消耗相关的温室气体排放，降低了能源耗费成本。

2. 环保教育、社会服务与污水处理再利用等三个机制在运作实践中发挥了积极的作用。例如，参与本项目的六个城市的规划者接受了专业培训和训练，提升了业务能力和职责意识；这些城市的所有基础教育学校、新建设项目和现存建筑开始逐步采纳本项目的做法进行改造和创新；每年大约有6000名访客（包括教师和学生）参与到本项目组织开展的各项环保教育和社会活动之中；阿拉伯裔和以色列裔的建筑师、工程师、城市规划者以及中下层民众开始摒弃隔阂，以互动合作的态度共同处理和应对本地区面临的诸多问题与挑战；在政府支持下，TAEQ 开始审核该地区所有的公共建设计划，为每一个新建公共建筑进行绿色功能和技术的开发。

四 "绿色建筑：环境研究与教育中心"项目对广州的借鉴和启示

环境研究和教育中心（TAEQ）的成功实践具有典型的示范意义和借鉴之处。主要体现在：项目的通用性，该项目可以在世界许多地方推广，既减少能源消耗，又降低智力成本；项目的包容性，该项目的建筑设计体现出阿拉伯特色和现代技术的适度融合，凸显出区域寻求不同群体多元文化的共生；项目的可持续性，该项目所应用的风能和污水处理循环技术能够促进本区域内的经济增长、社会和谐和生态稳定，为可持续发展奠定基础。因此，该项目对于广州推进环保技术和机制革新、扩大宣传提升民众环保意识和加强区域间环保互动合作等能够提供可资借鉴的经验和启示。

（一）结合本地现实情况，充分利用自身资源，加强环保技术和机制的革新

TAEQ 项目一个突出的创新之处在于在建筑设计中充分利用了当地的自然资源特质，即丰沛的太阳光能和取之不尽、用之不竭的风能，通过光伏电板以及风电机两项技术的运用，保证了整座建筑的能源供给和使用，体现出自身研发的节能减排控制技术与本地自然资源利用相结合所产生的巨大效益，这在很大程度上能够为本地区缓解能源主要依靠外部进口的相对缺乏状况，推行环保绿色经济增长提供具有借鉴意义和实践可行性的示范。广州作为广东省乃至全国节能减排的试点，正处于推行绿色循环经济、建设富有地方特色生态文明的攻坚阶段，在新型城市化进程中有必要学习借鉴 TAEQ 的经验做法，开展多样态环保技术的革新应用，可以从以下几方面入手：首先，政府应从政策上（制定针对性鼓励规定）、资金上（设立专项基金）、人力资源配置（组织人才团队）上、服务支持（提供实践平台）上对从事节能减排技术的各类型组织和单位予以更多的倾斜和

优惠，保证其开展活动的自主性、灵活性和创造性；其次政府应从建设有地域特色生态文明城市的高度来统领各项工作，尤其是发挥自身的集聚优势，与国内外各高等院校、科研机构及企事业单位等通力合作，加快重大节能减排技术的联合攻关研发，争取技术早日进入市场应用，造福民众；最后，政府应积极主动参与多形式和多层次的环保技术设计交流活动，在实践中摸索建立长效的跨区域、跨国界的技术展示与合作机制，如技术合作国际论坛、环保技术巡回展览、节能产品专项交易会等，提升技术创新的可持续性。

（二）提升全社会民众的环保责任意识，建立完善的生态和谐宣传教育架构

TAEQ 的一个重要理念，也可以说是目标，就是通过项目的运作来不断提升民众的环保责任意识，改变本地区面临的生态困境，为未来创造一个人与自然和谐共处、有序发展的环境。为此，它积极发挥项目的自有功能，开展多种形式的环保宣传活动，如定期召开环保研讨会和论坛，邀请专家学者交流共商环保发展愿景；为本地中小学教师学生提供环保知识方面的培训辅导，传播绿色理念与思想；与国内外各类型的研究机构、基金会等组织开展环保专项项目的开发与研究；借助媒体网络资源，适时发表最新研究和合作成果，提升知名度等。这些举措一方面为自身所秉持的理念目标的达成开拓了思路和空间，另一方面则提升了本地区生态环境可持续发展的社会参与度，民众的环保意识和责任感大大增强。而对于广州而言，在推进生态文明、建设幸福广州的进程中，提升全社会民众环保责任意识，将之转变为实际行动，是构建和谐社会必不可少的重要环节。因此，可以从以下几方面着手：首先，从宏观层面在全社会营造环境保护、绿色发展的整体氛围，如宣传部门定期举办大型宣讲会和展览，向民众宣传环保理念，使其从内心真正领悟加强环保和促进生态平衡的益处，而机关、学校、企事业单位等则可以开展各类型的教育培训，培养机构人员的生态责任意识；其次，借助多种形式的资源要素，充分运用电视、网络、纸媒等媒体手段，提升民众参与环保生态的热情和积极度，比如开展网络层面关于环保知识的有奖问卷调查，设立重大建设项目环境评估的公众咨询与听证机制，为民众和各类组织提供分享交流环保经验的场所等；再次，通过社区服务和传播，强化环保宣传的网格

化和下沉化，比如垃圾分类化处理的社区宣介与评比，优选出参与度高、实践效果好的社区予以表彰，对消极冷漠、态度不积极的社区予以惩戒；最后，还可以在街道、社区层面推行环保宣传责任制，规制好环保宣传目标，由民众予以监督打分，达标情况列入责任部门和领导的行政效能评估体系中，督促其履责。

（三）增强周边区域城市间协调合作，分享借鉴环境保护和可持续发展领域的创新经验

TAEQ 项目经过数年的持续发展和运作，对当地和周边国家地区的环保、社会文化交流、教育培训、经济可持续发展等领域产生了重要的影响。其之所以能有如此巨大的作用，关键还在于该项目会聚了多方的资源要素，既有以色列国内和本地区的多种资源，如城市联盟、以色列教育与环境部、加加利区域联盟等组织和机构在资金、人员调配、目标方案指导设计等方面提供的支持和帮助，还吸引了周边和其他国家与地区来积极参与课题研究、项目考察、人员往来交流、技术研发与利用、教育宣传和培训等方面的合作，如叙利亚、埃及、美国、欧盟、土耳其等，取得了良好的效果。由此不难看出，TAEQ 项目在推进过程中充分调动了多方面要素特别是各类组织机构的积极性和能动作用，通过彼此开展多层面、宽领域的环保合作提升了影响力和知名度。广州作为珠三角区域的中心城市，在城市建设和发展过程中，也应借鉴萨克宁这一项目的经验方法，增强与周边城市地区的交流互动，分享在环保和可持续发展领域的经验特色，以促进自身的长远发展。从当前看，可以从以下几个方面入手：首先，应逐步构建与周边城市在环境资源保护、开发、利用等方面的协作联动机制，发挥彼此的优势和特色，增强互信和理解，避免恶性竞争，如环保信息传递分享机制、水资源治理区域化协同机制、空气污染实时监控互报机制等；其次，在环保节能技术、绿色生态宣传等方面应加强人员交流与合作，如打造节能减排技术联合攻关团队、举办环保产品与高端人才交流会、举办生态和谐与可持续发展巡回宣讲会等；最后，应增强与国外先进国家在环保技术研发与应用、生态观念的传播宣传培训等领域的经验学习和交流，如定期派团队赴相关国家进行考察学习、互派技术和部门人员进行分类培训、专家学者参与研讨和论辩等，从而及时更新发展理念，分享前沿信息，保证创新跟得上世界领先的先进趋势。

附录　萨克宁市概况

萨克宁是以色列北部的一个城市（镇）。它位于海拔较低的加利利地区，在阿克以东大约 23 公里的位置。萨克宁在 1995 年宣布建市（镇），其面积大约是 9.82 平方公里，其人口大约为 25600 人，大部分是巴勒斯坦裔阿拉伯人，穆斯林与基督徒人数相当。

萨克宁坐落在三山之间的谷地，最高处海拔 602 米。其自然风貌至今保持着浓郁的田园景观，分布着大面积的橄榄、无花果树丛以及牛至和芝麻灌木。

Sakhnin：The Combination of Environmental Protection and Diversified Education

Guangzhou Development Research Institute
of Guangzhou University

Abstract：TAEQ is the first environmental organization in Israel built by Arabs and Israel. It advocates the peace and harmony between people and between human and environment through innovations on technology, architectural style, working methods, and sewage treatment and recycling. This project has enlightened Guangzhou in the following three aspects：（1）fully use local resources and strengthen technology innovation and environmental protection mechanism based on local conditions；（2）enhance public awareness of environmental responsibility, establish a sound architecture of ecological harmony and education；（3）strengthen the regional coordination and cooperation, and share the experiences of innovation on environmental protection and sustainable development.

Keywords：sustainable development, environmental research, education center, Green Peace

清莱：都市发展与环境保护

——泰国清莱市创新项目对广州的启示*

摘　要："改善城市生态环境、增加生物多样性"项目，是清莱在应对快速城市化和气候变化道路上的一次关键性转变，在提高居民环保意识、增加生物多样性和保护生态环境上取得了一定的成绩，为各城市处理城市化进程中的环境破坏问题提供了思路和示范。该项目在以下3方面对广州有所启示：（1）进行科学合理的顶层设计，将生态环境保护置于城市建设的首位；（2）将生态文明教育纳入小学教学内容，对青少年实施生态教育；（3）借助志愿者力量，鼓励非政府组织参与生态环境的保护。

关键词：城市生态环境　生物多样性　生态教育

自2008年泰国清莱市实施"改善城市生态环境、增加生物多样性"项目以来，已在提高居民环保意识、增加生物多样性和保护生态环境上取得了一定的成绩，为各城市处理城市化进程中的环境破坏问题提供了思路和示范。2012年该项目从全球255个候选项目中脱颖而出，使清莱市入围第一届"广州国际城市创新奖"（下文简称"广州奖"）提名城市，成为15个提名城市之一。

一　创新项目的缘起

城市快速发展，生态环境保护压力加大。根据泰国政府对发展与周边国家商贸和旅游业的指示，泰国北部成为连接大湄公河次区域（GMS）和南亚（孟加拉湾多方技术经济合作区）的经济中心。清莱与缅甸、中国的

＊　执笔：黄旭、吕慧敏。

商贸得到快速发展，清莱市城市化发展步伐加快。而经济的发展，势必带来更多企业的进驻、人口的增多以及城市化进程的加快。在进行大量设施开发和基础设施建设中许多农业用地变成了居住区，森林、水、自然栖息地和动物等自然资源持续减少，环境问题越来越严重。清莱市面临着耕地面积减少、生活垃圾处理的压力以及环境改变等生态问题的考验。

由于当地政府意识到以上问题，2008年至今，清莱市实施了"改善城市生态环境、增加生物多样性"项目。政府机关、学术团体、各类组织、商业机构及研究小组一起参与了该项目。

二　创新项目的理念与实施过程

该项目于2008年启动，是清莱在应对快速城市化和气候变化道路上的一次关键转变。在政策方面，旧政策注重把清莱打造成湄公河流域的经济门户，注意经济发展，而忽视了生态环境的保护。该项目的启动表明政府已脱离旧政策的束缚，将城市发展的目标不仅定位于经济增长，更定位于城市的可持续发展上。

（一）项目理念和目标

该项目的理念是"建设良好环境，遵循佛教思想，关注市民福祉，打造宜居城市"。清莱制定了发展措施，以实现新理念所对应的目标：通过原有的治理方法减缓和适应气候变化，将保护生物多样性和地方经济发展紧密联系起来。同时，政府在项目中的角色也从"实施者"变成"协助者"，鼓励市民和当地利益相关者积极参与该项目，帮助他们树立强烈的主人翁意识和责任感。

"改善城市生态环境、增加生物多样性"项目致力于恢复和保护城市的生态系统多样性，以实现城市发展的生态平衡，同时也保持经济、社会和环境的协调。目标具体包括如下两个。

1. 把清莱建设成一个绿色的宜居城市，传承佛教、关注民生，为2015年东盟经济共同体（AEC）做准备。

2. 建设低碳城市，关注二氧化碳减排，通过保护城市生态系统，增加生物多样性以增强应对气候变化的能力，为应对自然灾害做好准备并制定应急方案。

（二）项目实施过程

"改善城市生态环境、增加生物多样性"项目主要分别对森林生态资源、城市生态、农业生态和湿地生态进行保护。

1. 将生态知识融入课堂教学，为青少年传递生态知识

该项目依托清莱市第五中学通过教学等措施具体实施。清莱市第五中学是清莱市较大的中学之一，共有1000多名在校学生，该校拥有一家学校植物园，是由诗琳通公主赞助兴建的，植物园为生态教育提供了场所。

该校各年级学生共开设八门课程：数学、语文、英语、科学、音乐与艺术学习、健康和身体教育、社会学习、生涯和技能学习等。学校将生态知识融入这八门课程的教学活动中，教师将相关生态知识融入学科要求，与课程相结合，传授植物等相关生态知识。如在音乐与艺术课程上，教授学生画植物；在健康和身体课程教学中，带领学生到学校植物园里寻找草药；而在社会学习课程里，则教授学生画出清莱市植物分布图；英语学习时，教会学生植物的英文名称等。课堂教学加上课后练习与研习，学生们非常快地掌握了生物的多种知识，了解了生态的基础知识（见图1、图2）。

图1　自然生态知识融入教学设计中

图2　丰富户外活动，了解生态环境

2. 开展户外活动，了解生态环境

学校还带领学生到城市的湿地，教授生态观测知识及水资源、森林资源利用知识等专业的知识。如带领学生观察记录地衣的生长情况，检测空气环境的保护状况；举办发现大树竞赛活动，鼓励学生了解和认识大树的生长情况，统计大树的数量，提高保护生态的意识；等等。

3. 联合社区和大学，开展农业生态的保护

通过社区志愿者，依托当地的大学研究力量，向农民宣传生态相关知识，提高绿色农业的质量。如传授处理稻草的知识、种植有机蔬菜和稻谷的知识，提高农民的生态保护意识和技能等。

三　创新项目实施的绩效评估

（一）项目取得的成绩

至目前为止，该项目取得的成绩包括：划分森林、湖泊和河流保护区；学习当地生物多样性方面的知识；扩大绿化面积，提高市民总体生活水平等。项目还有助于旅游业发展，增加了旅游收入，促进了学校新教育项目的开展，并且改善、巩固了社区关系，减少了矛盾和冲突，舒缓了社会压力。看到项目的成效后，政府决定把该项目纳入该市的 3 年发展计划中，并为项目拨款。

该项目革新了城市及环境发展的模式。过去，市政府得独自完成规划和实施，有时并不能满足人们的需求；因为没真正参与到实施过程中，普通居民也缺乏主人翁精神。但该项目关注参与过程，自实施以来提高了人们的参与度，例如参加者学会了合理计划、定期跟进进度、利用合适的技术进行调查、收集样本、鉴别动植物样本，最重要的是学会了把收集的数据（初期数据）与当地情况结合并用于保护环境，学会了制定短、中、长期发展规划，考虑环境保护，能出色利用现有资源和生物多样性，将两者视为学习的场地和活的博物馆。市政府拥有主要资源并能协助上述活动的实施。

项目在实施过程中，充分发挥了清莱市民与教育机构等的力量，市民和社会组织参与项目实施，既提高了他们保护生态的能力，在组织和参与活动过程中，又培养了他们的责任感和关注公共事物的热情，有利于清莱市公民社会的形成和发展。

该项目的实施产生了一定的世界影响力，如该项目受邀参加 2010 年 10 月在日本召开的 "2010 城市生物多样性峰会"，并进行了大会展示。2011 年 10 月该项目在莫斯科也获得 "世界人居日城市生物多样性保护示范奖"。该项目吸引了许多城市政府前来参观考察，学习项目经验。

（二）存在问题

1. 项目实施面窄，普及度不高

目前该项目只在一所学校全面铺开实施，而该校只是清莱市 8 所中学之一，也就是说，城市学生中，只有 12% 的学生接收了项目的信息。因此，实施面过窄，不利于项目效果的凸显。

2. 清莱城市化过程不很明显，仍以农业为主，城市发展影响生态的事例较少，影响项目实施的效果

清莱市仍像中国农村村民聚集区，无现代工业，商业不发达，几乎没有高楼，虽然居民聚集居住，也会带来生态保护问题，但因为城市化不很明显，因此，针对 "城市化过程中解决生态问题" 这一主题，案例不典型，影响到项目实施的效果。

3. 清莱市经济欠发达，人们环保意识淡薄，也不利于项目的推进

清莱市民环保意识淡薄，主要是由其经济发展水平决定的。俗话说："衣食足，知荣辱。"只有经济水平提高了，市民才会考虑衣食以外的事务。许多国家都走的是先发展后治理的道路，深层原因即在此。

清莱市经济发展水平差强人意，导致市民对生态环保论题态度淡漠。清莱位于泰国北部，属于传统农业生产基地，而农业目前对泰国国民生产总值的贡献率只有 12%，远远落后于制造业（38%）和服务业（50%）。另据 2013 年 8 月的统计数据，清莱所在地北部的生产总值，只占全国生产总值的 8%，远远落后于泰国东部（18.1）和曼谷及邻府（43.8%），比重仅高于西部（3.6%）和中部地区（5.6%）。因此，对于清莱市市民来说，经济增长和生活改善是他们的第一诉求。加之，清莱市工业化程度不高，环境破坏的程度还没有深度影响居民生活，因此，环境保护在市民的政策需求表中，已排至经济发展、生活改善之后。

四 项目的创新经验对广州的启示与借鉴

生态文明建设是城市可持续发展的重要条件。2012年11月，我党十八大做出了"大力推进生态文明建设"的战略决策后，生态文明建设越来越受到各级党委和政府的大力支持。如何在城市化过程中，实现保护生态环境的目标，是城市发展的重要问题。

近几年来，广州在新型城市化的道路上愈走愈快，随着城市化程度的提高，广州面临着许多"城市病"：交通拥堵、贫富悬殊、环境破坏、道德滑坡等。广州正在探索如何规避城市病，促进城市的更好更快发展，而生态环境的保护，是其重要内容。课题组认为，广州城市化水平比清莱高，城市发展比清莱更具规模，而城市生态环境的破坏非清莱市所能比，形势比其严峻得多。因此，城市生态环境保护工作更应该提到日程上来，可以说，加强生态保护，广州市已刻不容缓。借鉴清莱项目的经验，广州保护城市生态环境，需要从以下方面入手。

（一）进行科学合理的顶层设计，将生态环境保护置于城市建设的首位

政府作为生态环境保护的第一责任人，应该完善法律法规，健全规章制度，合理设计制度，为生态保护建立制度基础。如组织专门力量勘察、清理广州市水流、森林、山岭、湿地等的基本情况，掌握详细信息，完成统一资料库的建设，编制广州市及所属各区的自然资源负债表；完善广州的生态空间规划，推进各类规划科学合理的衔接，切实落实工程和产业项目的环境保护评估机制；提高和完善环保审批水平和效率；改革干部考核制度，在绩效考核和离任审计中，加入生态审计的内容；探索科学合理的垃圾处理方法，出台垃圾处理收费的管理办法等。这些工作政府应首先建立和完善，今后尽量避免走先发展后治理的老路，为城市生态环境的保护提供有力保障。

（二）将生态文明教育纳入小学教学内容，对青少年实施生态教育

生态环境保护问题是处理人与自然关系的问题，它反映了人类处理自

身活动与自然界关系的进步程度。人类的生态知识和对生态的价值观,将直接影响生态环境保护的成效。因此,加强对人的生态文明教育非常重要,而青少年的生态文明教育尤为关键。

目前,中国各地都在开展青少年生态文明教育活动,如征文比赛、绘画比赛等,广州市白云区在前几年也开展过青少年生态文明教育系列活动。虽然活动的开展有助于提高青少年的生态意识和知识,但由于活动周期短,覆盖面有限等局限,其教育收效有待提高,建立经常性的有效的生态教育体系非常必要。

清莱市在中小学生中普及生态文明教育,这一思路值得借鉴。广州可以在中小学建立生态文明教育体系,具体可采取如下做法:一是要求学校利用正规的课堂,将生态文明教育纳入教学计划,成为学生考查内容;二是要求学校在《科学》课程中加入一定课时的生态文明知识,由教师专题讲授;三是由教育局牵头,编制广州市生态文明发展和现状的小册子,让学生了解广州市生态环境的状况,激发其小主人翁精神,培养"环境保护,人人有责"的责任感;四是教育局、少年队组织和共青团组织可联合起来,开展全市范围的经常性的生态文明教育活动,形成生态文明教育的氛围。

(三) 借助志愿者力量,鼓励非政府组织参与生态环境的保护

近几年来,政府在生态环境保护中担负了主要责任,也成为生态矛盾的集中出气筒,面临非常大的压力。政府在监管生态环境、处理破坏生态环境的违法行为等方面责无旁贷,但是也应该让非政府组织等社会团体参与到生态环境保护的工作中来,使社会治理的主体从单一中心(政府)向多中心(政府、非政府组织、个人等)转变,发挥政府与非政府组织各自的优点,集中力量,共同促进生态文明的发展。

我国正在积极倡导培育社会组织,在社会管理中充分发挥社会组织的作用,探索社会治理的新模式。近几年来,广州探索通过政府购买服务,让非政府组织参与社会治理,积累了一些经验,这些经验都可应用于非政府组织参与环境保护的实践中。广州有一些本土的环保组织,如"拜客广州"组织,多次就空气质量、生态出行、城市环境等问题发声,产生了较大的影响力。政府应该多支持这一类组织的发展和壮大,而不应质疑甚至反感其对环境工作的干涉和监督。

除了法律和规章制度等层次的工作必须由政府承担以外，其他的环境保护工作都可由非政府组织参与甚至主导。如可让非政府组织发挥监督作用，及时发现破坏环境的不良行为人或企业单位；可通过政府购买服务，由非政府组织主导某一区域的生态测评工作或承担生态文明教育活动的开展、生态文明意识的测评等；应尊重非政府组织的意见和建议，吸纳其参与规章制度的建立与完善等。

附录　泰国清莱市简介

清莱市是清莱府（英语 Chiang Rai）的首府。清莱府为泰国北部边境的府，西北与缅甸接壤，东北与老挝相连。清莱府本身与另外 3 个泰国的府为邻：拍天府（东南面）、南邦府（正南方）及清迈府（西南及西面）。清莱府的面积为 11678 平方公里。清莱府是泰国北部山区府份，全府平均海拔高度约为 580 米。湄公河的主流在清莱府东北边陲与老挝形成长约 976.3 公里的共同边界，而湄公河的支流亦流经清莱府内。截至 2000 年，清莱府的人口约为 120 万人，其中有 12.5％ 为山区少数民族。著名的长颈族亦聚居于泰北清莱府。

清莱市是泰国最北方的省会，距曼谷 785 公里，距清迈 168 公里。湄公河在其东边将泰国与老挝隔开，连绵起伏的山脉在西边为泰国和缅甸作界。湄公河拐弯的地方，与洛克河汇合，形成三角的形状，这片三国交界地就是有名的"金三角"。

中国云南省与泰国清莱府自 1990 年起即开始官方友好往来。2000 年 8 月，全国友协同意云南省与泰国清莱府结为友好省府。

Chiang Rai: Metropolitan Development and Environmental Protection

Guangzhou Development Research Institute of Guangzhou University

Abstract: Project 'Improving Urban Ecological Environment and Increasing Biodiversity' is a key turning point for Chiang Rai in response to the rapid urbanization and climate change. The project has achieved a certain degree of success in improving the public awareness, increasing biodiversity and protecting the environment. It has also provided ideas and experiences in dealing with environmental damage in the process of urbanization. This project has enlightened Guangzhou in the following three aspects: (1) design a top – level scientific and rational metropolitan city, putting environmental protection first; (2) put ecological civilization into the education content of primary school, and enforce ecological education for adolescents; (3) encourage non – governmental organizations to participate in ecological environment protection and enhance the role of volunteers.

Keywords: urban ecological environment, biodiversity, ecological education

萨勒诺：可持续能源项目

——意大利萨勒诺市创新项目对广州的启示

广州大学广州发展研究院课题组*

摘　要：为应对能源短缺、所处区域大气污染非常严重等环境问题，意大利萨勒诺市从 2009 年开始实施可持续能源项目。该项目已在各方面有效降低了能源消耗，提高了能源利用效率，优化了能源结构。该项目在以下 5 方面对广州有所启示：（1）将节能与科学用能放在能源战略的首要位置，全方位推进节能减排；（2）增强全民资源忧患意识，大力营造节约能源的良好社会氛围；（3）政府要高度重视可持续能源项目的发展，并加大资金扶持力度；（4）不断优化能源结构，大力发展可再生能源；（5）构建"政产学研金介"创新体系。

关键词：可持续能源　能源消耗　能源结构　能源战略

为了提升城市的可持续发展能力，不断改善城市生活质量，意大利萨勒诺市从 2009 年开始实施可持续能源项目。该项目已在各方面有效降低了能源消耗，提高了能源利用效率，优化了能源结构。2012 年此项目从全球 255 个候选项目中脱颖而出，使萨勒诺市入围第一届"广州国际城市创新奖"（下文简称"广州奖"）提名城市，成为 15 个提名城市之一，得到了评审团的积极评价和赞誉。

一　城市的历史和现状

萨勒诺市位于意大利坎帕尼亚大区的西南部，是萨勒诺省省府。萨勒诺市面积 58.96 平方公里，居住人口约为 15 万人，是欧洲人口最为稠密的

＊ 执笔：涂成林、李文。

地区之一。

萨勒诺市所在的坎帕尼亚大区人口稠密，地理位置显著。坎帕尼亚大区位于意大利西南部，属于地中海沿岸地区，包括那不勒斯、萨勒诺、阿韦利诺、贝内文托、卡塞塔等省，面积 1.36 万平方公里，总人口将近 600 万人，是意大利人口最稠密的地区之一。坎帕尼亚大区地理位置优越，是连接欧洲、非洲和中东的交通枢纽。坎帕尼亚大区的首府在那不勒斯，那不勒斯都会区有大约 380 万人口，是意大利第三大都会区和欧洲第 15 大都会区。那不勒斯是坎帕尼亚大区的第一大城市，萨勒诺是坎帕尼亚大区的第二大城市，两市相隔 48 公里。

萨勒诺历史悠久，是意大利重要的文化中心和著名的旅游城市。萨勒诺是世界上最早成立的医学院——萨勒尼塔纳医学院——的所在地，也是阿玛尔菲海岸边上最主要的市镇，整个城市基本上可以分为三个部分：中世纪旧区、19 世纪规划区以及人口最为稠密的战后新区。萨勒诺旅游业发达，南部有世界文化遗产奇伦托和迪亚诺河谷国家公园，北部是阿玛尔菲海岸，西北方靠近那不勒斯处有庞贝古城遗迹和壮观的维苏威火山，从萨勒诺旅游港口坐船一小时可到度假胜地卡普里岛。

萨勒诺地理位置优越，交通发达。萨勒诺火车站位于意大利铁路主干线上，有铁路直达意大利各大主要城市，可以通过米兰—萨勒诺走廊，接入高速铁路网。萨勒诺港是意大利的主要港口，也是第勒尼安海沿岸最为活跃的港口之一，每年货运吞吐量大约为 1000 万吨，其中 60% 属于集装箱运输。意大利的 A3 和 A30 高速公路都经过萨勒诺市，公路交通十分发达。邻近的庞特卡加诺·法雅诺镇和贝利奇镇有萨勒诺机场，航空出行也非常方便。

萨勒诺在经济社会等方面也面临着威胁和挑战。萨勒诺在当代建筑、旅游、音乐和艺术等多个领域，都已经获得了卓越成绩，但是近些年来，在许多方面也面临着严重威胁和挑战。例如：全球所共同面临的化石燃料枯竭、燃油价格上涨，以及由温室效应引发的干旱、洪涝和风暴等自然灾害，给萨勒诺带来了严重威胁。作为意大利人口最为稠密的地区之一，萨勒诺所在的坎帕尼亚大区经济不景气，青年失业率居高不下，地方政府负债累累，环境问题日益严峻等，也给萨勒诺带来巨大压力；而邻近的那不勒斯大气污染、垃圾危机、污水排放等问题也严重威胁着萨勒诺的生态环境。

二 创新项目的缘起

萨勒诺能源非常短缺，石油、天然气等能源大量依赖进口，所处区域大气污染非常严重，环境问题日益突出，这些因素都迫使萨勒诺必须不断降低能耗，优化能源结构，走能源可持续发展之路。以下这些因素正是促使萨勒诺市实施可持续能源项目的重要原因。

（一）大气污染非常严重，环境问题日益突出

意大利一家名为"环境联盟"的环保组织发布的《2010 版城市空气质量恶化报告》显示，2009 年，意大利很多城市空气质量不佳，大气中可吸入颗粒物的浓度严重超标；在"环境联盟"监测的 50 个意大利城市中，大气污染最严重的是那不勒斯，其在 2009 年可吸入颗粒物浓度超标的天数达到了 156 天。

近几年来，那不勒斯曾多次爆发"垃圾危机"，数万吨无人收拾的生活垃圾把整座城市层层包围，多次引发市民抗议示威，并出现了警民冲突。十多年来，垃圾问题一直困扰着那不勒斯，也一直是那不勒斯所在的坎帕尼亚大区的一个顽疾。

萨勒诺与那不勒斯相距仅 48 公里，那不勒斯的大气污染及垃圾危机给萨勒诺的生态环境带来了巨大的威胁和挑战。

（二）化石能源严重短缺，能源对外依存度极高

意大利是一个能源非常短缺的国家，境内的煤炭储量和产量都很少，石油和天然气资源也严重不足，能源主要依赖进口。据欧盟统计，意大利的能源对外依存度远远超过欧盟平均水平（见图 1）。例如，2009 年，意大利能源大量依赖进口，各种进口能源所占比重非常高（见表 1）。

表 1 2009 年意大利进口能源所占比例一览表

单位：%

能源名称	进口占总量的百分比
固体能源	94
天然气	88.6
石油产品	93.1
能源总量	82.4

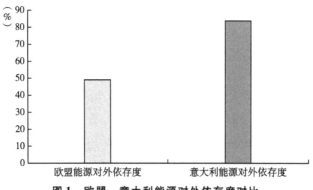

图1 欧盟、意大利能源对外依存度对比

　　萨勒诺的能源状况与意大利能源的整体情况基本上一致，化石能源也非常短缺，能源对外依存度极高，特别是石油严重依赖进口，国际油价的波动会对萨勒诺的经济及社会产生剧烈冲击，能源问题一直是影响萨勒诺经济社会发展的核心问题之一。

（三）核电发展受阻，发展可再生能源成为必然选择

　　意大利是世界上较早建立核电站的国家之一，其对核能开发利用的研究一直处于世界前列。但是，受苏联切尔诺贝利核电站事故以及日本福岛核事故的影响，多数意大利人反感核电，认为意大利地震多发，核电不安全。两次公投迫使意大利政府全面放弃核能，核电发展受阻（见表2）。对于意大利而言，发展可再生能源成为必然选择。对于萨勒诺来说，自然也不能再发展核电，发展可再生能源也势必成为必然选择。

表2　意大利核电发展受阻相关事件

年　份	相关事件
1987	受1986年苏联切尔诺贝利核电站事故的影响，意大利80％的民众在1987年的公民投票中主张关闭核电站，于是意大利政府强制关闭了所有核电站，同时也不允许建设新的核电站项目
2008	2008年意大利大选之后，新一届政府试图拟定五年之内重返核能的政策，计划在意大利境内建设10座左右的核电站
2011	2011年3月日本福岛核事故发生后，来自国内政治和民众的压力让意大利政府不得不重新思考核能的发展计划。2011年6月，意大利政府的核能计划在全民公投中遭到否决，此次公投迫使意大利全面放弃核能

（四） 自然能源非常丰富，可再生能源技术日益成熟

意大利化石资源非常短缺，但太阳能、风能、水能、地热能、海洋能等自然能源却非常丰富，可再生能源开发利用潜力巨大。意大利位于欧洲南部阳光充沛的亚平宁山脉和地中海地区，素有"阳光之国"的美誉，太阳能资源非常丰富，与欧洲其他国家相比较，其利用太阳能光伏发电的成本相对较低。意大利地热资源也非常丰富，是全球人均地热资源最多的国家之一。

意大利政府非常重视可再生能源技术的研发。在政府的推动下，意大利可再生能源技术层出不穷，进步迅速，已经在太阳能、水能、生物质能、风能、地热能等领域获得了较大的发展，利用技术逐步成熟。

萨勒诺的自然能源状况与意大利的总体情况一致，太阳能、风能等自然能源也非常丰富，可再生能源开发和利用潜力巨大，且技术日益成熟。

（五） 中央政府大力支持，政策优势非常明显

近些年来，意大利政府十分重视可再生能源的开发和利用，制定了一系列的扶持政策。

1. 实行正确的目标引导。从 1996 年开始，欧盟多次制定及提高了可再生能源发展目标（见表3），意大利政府都严格遵守欧盟制定的目标，并积极推进实施。

表3 欧盟可再生能源发展目标

单位:%

年　份	可再生能源在一次能源消费中的比例	可再生能源发电量占总发电量的比例
1996	6	14
2010	12	22
2020	20	30

2. 建立健全激励措施。为了确保本国可再生能源发展目标的顺利实现，意大利政府加大了政策支持力度，如：采取优惠的固定电价收购可再生能源发电量；实行可再生能源强制性市场配额政策；对可再生能源实行投资补贴和税收优惠等。

3. 加大财政资金支持力度。为了加快可再生能源的发展，意大利为可

再生能源发展提供了强有力的资金支持，主要是为技术研发、项目建设、产品销售和最终用户提供补贴。如：2005 年的能源法令明确规定了支持可再生能源技术研发及其产业化发展的年度财政预算资金。对安装太阳能热水器的用户提供 40% 的补贴。意大利还采取了产品补贴和用户补助方式扩大可再生能源市场，引导社会资金投向可再生能源，有力地推动了可再生能源规模化发展。

意大利政府高度重视可再生能源发展，并出台了相应支持政策和鼓励措施，这为萨勒诺可持续能源项目的发展提供了良好的外部环境和重要的政策支撑。

三　创新项目的理念及实施过程

（一）创新项目的理念和目标

萨勒诺可持续能源项目的理念是希望组建一个团队，制订出城市能源计划，通过一系列措施，减少能源消耗，提高能源利用效率，优化能源结构，不断改善城市生活质量，实现城市的可持续发展。

项目的目标主要有三个。

1. 对当前的能源和温室气体排放状况进行分析，同时寻求减少消费和污染物的建议和解决方案，并定期更新状况分析。

2. 制订出一个城市能源计划，旨在减少二氧化碳排放，降低能源损耗以及开发可再生能源，以达到或超额完成欧盟制订的二氧化碳减排计划。

3. 启动能源审计，建立先进完善的能源监控系统，确定具体行动计划，并制定新的法律条例、激励机制和监管框架。

（二）项目实施措施和办法

1. 组建项目团队。为了推进可持续能源项目，萨勒诺建立了一个由各种机构专家组成的团队（其中包括萨勒诺市能源办公室、萨勒诺大学各学院的众多研究人员、那不勒斯大学"费德里科Ⅱ"和私营企业等），参与到可持续能源项目的利益相关者人数众多。

2. 制订城市能源计划。项目团队共同制订了一个城市能源计划，其主要内容可以概括为如下几点。

（1）街道照明和电器设备：使用高效节能街灯，对使用节能环保家电的家庭进行物质奖励。

（2）建筑节能：通过改进设计，减少由于门窗和较差的隔热装置所造成的能量损耗。

（3）对室内空间的加热、通风、空调（HVAC）等系统进行设计改进，降低能耗。

（4）节约用水：更好地利用沟渠，回收和利用好雨水。

（5）大力开发太阳能、生物质能、水能、风能（图2）等可再生能源。

（6）可持续的移动性：使用节能的智能交通灯；对使用自行车、停用私家车而转乘公共交通、拼车等行为进行物质奖励。

（7）提高垃圾的回收利用率。

（8）帮助业主在自家屋顶上建起光伏凉亭；帮助业主购买和安装高度节能环保的窗户和房屋框架。

3. 推行一系列具体措施。为把城市能源计划变为现实，萨勒诺实施了一系列具体措施（见表4）。

表4　萨勒诺可持续能源项目措施及进展

措　　施	建设数量	单位	成本（万欧元）	CO_2减排比例（%）	进展
季节性可存储热太阳能	2000	平方米	180	0.11	获批
市政大楼光伏发电	80	kWp	9.6	0.01	获批
学校及办公楼光伏发电	5000	kWp	600	0.51	获批
公共照明优化	22500	盏	240	0.19	获批
泳池热电联产	145	kWe	21.8	0.03	获批
LED交通灯	800	盏	14.2	0.01	获批
街道风能涡轮发电	400	台	400	0.03	获批
供水设备能量回收	2200	兆瓦时/年	49	0.18	获批
电动汽车光伏充电	50	辆	236.4	0.12	获批
电动巴士光伏充电	30	辆	2165.8	0.99	获批
公共建筑能源优化	9734	兆瓦时/年	869.3	0.46	获批
蒙蒂尔艾伯利光伏发电厂	24000	kWp	0	2.44	完成

续表

措　　施	建设数量	单位	成本（万欧元）	CO_2减排比例（%）	进展
生物量热电联产	2162	kWe	1114.6	2.87	获批
隔热门窗	3401	mq	102	2.53	获批
光伏发电凉亭	4320	kWp	518.4	0.44	获批
绿色屋顶	164800	mq	1384.3	2.45	获批
地铁	25	流量减少比例	0	1.86	完成
垃圾分类和堆肥厂	44000	每年减少吨数	0	3.12	完成
汽车共享减少交通流量	15	流量减少比例	0	1.61	完成
蒙蒂尔艾伯利风力发电厂	20000	kW	1800	2.39	获批
总　　计			9705.4	22.35	

图2　萨勒诺市的风力发电厂

4. 与大学合作，进行理论研究及创新实验。萨勒诺大学是项目的重要参与者，为项目提供重要的智力支持，萨勒诺大学进行了以下一些理论研究及创新实验。

（1）用萨勒诺大学开发并申请过专利的工具箱，将传统汽车改装成混合太阳能汽车。萨勒诺市的车队将使用这样的工具进行改装。

（2）开发和测试具有季节性储存功能的太阳能热电站，为学校进行中央供暖。

（3）鉴于现有的约束条件，使用基于数学规划的方法，对所建议行动的轻重缓急进行评估。

四 项目的绩效评估及存在问题

（一）项目取得的成果

1. 有效提高了能源利用效率。从 2009 年开始，随着可持续能源项目的推进，萨勒诺已在各方面有效提高了能源利用效率。例如：在街道照明系统，城市建筑，节水排水系统管理，利用智能交通灯解决拥堵问题，鼓励拼车及骑自行车、乘坐公共交通工具等方面都进行了创新，有效减少了能耗，提高了能源利用效率。

2. 大幅提高了废物回收利用率。现在萨勒诺的固体废物回收率达到了70%，这在意大利同类城市中是排名第一的。

3. 建造了一个 24 兆瓦的光伏电站。项目最具代表性的是建立了一个名为"蒙蒂尔艾伯利"（Monti di Eboli）的 24 兆万光伏电站（图 3），该电站也是意大利第三大光伏电站。

图 3 萨勒诺市的光伏电站

4. 汇集业主订单，优化采购方案。汇集业主安装节能装置和光伏电板的订单需求，制定出更经济、更合理的采购方案。

5. 节能环保成为其他城市学习的典范。萨勒诺制订的城市能源计划，获得了意大利政府颁发的城市规划创新质量奖。在节约能源和环保意识方面，萨勒诺已成为意大利甚至欧洲其他城市学习的典范。

（二）存在问题

1. 所在区域经济不景气，给项目实施带来压力。萨勒诺地处坎帕尼亚大区。近些年来，坎帕尼亚大区经济非常不景气，青年失业率排在意大利前列，地方政府背负着沉重的负债，这给项目的实施带来了巨大压力。

2. 周边环境污染严重，增加了项目实施难度。萨勒诺与那不勒斯相隔仅 48 公里，而那不勒斯是意大利大气污染最严重的城市，曾多次爆发垃圾危机，污水排放问题也非常严重，这给萨勒诺的生态环境带来了严重威胁，增加了项目实施的难度。

3. 萨勒诺自身面临着诸多挑战。近些年来，国际油价上涨对萨勒诺经济社会影响明显；温室效应引发的干旱、洪涝和风暴等自然灾害，也给萨勒诺带来了严重的威胁，这些都给项目的实施带来了一定的阻力。

五 项目的创新经验对广州的启示与借鉴

萨勒诺的可持续能源项目从 2009 年开始启动，至 2012 年申请"广州奖"时，已经提出由 20 个具体项目组成的整体设计，许多项目已经取得了良好的经济效益和社会效益。广州得改革开放之先，实现了经济的持续快速发展，但能源消费也迅速增长，而广州的化石能源几乎全部依赖省外调入和国外进口，能源形势异常严峻，这与萨勒诺存在相似之处。通过对萨勒诺创新项目的分析，课题组认为广州市可以从以下几个方面加以借鉴。

（一）将节能与科学用能放在能源战略的首要位置，全方位推进节能减排

萨勒诺市能源非常短缺，大部分能源依赖进口，为减少能源的对外依存度，萨勒诺在实施可持续能源项目过程中，把节能与科学用能放在能源战略的首要位置。广州是一个经济高速发展，工业、商业高度发展，人口不断扩大和集中的城市。要实现持续的增产不增污，并逐渐减少污染排放，必须改变粗放型的工业增长模式，坚持节能与科学用能，提高能源利用效率，减少能源消耗。

广州市要以较少的能源投入实现经济大增长的目标，很大程度上取决

于节能潜力的挖掘。事实上，这方面的确存在巨大的空间。统计数据表明，中国目前的总体能源利用率只有33%左右，比世界平均水平还要低。而广州市节能的潜力至少占能源总消耗的30%以上。因此，广州必须全方位持之以恒地推进节能减排，实现能源的可持续发展。

（二）增强全民资源忧患意识，大力营造节约能源的良好社会氛围

萨勒诺在实施可持续能源项目过程当中，非常注重对公民进行节能环保的宣传教育，强调全民参与。针对广州市能源短缺的实际情况，也应该强化全体市民的能源忧患意识，大力营造节约能源的良好社会氛围。政府等相关职能部门，应当广泛利用各种媒介，采取多种形式，大力宣传节约能源的重要意义，普及节能知识，动员社会各界广泛参与，倡导能源节约文化，建立全社会节能的长效机制，努力形成健康、文明、节约的消费模式。把节约能源纳入基础教育、职业教育、高等教育和技术培训体系，使每个企业、每个家庭、每个公民都自觉地从现在做起，从我做起，从节约一滴油、节约一度电做起，让节约能源、保护环境成为全体广州市民的共同价值观念和自觉行动。

（三）政府要高度重视可持续能源项目的发展，并加大资金扶持力度

政府大力支持是萨勒诺可持续能源项目进展顺利的关键因素。不论是在发达国家还是在发展中国家，可持续能源项目的发展都离不开政府的支持。目前广州市对可持续能源项目的政策支持力度还不够，投入还太少，财政资金的扶持力度还需要进一步加强。广州市应该在建筑节能、工业节能、可再生能源、电力、交通、环境管理、可持续城市、低碳发展等领域通盘考虑，整体设计，全方位推进可持续能源项目的发展。

市政府可设立可持续能源项目发展专项基金，还可以通过税收优惠、政府购买、财政补贴、低息贷款、加速折旧、帮助开拓市场等方式支持可持续能源项目的发展。政府除了发挥自己的能动性之外，还应该鼓励商业银行和其他金融机构参与到可持续能源项目的建设中来，并引导民间资本和国际资本参与进来，在商业化道路上促进广州市可持续能源项目的发展。

（四） 不断优化能源结构，大力发展可再生能源

萨勒诺化石能源短缺，但自然能源非常丰富。萨勒诺充分认识到自身的劣势并且积极发展其优势，在确保能源供应安全的前提下，大力开发和利用了太阳能、风能、水能、地热能等可再生能源，尤其是大力发展了太阳能。

分析广州市能源情况，本地区具有丰富的太阳能资源及产业研发优势。广州市日照时间较长，历年的年平均日照时数均超过 1900 小时，太阳能资源丰富，而且室外温度相对较高，即温位质量较好，这为大力发展太阳能提供了良好的外部条件。广州市可以充分利用这些优势和条件，认真吸收外地发展太阳能的成功经验，使广州地区形成完整的集研发、设计、生产、贸易、使用为一体的太阳能产业体系。

（五） 构建"政产学研金介"创新体系

为了推进可持续能源项目，萨勒诺建立了一个高效专业的团队，聚集了政府、高校、科研机构、企业、社会组织等各方面力量，有效整合了社会各方面资源，并广泛听取各利益相关者的意见和建议，构建了"政产学研金介"体系，这一点值得广州借鉴。

广州市应充分利用市内人才、技术、资本等优势，积极构建以企业为主体，集政府主导、学研输出、金融助力、中介服务为一体的"政产学研金介"创新体系，深化产学研合作，改变产学研合作层次相对偏低的状况，大力发展可持续能源项目，培育发展新能源产业，发展低碳经济，实现经济社会的可持续发展。

Salerno: Sustainable Energy Projects

Guangzhou Development Research Institute of Guangzhou University

Abstract: In response to serious environmental problems such as shortage of energy and the regional air pollution, Salerno has implemented sustainable energy projects in 2009. These projects have effectively reduced energy consumption in all respects and optimized its energy structure. These projects have enlightened Guangzhou in the following five aspects: (1) put energy saving and scientifically use in priority as energy strategy to reduce energy consumption and pollution emissions; (2) enhance the public consciousness of resources, and create a favorable social atmosphere for saving energy; (3) attach enormous importance to these sustainable energy projects and increase financial support; (4) optimize the energy structure constantly and develop renewable energy; (5) construct an innovation system of 'Government – Industry – University – Research – Finance – Agent'.

Keywords: sustainable energy, energy consumption, energy structure, energy strategy

BⅣ

社会服务篇

科喀艾里：灾害应对的社会协同防范机制

——土耳其科喀艾里地震监测和教育中心项目对广州的启示

广州大学广州发展研究院课题组[*]

摘　要：为了加强地震预测能力、减少地震可能带来的生命和财产损失，科喀艾里市政府、中央政府机构和非政府组织三方共同协作，创立了地震监测和教育中心。该项目在以下4方面对广州有所启示：（1）重视教育在应对自然灾害方面的作用；（2）建立灾害和突发事件信息网络和预警系统；（3）强调机构间的协同合作与公民参与；（4）通过项目增加政府与市民的接触，改善政府形象。

关键词：灾害应对　社会协同　地震监测　地震教育

土耳其是一个地震多发的国家，为了加强地震预测能力、减少地震可能带来的生命和财产损失，科喀艾里市政府、中央政府机构和非政府组织三方协作，在2012年1月1日创立了地震监测和教育中心（图1），目的是通过集合各方力量，更好地应对地震灾害。2012年11月，地震监测和教育中心正式成立还不到1年时间，便从全球200多个"广州国际城市创新奖"（下文简称"广州奖"）参评项目中脱颖而出，科喀艾里凭借这一项目成为首届"广州奖"的5个获奖城市之一。

一　创新的缘起：城市特点与存在的突出问题

（一）地震灾害多发，造成大量生命和财产损失

土耳其历来是地震多发的国家，它位处阿拉伯板块与亚欧板块之间。

---

*　执笔：谭苑芳、吕慧敏。

图1　考察团与科喀艾里的"广州奖"纪念碑

虽然亚欧板块相对而言静止不动，但阿拉伯板块正以每年约1英寸（2.54厘米）的速度不断向北缓慢移动，并制造出两条巨大的断层。土耳其正位于两条断层之一的北安纳托利亚断层之上，其国土面积有96%属于地震带。因而，不断漂移的地壳板块在未来仍将不断雕琢修改土耳其的版图，并为该国带来包括地震在内的一系列自然灾害（参考表1）。

表1　1900～2014年土耳其重大地震事件

年份	月/日	震级（里氏）	死亡人数	地　　　点
1903	4/28	7.0	3560	马拉兹吉尔特
1912	8/9	7.8	3000	马尔马拉海
1914	10/3	7.0	4000	布尔杜尔，克伦其，凯奇博尔卢，伊斯帕尔塔
1930	5/6	7.6	不详	土耳其
1939	12/26	7.9	33000	埃尔津詹
1942	11/26	7.6	4000	哈佛扎，拉迪克
1942	12/20	7.3	3000	尼克萨尔，埃尔巴
1943	11/26	7.6	4000	安卡拉以北
1944	2/1	7.2	4000	博卢
1946	5/31	6.8	2000	土耳其东部
1953	3/18	7.5	1000	土耳其西部
1966	8/19	6.9	2396	瓦尔托
1970	3/28	7.2	1086	盖迪兹
1975	9/6	6.6	2385	利杰

续表

年份	月日	震级（里氏）	死亡人数	地　　点
1976	1/24	7.5	3840	穆拉迪耶
1983	10/30	6.9	1155	埃尔祖鲁姆，卡尔斯
1999	8/17	7.4	17118	科喀艾里（伊兹米特）
1999	11/12	7.2	321	土耳其西北部（图2）
2006	5/12	7.2	120	博卢
2011	10/23	7.2	582	土耳其东部

资料来源：中国地震台网中心，中国地震信息网

　　科喀艾里市位于土耳其西北部，是科喀艾里省的省会，总人口约 160 万人（2011 年），总面积约 3505 平方公里，人均国内生产总值高达 33620 美元（2011 年）。科喀艾里市的区位优势明显，市中心距伊斯坦布尔市仅 85 公里，拥有繁忙的港口以及连接亚欧大陆的关键公路与铁路，是马尔马拉地区乃至整个国家最重要的工业城市之一。

图 2　1999 年的马尔马拉大地震

　　然而，科喀艾里市恰恰处于北安纳托利亚断层西段马尔马拉地区活动地震带内。1999 年 8 月 17 日凌晨，土耳其中部和西部地区发生里氏 7.4 级强烈地震，科喀艾里恰好位处震中；11 月 12 日晚，土耳其西部地区又发生里氏 7.2 级强烈地震。两次地震造成的受灾面积达 15 万平方公里，约占土耳其国土面积的 1/5，其中地震烈度 9 度以上的面积达 3600 平方公里。主震后，余震活动频繁，密集分布在北安那托利亚断裂带上，长约

200 公里。地震的强烈振动和大规模的地表破裂，造成了极为严重的人员伤亡和财产损失——共有 1.8 万人丧生，4.3 万多人伤残，300 万人无家可归，经济损失超过 200 亿美元，占土耳其全国 GDP 的 7%～9%。地震导致土耳其当年的 GNP 下降 2%，地震区域的产值下降 30%。由此可见，以地震为主的自然灾害，是科喀艾里市最大的公共安全隐患，也是阻碍城市可持续发展的最大瓶颈。

（二）地震引起的后遗症严重影响了市民的日常生活

由于缺乏科学的应对知识和震前预警，大地震不仅对科喀艾里市造成了巨大的生命和财产损失，对幸存者的生活也带来了长期且严重的影响。据心理专家研究，自从连续发生两次伤亡严重的强烈主震及多次余震以来，土耳其居民普遍出现了"灾难创伤症候群"之一的"地震灾后症候群"，症状包括终日沮丧、沉默、沉迷宗教、长期逗留屋外、夜里不敢入睡，以及其他神经过敏现象，病情严重时还会导致个人精神失常或出现自杀倾向。

在伊斯坦布尔技术大学主办的地震灾后重建会议上，土耳其公立欧塔精神复健研究中心主任杜兰发表调查报告指出：历经多次强震袭击之后，无论是灾区之内的劫后余生者，还是灾区之外的幸运者，土耳其居民前往精神病医生或心理专家处求诊者有增无减。

由于科喀艾里市紧邻伊斯坦布尔市，对后者进行的调查研究为了解前者受地震影响的具体状况提供了有效参照。土耳其公布的一项"地震与城市"调查报告指出：在居民人口超过 1000 万人的第一大城市伊斯坦布尔，有 1/10 的居民因为经常担心地震来临，性生活已大受影响，夜间不敢裸睡，睡衣也改穿随时可以冲出屋外的运动服。由伊斯坦布尔市政府、国立海峡大学坎德利地震观测所以及土耳其地震研究中心合作进行，并由市政府公布的调查报告则提到：受到大地震以及专家预测伊斯坦布尔仍可能发生大地震的影响，有 58% 的居民已改变了原来的生活习惯，例如洗澡、上厕所从此不关门，以免地震袭击时来不及逃生。在接受问卷调查的 2500 位伊斯坦布尔居民当中，有 49% 的人表示由于担心地震半夜来袭而经常失眠，46% 的人表示已经找好地震时家中最安全的躲避位置，12% 的人表示已率领全家老小演练过地震时的紧急逃生术，另有 26% 的人表示听从老天的安排。

（三）作为地区的工业中心，具备雄厚的经济和科研实力

凭借相对雄厚的经济实力，科喀艾里有能力为城市创新项目提供充足的资金保障。由于优越的地理位置，科喀艾里是土耳其共和国成立以来工业化发展最快的城市之一（图3），全市 69.9% 的 GDP 来自工业生产，在全国的工业版图中占有相当突出的地位。科喀艾里的支柱产业有水泥、磷肥、石油化工、炼油、轮胎、纺织、化学药剂、造纸等，纸产量约占全国的 50%、化学工业占全国的 28%，都高居全国市场占有率的榜首，其次是电脑硬件、汽车、机器制造和土石资源开采。全国将近 10% 的电力消耗用于科喀艾里市的工业生产。目前，全市共规划了 12 个工业区，其中 7 个已落成并投入使用。

土耳其国内 100 强企业中的 18 家来自科喀艾里，其制造业总额占全国出口总额的 13%。科喀艾里汇集了 100 多家外资企业，其中德国投资企业最多。许多国际性的龙头企业如图尔帕斯炼油厂、现代汽车、福特汽车、本田汽车、五十铃、倍耐力轮胎公司、固特异轮胎橡胶公司、Pakmaya 酵母工业、Aygaz 能源公司、Milangaz 财团、奥夫斯汽油、Kordsa 纺织工业、Çelikkord、Nuh Çimento、马绍尔公司、Polisan 石化公司、CBS 电视网和 Mannesmann Boru 公司等，都在科喀艾里设有分公司。

尤其值得注意的是，近 10 年来科喀艾里市的人均收入水平高居全国第一，是全国平均收入的 2.5 倍；财税收入占全国的 17.41%，居全国第二。

图3　科喀艾里市区

2011 年科喀艾里市的人均国内生产总值高达 33620 美元，远高于中国大陆的主要城市——根据 2013 年的统计数字，深圳市以 22198 美元居中国副省级以上城市的首位，广州以 19800 美元居第二位，但仍然与科喀艾里市有较大的差距。

除了经济高度发达以外，科喀艾里市还聚集了丰富的高等教育和科研资源，为城市创新提供了相应的科技和智力支持。土耳其教育界的领军者科喀艾里大学、邻近的萨班哲大学、马尔马拉研究中心、盖布泽科技学院，以及土耳其科学与技术研究委员会科技园、盖布泽工业区科技园、科喀艾里科技园，都为该市的科技和高等教育发展提供了有力支撑。

总体而言，科喀艾里市的经济与教育科研已经形成相互促进、共同发展的良好态势，为城市提供了相对充足的创新资源。

（四）拥有活跃的中央政府机构和非政府组织

除了科喀艾里市政府以外，当地还拥有高效且专业的中央政府灾害应对机构——土耳其灾害与应变管理中心（AFAD），以及实力雄厚且成员众多的地区性非政府组织——科喀艾里工业商会（KCI）。两大机构的存在，为科喀艾里市通过机构间合作来应对自然灾害提供了组织基础。

1. 中央政府机构——土耳其灾害与应变管理中心

由于自然灾害多发，土耳其较为重视灾害应对方面的法律和机构建设。1939 年发生了死亡人数高达 3.3 万人的埃尔津詹地震（Erzincan Earthquake）之后，土耳其政府颁布了具有针对性的第 7269 条法令："对危及公众生命安全的自然灾害采取应对措施并提供协助"，由此弥补了该领域的法律空白。1988 年，土耳其在灾害应对方面的立法工作有新进展，颁布了《灾害紧急援助守则》（*Regulation on Principles of Organizing and Planning Emergency Aid for Disasters*），以此确保所有国家机构都能以最快的速度到达受灾地区，并以最有效的方式为受灾群众提供协助。

发生在 1999 年 8 月 17 日的马尔马拉地震成为土耳其灾害管理和协调方面的转折点。大量的伤亡和大范围的破坏使国家不得不重新检视原有的灾害管理体系——必须确保应对各种灾害和紧急事件的资源和能力被整合到一个机构之中。为此，内政部下属的民防总局、公共工程结算部下属的灾害管理总局、国家总理下属的土耳其应急管理总局等专门从事灾害应对的机构都被撤销，以上职权被整合到直属国家总理的土耳其灾害与应变管理中心（Republic of Turkey Prime Ministry Disaster & Emergency Management Presidency，简称 AFAD），中心于 2009 年成立并开始正式运作。土耳其灾害与应变管理中心是一个灵活并以目标为导向的机构，它的任务是确保全国所有能够发挥防灾、减灾、灾后重建作用的机构和组织能够迅速有效地完成其工作。该中心推崇以跨领域合作来推动各地区资源的合理利用，是一个擅长与多个社会主体共同工作的多维机构。在此框架下，一种新的灾害管理模式被引进土耳其——把风险管理置于危机管理之先。该模式如今被称为"综合灾害管理系统"，通过预先识别危机和风险、在灾害发生前采取适当措施等办法来减轻灾害和紧急事件所造成的损失，确保有效的应对和协调，并以综合方式进行灾后恢复工作。

土耳其灾害与应变管理中心通过直属各地省长办公室的"灾害和紧急理事会"，以及活跃于各处的"民防和救援理事单位"来开展工作。该中心是全国唯一的灾害和紧急情况主管机构，根据灾难和紧急事件的性质和严峻程度，它与土耳其总参谋部、外交部、卫生部、森林和水利工程部以及其他相关部委和非政府组织协同工作。中心自成立以来，已经在发生于埃拉泽、锡马夫、凡省等地的地震中做出了最有效和最迅速的响应，成功地救助了大量伤员；在安塔利亚、萨姆松、锡诺普等地的水灾事件中，它以尽可能快的速度与相关组织进行协调，使受灾地区的生活迅速恢复了正常。

通过高素质、专业性的职员和技术设备，土耳其灾害与应变管理中心对所有需要帮助的受灾地方施以援手，其中包括海地、日本、智利、缅甸等国家。在突尼斯、埃及、叙利亚发生社会动乱时，中心还成功地执行了人员疏散和人道主义援助任务，在世界各地赢得了声誉。

2. 地区性非政府组织——科喀艾里工业商会

科喀艾里工业商会（Kocaeli Chamber of Industry，简称 KCI）成立于 1989 年，总部位于科喀艾里，另有位于盖布泽等地的 3 个分部，共有 30 名固定职员为 2300 个企业会员提供服务。该商会的主要任务是协助会员实现在国内外市场上的扩张。为了满足会员的国际化需求，商会经常组织商业代表团出访其他国家、在国外举办展会并举办各种 B2B 活动。

除了法律规定的服务以外，商会还提供会员所共同需要的其他服务。比如每年举办名为"Match4Industry"的双向商务会议活动，在 2013 年的活动上，汽车、机械、金属、塑料、包装、建筑、电子、软件和信息等领域的企业共举办了 310 场商务会议，有来自澳大利亚、奥地利、德国、荷兰等国的 59 家国际企业参加。此外，商会还会举办"国家日"活动，向会员宣传外国市场和外国的商机。以此为契机，商会与对外经济关系委员会、土耳其经济部，以及其他国家的发展机构建立了良好的合作关系。此外，商会还持续地向来访的商务代表团、各国在土耳其的领事馆和大使馆等宣传科喀艾里的工商业发展机遇。

除了商务拓展方面的服务之外，科喀艾里工业商会还对一些研究和公益事业进行支持。比如和当地的一个培训和咨询机构合作，对倍耐力土耳其分公司（Pirelli Turkey）进行案例研究，探索适合当地中小型企业的供应链可持续发展模式，协助 30 家供货企业制订了"倍耐力可持续发展供应链计划"，倍耐力公司定期监测这些中小型企业所取得的改进，并向项目管理方汇报相关情况。针对土耳其平均失业率高达 10% 的状况，科喀艾里工业商会实行了"10 项基本技能计划"（UMEM Skills' 10 Project），包括加强基础设施建设、劳动力市场需求分析、组织课程实施、学员与企业的需求匹配等主要内容，共为 101093 名失业者提供实习机会，培训了 75380 名失业者，其中有 42805 个学员已经在实习企业实现了正式就业。

二 创新的实践：项目的理念与实施过程

1999 年的马尔马拉地震给当地带来了巨大的影响。地震监测和教育中心项目要解决的问题集中于三大方面：地震发生前的预报和相关知识传播、地震发生期间的紧急应对、地震发生后的救灾行动。

（一）未雨绸缪，让居民学会在地震威胁之下生活

鉴于自然灾害是科喀艾里市可持续发展的最大障碍，并且当地在未来仍将面临来自地震的巨大威胁，全市下定决心不能再和以前一样与充满未知数的安全风险共存。2012 年 1 月 1 日正式启动的地震监测和教育中心项目，有针对性地开展了地震研究、防震规划、防震教育等方面的工作，各个部门和全社会都积极投身到这一关乎生死存亡的项目之中，为今后可能发生的灾害做好充分准备。该项目提出了一个朴实、贴切的口号："未雨绸缪，学会在地震威胁下生活"，充分表达出历经灾害者的

智慧——唯有如细水长流一般，从基础做起、持续不断地把防震避震作为全社会的常规性工作，才是处于地震阴影笼罩下人们的最佳策略和头等大事。

项目的主要目标是：在地震监测和教育中心的协助下，通过对来自全市各处的 27 个"地面运动监测站"进行数据采集、评估、分析，记录归档各种地震特征，推进当地地震数据库建设、地震风险图绘制、紧急响应方案制定、防震施工方案实施及地震监测系统开发。同时，民众通过监测教育及各种活动增进防范地震的意识和能力，这些活动包括地震模拟器（图 4）、戏剧、研讨会以及讲座等。

图 4　市民体验地震模拟器

随着项目的持续开展，科喀艾里市应对地震的各项措施亦取得了显著进步：（1）在房屋建造之前，必须进行地质构造分析，根据不同的地质状况建造相应抗震级别的房屋。（2）开展市民灾后心理抚慰和心理建设工作。（3）针对不同类型的重点地区，制定相应的区域应急救援方案。（4）加强相关领域的地方立法工作。

（二）在"合作与公民参与"主题下实现多方合作

地震监测和教育中心项目的主要创新之处在于：这是土耳其第一次在当地政府（科喀艾里市政府）、中央政府部门（土耳其灾害与应变管理中心）和非政府组织（科喀艾里工业商会）的共同领导下，进行新的公共服务领域的合作。三方的具体分工如下：科喀艾里市政府提供项目所需资金的 70%，并负责项目的可持续运营，包括雇佣 6 名技术人员、建设及分配中央数据库网络；科喀艾里工业商会（KCI）提供项目所需资金的 30%，承担私营领域的协调工作；土耳其灾害与应变管理中心（AFAD）在项目启动阶段提供技术和设备支持，监测土耳其境内的其他地震运动。

与此同时，还有一些机构作为辅助性的合作伙伴积极参与到项目之中，包括其他非政府组织（青年大会、残疾人联合会）、高等院校（伊斯坦布尔博斯普鲁斯大学）、研究中心（土耳其科学技术研究理事会）、私营领域的代表、科喀艾里市议会以及科喀艾里市教育局等。以上合作伙伴也发挥了重要作用：伊斯坦布尔博斯普鲁斯大学为工作人员提供技术培训；土耳其科学技术研究理事会在项目运营过程中提供技术援助；青年大会和残疾人联合会承担部分志愿服务工作，并根据科喀艾里市教育局和市政府的协议，负责在学生群体和各学校中对项目进行宣传。

尤其值得注意的是，地震监测和教育中心项目在实施之初便提出了"合作与公民参与"的主题。随着项目的不断实施，当地政府与社会大众的关系更加亲密，而且双方都能从关系的改善中受益。从这一层面而言，该项目在公共治理和服务方面亦有所创新。

（三）监测和教育是项目不可分割的部分

地震监测和教育中心项目把两个既特色分明又相互补充的部分结合在一起：负责收集数据和分析地震风险的地震综合监测系统，以及传播地震知识、提高防震意识的市民教育系统。

1. 地震综合监测系统

地震综合监测系统通过水位仪、地震仪、电磁波测量仪等设备，监测地震的微观前兆信息；并通过观察和检测水面、水温、动植物异常活动等状况，收集地震前宏观异常现象。27 个地震监测站均位于城市的重要战略地点，如住宅区、工厂区、水库、市政府等。各个监测站的数据都汇集到总监测中心和国家地震数据库，并与土耳其灾害与应变管理中心链接，促进了全国地震资料的收集和预报网络的建设等工作。目前，监测面积已达3600 平方公里，监测准确率达 90% 以上，监测站还与当地的科学研究中心保持着实时联系。值得一提的是，科喀艾里地震监测系统还是土耳其境内第一个由地方政府运营的网络。

受益于机构间合作，科喀艾里的地震监测和模拟能力远高于土耳其的其他地区：项目所使用的地震数据库以国家数据库为模板研制，地震模拟器则根据土耳其灾害与应变管理中心的模拟器改良而成，土耳其科学技术研究理事会举办了很多会议和技术访学，伊斯坦布尔博斯普鲁斯大学提供的培训提高了技术人员的能力和素质。

2. 市民教育系统

由于长期以来缺乏地震教育，饱受地震威胁的科喀艾里市民接受了或形成了大量的错误观念和社会偏见。教育是从根本上改变这一状况的最有效手段（图5），因此项目的地震教育部分从小学就开始着手——一部名为"移动的世界"的戏剧在科喀艾里市巡回演出，通过情境模拟和表演艺术的结合，向中小学生宣传预防地震、学习地震知识的重要性。残疾儿童的特别课程使数以百计的残疾儿童和他们的父母学到了针对性更强的实用知识。作为教育项目的最后一环，应用培训项目使用了地震模拟器（三维地震托盘），让市民亲身感受地震的情境。中心还向市民派发了地震应急包，并培训市民使用和制作应急包。

图5　向学生宣传地震知识

在以往，土耳其的地震监测仅仅从科学研究的层面来考虑，教育和知识传播的部分是隐而不见的。在创新项目启动之后，尤其是在戏剧巡演开始后，理论和实践方面的知识传播开始上升到防震减灾工作的首位。通过以上努力并基于已有的经验和教训，科喀艾里市的地震教育取得了突破性的进展。

三　创新的效果：项目绩效评估及存在的问题

（一）构建了完善的地震监测系统，地震教育水平全国领先

受益于地震监测网络收集到的详细、真实数据，《科喀艾里市地震风险图》和《科喀艾里市工程与地面协调施工规范》得以编制并出版。相关的数据还被即时传输到国家地震监测网络，有助于全国性地震风险图的制作。

地震监测和教育中心还有专人负责对实地参观和受教育的人数进行经常性测算，相关数据被视为评估项目效果的重要指标。截至目前，接受过地震教育的学生已经超过4万名，超过1万名学生在地震模拟器中接受了培训；残疾儿童项目也使近千名儿童和他们的父母获得了地震预防、地震应对、急救等方面的知识和能力；中心已经接待了超过1万名访客。

尽管地震监测和教育中心正式运营的时间还不长，但已经有大批来自国内外政府、高等院校，尤其是科喀艾里省内其他兄弟城市的代表参观拜访，科喀艾里市与他们分享了技术信息和成功经验。科喀艾里市也积极利用其官方媒体（时事通信、社会和视频媒体等）来加强项目的宣传力度。

（二）地震监测和教育中心项目面临的问题

1. 建筑质量低劣所造成的安全隐患并未排除

1999年发生大地震后，土耳其人谈论最多的话题之一就是建筑质量。从震后现场可以看出，许多刚建成两三年的清真寺和楼房在此次地震中轰然倒塌，与此形成鲜明对照的是一些古建筑经受住了考验，屹立不倒（图6）。很显然，地震中彻底坍塌或严重毁坏的大多为非法建筑和不符合标准的建筑。经过专家的现场勘察，并将该次大地震同十几年前美国洛杉矶的大地震做比较，很快得出结论：房屋质量低劣是土耳其地震中死伤惨重的原因，恨不能把老百姓的辛苦钱全部装进自己腰包的建筑奸商们助"震"为虐，他们一手炮制的一项项"豆腐渣工程"成了地震的"帮凶"。

然而，作为对1999年大地震的主要应对措施，地震监测和教育中心项目虽然解决了极其重要的监测和教育问题，却并未涉及与快速城市化相伴随的建筑质量低劣问题，因而由此所造成的公共安全隐患并未排除。一旦

图6 屹立不倒的清真寺与周围的建筑废墟形成鲜明对比

发生地震，科喀艾里市仍然有可能面临重大的生命和财产损失。

2. 地震监测系统的综合效益有待提升

地震监测系统主要发挥数据收集、汇总、分析的功能，这是预测和减轻地震灾害的重要措施。但该项目的创新点之一，恰恰在于把以往局限于科学研究领域的地震知识运用加以拓展。通过多机构的合作，科喀艾里已经成功地把地震监测与地震教育相结合。但课题组认为，地震监测系统还能服务于教育以外的领域，发挥其更具综合性的效益，对科喀艾里乃至所在国家做出更多的贡献。

（三）以法律法规建设和共享数据作为项目的后续努力方向

为了拓展地震监测和教育中心项目的综合效益，科喀艾里市积极探索除教育以外的服务领域，目前主要以法律法规建设和地震数据共享作为拓展方向。

在法律法规建设方面，该中心收集到的相关数据已经被用于为《地震风险下的土地改革》的立法提供基础。此外，专门为应对灾害而制定的《紧急行动方案》，也采用了该中心所收集到的地震信息和研究成果。

在数据共享方面，地震监测和教育中心主要通过制定并发布《科喀艾里市地震风险图》和《科喀艾里市工程与地面协调施工规范》的方式，为社会各界提供地震数据和研究成果。该中心还与高等院校和研究机构合作，进行模型建造和地震环境模拟研究，以预测具体地区及重要设施在不同级别地震中的受损情况。

四 创新的启示：值得广州借鉴的若干经验

灾害预测与预防是每个城市都会面临的挑战。广州市在自然条件、经济状况、社会治理结构、政府作用、非政府组织的地位等方面与科喀艾里市有较大差别，尤其是广州并不处在地壳断层，历来属于地震少发区，因而广州没有必要仿照科喀艾里市建立地震监测与教育机构。但在机构间合作、加强市民教育以应对自然灾害等方面，科喀艾里的创新经验对广州市也有较大的借鉴意义。

（一）重视教育在应对自然灾害方面的作用

广州是自然灾害多发地区。历史上曾发生洪灾、强对流天气引起的暴雨、热带气旋、龙卷风、冰雹等灾害性天气，以及旱灾、地震、流行病等自然灾害。据史料记载，从1899年到1949年，广州地区有记载的洪灾共有26次，热带气旋灾害有11次，旱灾有9次，4~5级地震灾害有3次。1950~1999年共有洪灾10次，热带气旋灾害21次，旱灾4次，3级以上地震23次（广州珠江三角洲地区）。近百年来，广州几乎每年都存在不同程度的自然灾害，且呈不断增长趋势。纵观广州自然灾害的类型，洪涝灾害居于最突出的位置。近年来，广州市的年均自然灾害损失占全市国内生产总值的0.3%，其中洪涝损失约占总灾损的52.31%；热带气旋灾害也相当突出，除其本身造成的直接损失外，更表现在它带来的暴雨、风暴潮所形成的洪涝灾害，其灾损占总灾损的37.31%。

根据国内外的灾害经验和教训，公众防灾减灾意识和避险技能的高低，对减少自然灾害所造成的损失，以及灾后能否科学、高效地开展自救互救等工作，都有至关重要的作用。

国务院办公厅2011年印发的《国家综合防灾减灾规划（2011－2015年）》明确提出要加强自然灾害监测预警、风险调查、工程防御等预防工作，加大防灾减灾的知识宣传和专业培训教育，增强全民的防灾减灾意识和技能，提高全社会对自然灾害的综合防范和抵御能力。可见国家相关部门已经意识到了自然灾害教育在防灾减灾上的重要性。

广州市对灾害和突发事件预防及应对相当重视，于 2006 年成立了应急管理办公室，2012 年设立了减灾委员会。但对自然灾害教育却重视不够，并未把应对自然灾害的教育列入中小学生的教育体系中，也甚少开展面向全民的防灾减灾知识宣传。

课题组建议广州市根据自身的气候及地理条件，针对洪涝和热带气旋等高发自然灾害开展防灾减灾教育。与此同时，还应该采取各种措施加强科学普及工作，提高全民防灾减灾的意识和素质，提高公众科学、有效应对自然灾害的基本技能。

（二） 建立灾害和突发事件信息网络和预警系统

地震监测和教育中心项目的其中一个核心组成部分是负责收集数据和分析地震风险的地震综合监测系统，受益于这一系统，当地的地震数据库建设、地震风险图绘制、紧急响应方案制定、防震施工方案实施及地震监测系统开发等科学合理的灾害应对措施亦得以逐步实现。

广州作为一个人口超千万的特大型都市，受突发事件影响的可能性比一般城市要大，如 2014 年 5 月 6 日发生在广州火车站的暴力袭击事件、7 月 15 日广州大道的公交车燃爆事件等，在一定程度上显示广州已经进入公共安全事件的高发期。另外，由于人口高度密集，各类公共安全事件一旦在广州发生，受波及的人员必然比一般城市要多。广州市政府已经在 2010 年 8 月开始施行《广州市突发事件信息发布管理规定》，但相关的信息监测、收集网络和预警系统却未建立，使公共部门和社会大众缺乏预估灾害及突发事件的科学依据。

课题组建议广州市尽快建立一个涵盖自然灾害、事故灾难、公共卫生事件等主要公共安全事件的信息收集和预警系统。这一系统所提供的数据，可用于绘制《广州市公共安全形势图》，以分别标识全市各区域发生公共安全事件的风险程度，以及各区域可能发生的公共安全事件类型。此举将显著提高相关部门对广州市整体及具体区域的安全形势进行评估的能力，并为广州市以及各行政区制定具有针对性的突发事件应急预案提供科学的数据支撑。

（三） 强调机构间的协同合作与公民参与

科喀艾里市在地震监测和教育中心项目中所强调的"合作与公民参

与"，也是值得广州市借鉴的一项经验。通过多机构的协同合作，地方政府在增加公共服务的同时，还可以降低投资数额、获得更多的人力资源和科技力量支撑、拓展服务的覆盖范围。

反观广州市，各个公共部门至今仍然处于各自为政的状况，即便偶有不同部门之间就某一具体任务开展合作，也并未形成具有示范意义的长效机制。由于机构间缺乏沟通与联合，广州市众多公共部门和机构不同程度地存在管理领域重叠、职责不清的状况，导致一些社会现实问题无法得到迅速有效的解决，甚至出现有事无人管的情况。在政府事务的公众参与方面，广州更常被市民和媒体所诟病，多年来只闻主政者在口头上强调公众参与的重要性，却不见有实质性的推进。

课题组建议广州市的公共部门率先带头，选取某个与市民日常生活、切身利益相关，靠单一部门又难以管好或真正解决的问题——比如自然灾害教育、流动摊贩管理、食品卫生安全等——来开展机构间的协作。在条件成熟的前提下，引进非政府组织和私营部门参与到公共决策和公共服务的实际运作中来，以降低公共部门在私营领域中的协调成本、增加服务内容、提升服务效率。

在多机构合作共同应对灾害和紧急情况方面，土耳其灾害与应变管理中心的体系也值得我国借鉴。如可在中央层面设立统筹各方的应急联动机构，各城市的分支机构对中央机构负责并在其管理下开展工作，各地的非政府组织、私营部门、学校、科研机构为这一应急联动机构提供服务，集全社会的力量来应对灾害和紧急事件。

（四）通过项目增加政府与市民的接触，改善政府形象

政府形象是社会公众在了解和经验的基础上，对政府的行为特征和精神状况的总体印象和评价。它既是社会公众的主观评价，又是政府客观表现的反映。政府形象是一种特殊的社会资源，对政府的影响力起着非常重要的作用，是决定政府的目标、意图、倾向能否为公众所接受或在多大程度上能被接受的一项重要因素。科喀艾里市政府通过地震监测和教育中心项目，增加了与市民的接触，增进了双方的了解，改善了政府与社会的关系，这一经验值得广州借鉴。

在中国，地方政府形象历来是一个敏感话题。广州作为一个人口超千万的特大型都市，公共部门与市民之间每天发生的冲突或矛盾数不胜数，

它们都不可避免地有损政府形象、广州形象。课题组建议广州市在公共决策的过程中，充分考虑社会公众对政府行为的感受和反应，并将其纳入工作或项目效果的评价体系。在开展具体工作的过程中，亦要高度重视工作态度和方式。公共部门需要树立一种观念：把每一次与市民的直接接触都看成增进政府与市民之间相互了解、改善政府形象的机会。这是广州市政府提升自身影响力的一个有效途径。

Kocaeli: Social Collaborative Mechanism of Disaster Prevention

Guangzhou Development Research Institute of Guangzhou University

Abstract: To strengthen the capability of earthquake prediction and reduce the loss of life and property from earthquakes, Kocaeli municipal government, Turkey's central government and non – governmental organizations founded the Earthquake Monitoring and Education Center. This project has enlightened Guangzhou in the following four aspects: (1) attach the importance to education in response to natural disasters; (2) set up information network and early warning system for disasters and emergencies; (3) stress the organizational cooperation and public participation; (4) increase the communication of government and citizens through projects and improve the government image.

Keywords: disaster prevention, community collaborative, earthquake monitoring, earthquake education

首尔：网瘾干预与政府责任

——韩国首尔市儿童和青少年网瘾干预项目对广州的启示

广州大学广州发展研究院课题组[*]

摘　要：为解决城市数字化进程中青少年网瘾泛滥的社会问题、提升政府的服务质量和水平，韩国首尔市为儿童和青少年建立了"'I WILL'中心"——网瘾预防和咨询中心，较好地遏制了网瘾中毒蔓延的趋势，改善了首尔市学生网瘾中毒的状况。该项目在以下3方面对广州有所启示：（1）民生对象分众化，服务手段人性化；（2）发挥非政府组织在提供社会服务中的作用；（3）政府职能部门间的配合与合作，有利于政府资源的集约配置和服务效率的提高。

关键词：网瘾干预　政府责任　非政府组织　资源的集约配置

为解决城市数字化进程中青少年网瘾泛滥的社会问题，提升政府的服务质量和水平，韩国首尔市2007年为儿童和青少年建立了"'I WILL'中心"——网瘾预防和咨询中心（以下简称"中心"），积极应对网瘾问题。该项目于2012年报名参评首届广州国际城市创新奖，并从全球255个项目中脱颖而出，使首尔获选第一届"广州国际城市创新奖"（下文简称"广州奖"）殊荣，成为5个获奖城市之一，得到了评审团的高度评价。

一　"'I WILL'中心"设立背景

（一）青少年网瘾问题是首尔市需应对的突出社会问题之一

韩国在20世纪60年代初到80年代末的一段不长的时间内，迅速崛起

---

*　执笔：黄旭、杨宇斌。

成为一个新兴现代化国家，经济快速发展，但也面临诸多现代化陷阱，社会问题日益突出，网瘾问题便是其中之一。

首尔作为韩国的首都，网瘾问题更加严重。韩国一年一度的全国范围网瘾中毒调查结果显示，网瘾中毒多发的群体为初、高中学生群体，而且呈现出越是大都市，网瘾中毒率越高的趋势。这是因为首尔是韩国乃至全世界数字化程度最高的城市：电脑拥有率较高，上网最便捷，青少年群体使用电脑频率最高。虽然这些标志着城市现代化的水平，但伴随而来的是青少年严重的网瘾问题。网瘾问题不但给城市家庭增加痛苦，而且也为社会秩序和教育发展带来隐患，是全社会较为关注的问题，需要政府加以干预。首先，网瘾问题不是简单地存在于青少年群体之中，这个问题的存在与韩国拥有发达的 IT 动漫、网络游戏产业是相关的。从促进经济增长的角度来看，IT 产业为韩国的 GDP 贡献良多。然而，在开发动漫与网游的过程中，需要各种测评专家，这些测评专家的特点是喜欢追求新奇事物，从中获得满足感以及一定的利益，在这些特征上表现最为优异者就是喜欢标新立异、张扬个性、又期望经济独立的青少年群体。在游戏测评过程中，公司为了推广其项目，不可避免地会进行某些承诺，而给予测评专家以一定的游戏货币、法宝、经验值，乃至于经济利益的诱惑，从而吸引到大量专家。进而在他们的试玩之中完善自己的开发项目。其次，网瘾问题不是一个可以简单地归因于青少年的问题，它还是一个反映社会道德教育、学校教育、家庭教育缺失的问题。虽然网络具备娱乐至死的特质，但是如果不是因为家庭教育缺失，从父母身上得不到应有的呵护与教育，青少年一般不会主动投身于网络之中。另外，为什么说是学校教育的问题？学校是学生最为集中的地方，也是青少年群体容易形成风潮或是时尚氛围的场所，学生作为群体动物，有获得满足感的需求，他需要通过某些能力的彰显以获得同学朋友的认可，证明自己的存在。当他无法从学习之中获得的时候，可能就会考虑其他的途径。而韩国社会 IT 行业的发达正好为他们提供了这样的窗口，所以，不可避免的就是很多青少年沉迷于网络。当然，沉迷于网络的人，据不完全统计，大多来自农村或属于从小没有接触网络的群体，容易对电脑网络产生依恋。如果一个人从小接触电脑，并有较好的信息伦理指导，他一般会有一定的自制力，不至于沉迷而导致网瘾中毒。

（二）该项目是首尔市弥补国家治疗网瘾项目不足的举措

针对网瘾问题，韩国中央政府已于 2002 年设立了"网瘾中毒应对中心"。目前韩国共有 14 个网瘾中毒应对中心，每年投入资金 79 亿韩元，提供多种多样的项目服务，包括：网瘾中毒实况调查、相关政策研究、教育内容开发等信息化政策制定和技术支援，个人面谈以及预防教育等。

网瘾中毒应对中心虽然取得了一定的预防和治疗效果，但也存在缺陷：无法满足现实需要。网瘾中毒应对中心的管理范围包括韩国全境，要对近 5000 万人进行网瘾预防教育，以及对 800 多万网瘾中毒者进行治疗，责任重大，但整个中心在全国只有 52 人，每年资金 79 亿韩元，实际无法满足需求。

由于首尔的特殊性，设于首尔的网瘾中毒应对中心更无法满足首尔的需求。目前国家设于首尔市的网瘾中毒应对中心人员已经最多，有 12 人，其他广域市和道平均只有 3 人。但首尔人口基数大，总人口有 2000 多万人，占全韩国人口的近一半。学生人口相对也多，据最新数据，首尔现有学生（包括小学、初中和高中阶段）1282416 人，占全国学生总数的 17.7%（见表 1），按 2009 年网瘾中毒率 10% 算，首尔市也有近 13 万人需要服务。因此，首尔市的青少年网瘾问题，单靠国家支持，远远不能满足需求。

为了更有效地应对网瘾问题，首尔市于 2007 年为儿童和青少年建立了"'I WILL'中心"——网瘾预防和咨询中心（见表 2）。

表 1 首尔与韩国全国学生人数比较

单位：人，%

类　别	全国学生数	首尔学生数	占百分比
小　学	3299113	566168	17.2
中　学	1979656	348375	17.6
高　中	1982207	367873	18.6
总　计	7260976	1282416	17.7

资料来源：根据韩国教育部网站统计信息整理，http://english. moe. go. kr/web/1721/site/contents/en/en_ 0219. jsp。

表 2　韩国"网瘾中毒应对中心"与首尔"'I Will'中心"对比

机关名称	中心数（个）	中心管辖	2013 年预算	从事者（人）
网瘾中毒应对中心	14	首尔，釜山，大邱，光州，大田，京畿南北部，江原，忠清南北道，全罗南北道，庆尚南道，济州	79 亿韩元	52
首尔市"'I Will'中心"	6	首尔市	30 亿 4000 万韩元	60

二　"'I WILL'中心"的创新理念与实施过程

（一）创新项目的理念和目的

中心的理念是想通过引导青少年参加社会活动，帮助他们找寻生活的多种可能性和丰富性，找到除网络外的其他兴趣和爱好，自觉意识到网瘾的危害，通过自己的意志和动机最终达到摆脱网络依赖的目的。

中心设置的具体目的有四：一是面向上网过度身陷其中的儿童、青少年，提供健康成长支援；二是强化以青少年网瘾中毒预防、消除为目标的预防性、体系化应对方案；三是根据网瘾中毒程度的不同制定相应的预防、教育、面谈、康复等量身定制型综合服务支援体系；四是通过各地区合作，共享多样的政策资源，提供体系化服务。

（二）"'I WILL'中心"实施过程

首家"'I WILL'中心"成立于 2007 年，目前中心提供两类服务：一是针对潜在的危险使用群体提供预防教育服务，二是针对高危险使用群体提供咨询和治疗服务，已形成了较系统和规范化的运营程序。

1. 对潜在危险使用群体提供的网瘾预防和教育服务

中心每年与首尔市教育厅配合，对全市学生进行系统的健康上网教育，以预防网瘾的发生。从 2010 年开始，首尔市教育厅制定了要大力加强网瘾中毒预防教育的方针。预防教育以丰富多样的方式进行，根据学校需求，选择不同的预防教育形式：在学校教学上，有的学校通过举行全校性的讲座进行预防教育，有的学校则开设专门课程，在各年级开设每学期16节课的课程等；在学校建制上，规定每所学校要指定一名信息伦理老师，负责学校的日常预防教育项目，进行个人面谈和多期集体面谈等活动。

2. 针对高危险使用群体提供的网瘾咨询和治疗服务

（1）报名方式。中心通过多种形式提供服务：既利用信息网络技术，也依靠传统社区帮助；既有个人申请，也有政府协助；有临时性的，也有常规性的措施。具体有：一是常规性排查。利用韩国每年的网瘾问卷调查结果排查出网瘾中毒高危人群。韩国每年会在小学四年级、初中一年级和高中一年级学生中进行问卷调查（问卷见附件三"网瘾中毒测量表"），评估每位学生的网瘾情况，排查出网瘾中毒的学生。政府和中心通过此方法全面掌握学生网瘾情况，主动联系网瘾中毒学生加入中心。二是网络和电话报名。中心设有专业网站（见图1），网站设置有报名栏目，有网瘾问题的青少年或其父母等可自行上中心的网站下载表格，网上报名参加各种服务项目；中心还开通了1899－1822专线电话，提供24小时免费接听服务，有需要者可以电话联系报名。三是相关职权机构引荐。警察发现网吧中有网瘾青少年，可与中心联系，寻求帮助；学校也可寻求中心帮助，引导好网瘾中毒学生。四是通过宣传，现场报名。中心定期到青少年集中的场合

图1 "'I WILL'中心"网站首页

发放宣传册，鼓励现场报名。

（2）工作内容和形式。中心通过多种形式的工作，减轻青少年网瘾中毒的程度（见表3）。主要方式有：一是与青少年社会组织合作，集聚力量，提高网瘾预防和咨询的效率。中心加强了与其他青少年组织的全面合作，特别是在2011年首尔市青少年组织协会将所有青少年组织进行联网共享，实现了业务的信息化后，合作更加紧密。中心通过联系青少年组织，给各个年龄阶段的青少年提供家庭集训、夏令营、社团运营、集训、认证课程、应对活动等实质性的治疗项目。在应对活动中，针对某个学生的具体情况，选择替代活动。如有的网瘾中毒者很喜欢足球，中心会将足球活动作为应对其网瘾中毒行为的替代活动，提供机会让其加入足球活动，使他从足球活动中体会到除网络以外的充实和愉悦，产生自觉意愿离开网络世界。二是与专业治疗机构合作，提供专业化指导。中心与首尔市内15个医院达成合作协议，获得医生们精神科学方面的专业知识和经验。医院方面也通过"'I WILL'中心"，给患者提供持续的面谈和治疗性活动的协助。

表3 "'I WILL'中心"服务内容

项目名称	内容	备注
面谈项目	个人面谈，电话网络面谈，心理检查，集体面谈，上门面谈，家庭面谈，表现艺术治疗等	
预防教育项目	预防教育（以年级为单位），预防讲座（大单位），家长教育，预防讲师培养教育等	
研究项目	研究成果刊发及课程开发，举办报告大会及研讨会或workshop等	
全面调查后续措施项目	个人面谈，集体面谈，预防教育，危险群体专家治疗等	注意危险群体对象
宣传项目	利用网站、公共交通等媒体进行宣传	

（三）项目实施具体进度与进展

表4是"'I WILL'中心"——网瘾预防和咨询中心——项目实施的具体进度与进展情况。

表4 "'I WILL'中心"——网瘾预防和咨询中心——实施进度与进展

年份	月份	进　　度
2007	9	广津"I WILL"中心开张
		广津"I WILL"中心总体4阶段治疗项目"橡皮糖项目"推出
2009	4	幼鹰"I WILL"中心开张 从幼鹰中心开始，与医院缔结联合协议
	6	开始参与U - clean青少年文化活动
2010	7	仓洞"I WILL"中心开张
	8	明知"I WILL"中心开张
	12	"I WILL"中心"为解决网瘾中毒问题'I WILL'中心所扮演的角色与发展方向"联合论坛召开
2011	2	首尔市"I WILL"中心综合网站开设（http：//www.iwill.or.kr） 网瘾中毒预防讲师培养教育（基础及深化过程）运营开始
	3	网瘾中毒全面调查及后续处理、预防及消除网瘾中毒支援事业运营开始（女性家庭部，文化观光部支援） 韩国青少年面谈院网络RESCUE学校运营机构选定 首尔数据中心网瘾中毒面谈合作机构协议缔法 "I WILL"中心案例管理网络系统开发及运营开始
	5	"I WILL"中心优秀案例发表会举行
	6	"I WILL"中心项目课程运营菜单制作
	7	寄宿型治疗集训SCUE开始进行
	9	仓洞"I WILL"中心全国青少年领导大会"2011年青少年活动项目竞技大赛" 获奖（健全的网络文化构成及网瘾中毒预防部分）
	12	仓洞"I WILL"中心作为网瘾中毒预防及消除支援优秀机构获女性家庭部长官表彰 幼鹰"I WILL"中心作为网瘾中毒预防及消除支援优秀机构获韩国青少年部面谈院长奖
2012	2	广津"I WILL"中心受邀参加日本NPO主办的媒体中毒韩日共同论坛，就逃脱媒体依赖、首尔网瘾中毒政策、"橡皮糖项目"发表演讲（福冈）
	5	"I WILL"中心面谈项目报告大会举行
	6	"I WILL"中心联合关于网瘾中毒应对政策青少年公开讨论大会召开 江北"I WILL"中心开张
	9	首尔市"I WILL"中心与医院联合协议缔结（首尔市主要医院10处）
	11	首尔市"I WILL"中心获"广州国际城市创新奖"
	10～12	广津"I WILL"中心，明知"I WILL"中心参加亚洲青少年领导workshop"首尔市网瘾中毒应对政策"项目介绍（中国台湾、越南、印度尼西亚）

续表

年份	月份	进　度
2013	2	首尔市网瘾中毒预防面谈中心代表电话 1899 - 1822 开通 首尔市"I WILL"中心预防教育重组改编
	6	首尔市"I WILL"中心智能手机 1.1.1 联合运动
	7	关于青少年手机网络过度使用应对及预防政策案例发表会召开
	8	首尔市教育厅教员信息化研修实施
	11	江西"I WILL"中心开张
2014	2	家长引导青少年正确使用手机网络项目试运营

三　"'I WILL'中心"项目实施的绩效评估

（一）项目实施的成果

经过几年的发展，首尔市"'I WILL'中心"已建立了六个，目前以民间委托的方式运营，是面向首尔市青少年和家长的专门面谈中心。六个中心的模式和水准基本一致，覆盖整个首尔市区，有效地避免了出现地区性差异。各个中心有 10 名正式职员，每个中心的外围还活跃着 20～30 名的预防教育讲师。2014 年中心的预算比上年增长了 10%，达到 33 亿 7000 万韩元。

表 5　已成立"'I WILL'中心"一览表

组织名称	所在地	运营法人	设立日期 （年 月 日）	面积 （平方米）	从事者 人数（人）
广津"I WILL"中心	广津区广壮洞 318	兴士团	2007.9.4	234	10
幼鹰"I WILL"中心	铜雀区 新大方洞 395	首尔加图立青少年会	2009.4.21	203	10
明知"I WILL"中心	西大门区弘恩第二洞 356 - 1	明知学院 明知专科大学	2010.8.30	250	10
仓洞"I WILL"中心	道峰区仓洞 1 - 6	光云学院 光云大学	2010.7.1	278	10
江北"I WILL"中心	江北区 三角山路 158	光云学院 光云大学	2012.6.1	211	10
江西"I WILL"中心	江西区禾谷洞 1099 - 7	大韩一教长老会总神大学	2013.11.1	355	10

六年以来，中心面谈及预防教育人数逐年增加，从 2007 年刚成立时的 5904 人，增长至 2013 年的 785634 人（见图 2），基本占到了全首尔小学至高中总学生数的 61%。按项目的计划，到 2012 年要将学生中网瘾中毒率下降到 5%，这一目标已经达到：中毒率下降趋势非常显著，2009 年中毒率为 10.02%，2010 年下降了 3 个百分点，2012 年，中毒率已下降为 3.32%，2013 年为 3.07%，呈逐年下降的趋势，较好地遏制了网瘾中毒蔓延的趋势，改善了首尔市学生网瘾中毒的状况。

图 2　面谈及预防教育人数

（二）存在问题

据课题组了解，中心在建设中也面临一些困难，主要表现在以下几个方面。

1. 政府财政支持仍显不足。虽然 2014 年"'I WILL'中心"的预算总额已较上年增长了 3 亿多韩元，但还远远达不到项目所需资金的要求。中心正在设立更多的可供选择的服务项目，开发支援项目，这需要政府更有力的支持。

2. 部门之间的合作困难较多。项目实施需要包括中心、政府机关、青少年组织、非营利组织在内的各种机构的通力合作。由于各个机构职责范围不同、目标取向各异、事务处理优先顺序不一，在不同的情况下维持互惠的合作关系较为困难。为此，首尔市一直在努力调整中央部门与教育厅等行政机关的相互合作关系，力求克服困难。

3. 青少年对互联网和"智能媒体"的依赖程度面临新挑战。项目成立时，青少年面临的网瘾问题主要是对电脑上网的过度依赖，这几年来，手机上网已越来越普遍。由于手机的便捷性、普及性，青少年对它的依赖更甚于电脑上网。根据韩广播通信委员会发布的消息，截至 2012 年 6 月，韩国青少年（5～19 岁）智能手机的普及率已达到 67%，比 2010 年末（7.5%）增长了约 8 倍。在小学生中有 48% 的人拥有智能手机，在初中生中这一比例为 76%，高中生则为 77%。而沉迷于智能手机的学生数量也急剧增长。根据韩国行政安全部 2012 年 3 月发布的资料，2011 年韩国青少年智能手机中毒（指沉溺于手机，影响日常学习和生活）的比率为 11.4%，已经高于电脑中毒的比率（10.4%）。这需要政府及时更新调查和研究的数据，做出更好的项目规划，以应对数字化时代越来越严峻的形势。为满足对咨询和预防服务不断增加的需求，首尔市政府需要提供更多的咨询中心和更多的服务。

4. 缺乏对网瘾问题的支持研究和相关知识。网瘾问题在学术界存在争议，有学者认为它是一个假问题，世界上并不存在网瘾中毒的现象。而研究此问题的学者成果较少，缺少说服力，治疗手段不多，因此，需要中心不断试验不同的方法，以提高预防和治疗效果。

（三）努力方向

1. 积极扩大项目的全球影响力。目前"'I WILL'中心"工作已走上正轨，首尔市正设想将该项目打造成处理青少年网瘾中毒预防和咨询的示范项目，他们正在扩大该项目在全球范围内的影响力。如积极参加 2012 年广州国际城市创新奖的评选；同年广津"'I WILL'中心"、明知"'I WILL'中心"参加亚洲青少年领导 workshop，向中国台湾、越南和印度尼西亚介绍了"首尔市网瘾中毒应对政策"项目；制作了"'I WILL'中心"宣传介绍片等。

2. 应对手机网络中毒新情况，开发新的服务项目。2013 年以来中心已设计有针对性的项目解决新出现的智能手机网络中毒问题。2013 年 7 月，召开了关于青少年手机网络过度使用应对及预防政策案例发表会，商讨和研究青少年手机网络过度使用的情况及对策。另外，从 2014 年 2 月起，中心开始启动新的针对性项目，试运营家长引导青少年正确使用手机网络项目。

3. 与医院合作，增加了专业性的健康服务内容。2013 年 9 月，首尔市政府已联系十几家医院,与专业机构合作,为网瘾青少年提供专业的医疗服务。

四 项目的创新经验对广州的启示

韩国首尔市的创新项目,对于正在探索社会创新管理的广州来说,较具有借鉴意义。广州市与首尔市在人口规模、社会结构、社会问题症候方面较为相似。广州同样也面临青少年教育的诸多问题,青少年网瘾中毒问题同样突出。过去,政府对网瘾问题的重视不够,介入较少,服务更缺,网瘾问题成为家庭个人事务,缺乏社会干预和帮助,家庭悲剧时有发生。另外由于缺乏管制和引导,网瘾治疗机构鱼龙混杂、竞争无序,反而造成了对青少年的二次伤害。这一教训充分说明了政府在社会问题治理中不能缺席。当面对诸多社会问题时,政府如何顺应社会要求?如何介入社会治理?如何实现社会治理的效率最大化?通过对这一项目的调研,课题组认为广州市从韩国首尔项目中可以得到社会创新管理的诸多启示。

(一) 民生对象分众化,服务手段人性化

目前广州市正在下大力气做民生工程,解决民生问题。我国地方政府政策的安排,往往以社会保障、医疗、教育等为突破口,从大处入手,投入大,见效快,受惠人群多,确实取得了较大的成绩,但民生工程也存在个性化服务少、细节关注不够等缺陷。广州市也应将民生工程向对象分众化和服务手段人性化的方向发展。服务对象分众化,是指市民面临的问题并非铁板一块,不同群众面临不同问题,需要各职能部门根据本部门职能范围,从小处入手,制订人民群众最关心、市场无法解决的公共事务的小计划,使民生工程更接地气,更体贴入微。韩国首尔市的这一项目由首尔市政府妇女和家庭政策科以及青少年科发起。关注青少年网瘾问题,虽然不如社会保障等问题大,但既是地方政府的职责所在,亦体现了其为民服务的用心。另外,服务手段更人性化。当提供的服务涉及个人隐私及未成年人时,应采取相应的措施保护当事人。首尔市这一项目采取了人性化的管理方式,以照顾青少年的隐私。如工作人员将提供医疗健康服务的场所布置成家庭样,以照顾青少年和家长的情绪;同时将咨询服务中心装修成一个普遍咖啡厅模样,以打消青少年的顾虑,也保护了个人隐私。

（二）发挥非政府组织在提供社会服务中的作用

首尔市这一项目由政府出资，以政府委托非政府机构提供服务的形式进行，非政府机构在其中发挥了重要的作用。如六个"'I WILL'中心"全由民间机构负责。政府发挥监督和服务双重功能：每月一次与各中心负责人交流和会谈；不定期走访各中心；与学校等协商培训情况；寻求政府政策的完善等。

首尔项目的实施不但得益于政府的推动，也得益于非政府组织的积极参与。项目实施充分体现了社会治理主体的多元化特性。这一治理特性是当前全球社会治理发展的大趋势，即社会治理主体已从"单中心"（政府）转变为"多中心"。"多中心"治理模式能有效地发挥政府和非政府组织的优点，克服政府失灵等缺陷，提高社会治理的效率。

我国也正在积极发挥非政府组织的功能，探索社会治理的新模式。近几年来，广州市探索通过政府购买服务，让非政府组织参与社会治理，积累了一些经验，但也出现了一些问题，如非政府组织良莠不齐、高素质的专业化社会工作者人才紧缺、政府管理走过场和不到位、购买过程中寻租现象时有发生等。这些问题，如人才和非政府组织本身质量问题需要较长时间的培训和完善，而政府部门管理的改善则既可以在短期内形成一个良好的非政府组织成长环境，又有利于新型社会治理模式的形成，提高社会治理的效率。怎样实现政府部门与非政府组织在治理中的协调合作和管理监督？首尔市项目的经验可资借鉴。一是改变政府部门高高在上、将非政府组织看作自己下属机构的观念，政府部门应平等对待非政府组织，合力推动社会服务工作的开展。二是改变政府部门监督走过场的做法，变预期性监督为不定期监督。广州应改变靠评估来管理的单一做法，借用不同渠道，不定期地加强监督，提高服务水平，共同促进社会管理模式的创新和水平的提高。三是制定相关法案条例，加强对非政府组织的管理。广州在管理非政府组织时，不能单依靠行政手段，而需要借助法律手段，加强对非政府组织的管理。

（三）政府职能部门间的配合和合作，有利于政府资源的集约配置和服务效率的提高

信息时代，社会发展瞬息万变，出现的公共问题日益复杂，政府治理

的难度提升。社会服务涉及面广、牵涉到的部门更多，对政府的协同水平和合作能力考验更大。"一个和尚有水吃，三个和尚无水吃"，当治理主体牵涉多个部门时，很容易出现踢皮球、互相推诿的现象，这也是我国民间出现调侃"相关部门"段子的深层客观原因。

首尔的"'I WILL'中心"项目建设涉及多个部门：既包括了青少年科、妇女和家庭科，也涉及教育厅，还涉及中央政府。虽然也存在踢皮球等合作不畅的现状，但在一定程度上也取得了成效，如"'I WILL'中心"积极利用中央政府每年的网瘾中毒尺度表在学校展开调查，确定儿童和青少年网瘾中毒高危人群。中央政府根据调查结果也能制定出更加有针对性的相应措施，因此十分乐于与"'I WILL'中心"合作。研究资料以及项目课程的交流也一样，中央政府机关与"'I WILL'中心"相辅相成，中央政府与地方政府相互合作，充分发挥自身优势，节省了成本，实现了协同效果的最大化。同时，首尔市"'I WILL'中心"通过与首尔市教育厅紧密合作，让学校腾出课堂时间进行预防教育，成功地在学校确立了预防教育系统。与教育厅的联系，可以克服面谈初期青少年面谈的非自发性、前往面谈室的不便性等大部分障碍因素。

政府部门如何突破机构设置瓶颈，提高治理效率是当前需要深思的问题。国际上，英国政府通过设立"不管部"以处理职能界限模糊的事项。当前，职能界限模糊的事项越来越多，政府改革越来越迫切。广州市行政审批制度改革走在了全国前列，未来也可在部门的协同性上探索独到的改革新经验。广州市除了在政府机构设置和职能划分上进行改革探索外（如大部制改革），也可以探索提高部门内部协调能力的方法。如可以通过法规条例的形式规范行政行为、形成协调机制、追究行政责任等。

附录一　首尔历史和现状概述

首尔（Seoul），位于韩国西北部的汉江流域，朝鲜半岛的中部，是韩国的首都和政治、经济、科技、文化中心，韩国最大的城市，也是朝鲜半岛最大城市，前称汉城。2005年1月19日，时任韩国首都汉城市市长李明博在新闻发布会上宣布，汉城市的中文名称正式更改为"首尔"，昔日的"汉城"名称不再使用，正式名称为首尔特别市。不含溢出之卫星都市区、仅行政区内人口即达1000多万。以首尔为中心的韩国首都圈（亦称首尔首都圈，包括仁川广域市和京畿道的大部分地区），人口则达 2300 万，目前韩国近一半的人口居住于此。都市圈内的大型商圈数量和铁道系统密度等皆位居世界各大型都会区前茅。虽然首尔的国土面积仅占韩国的 6%，但其 GDP 却占韩国 GDP 的 21%。首尔是世界十大金融中心之一，世界重要的经济中心，物价昂贵，消费者物价指数排世界第五，在亚洲仅次于东京。2008 年，首尔被《福布斯》杂志列为世界第六大经济城市。首尔也是世界设计之都和一个高度数字化的城市，网速世界第一，另外其数字机会指数也排名世界第一。1988 年和 2002 年，首尔曾成功举办 1988 年夏季奥林匹克运动会和 2002 年世界杯足球赛。

韩国首尔现任市长为朴元淳（1956 年 3 月 26 日 – ），律师，2014 年其新书《倾听》推出中文版。

附录二　网瘾治疗案例

基本资料：初一（1），男

家庭关系：父（44），母（44）

参加网络治疗学校的契机：常去网吧，人际交往有困难，母亲申请参加集训

主要哭诉问题（包括网瘾中毒问题）

——父母的哭诉问题：因为孩子自己受到很大压力，食欲不振，寝食不安。

——面谈者的哭诉问题：网络越玩越上瘾，停下来的话觉得无聊没事干。人际交往有困难。

面谈者的长处源

——对孩子非常好的父母

——面谈者真诚敞开心扉

——面谈者有真诚的一面

——有过在一个月内减少玩游戏频率的成功经验

——非常热爱足球

——没有特别的压力，只是因为无聊以及想交朋友才玩电脑游戏

面谈和治疗（以面谈治疗介入和改善事项为中心）

——对于常上网的理由进行了探讨（为了朋友而上网，虽然非常喜欢踢足球，但是找不到一起踢球的朋友，为了维持朋友关系，只好去网吧和朋友们一起打游戏）

——探讨了过去遭排斥的经历，把握了因此而萎缩的面谈者自我像

——把握了情感调节不妥生气时对父母无理取闹甚至会骂人的情况

——探讨了面谈者对于最近父亲发火生气的看法（因为自己玩笑开得太过分或者顶撞母亲，父亲才发火）

——很在意一直不停的母亲的唠叨，因此而觉得在家不舒服不自由。对于该部分父母已经谅解（母亲与孩子的争吵，演变为父亲与孩子的争吵）

——认识到父母是非常爱自己的

——家庭面谈时，父母理解了孩子去网吧的原因，面谈者表示将通过增加学习英语的时间，来调节平衡玩游戏的时间

——父亲因为孩子经常不遵守约定的回家时间而生气，面谈者因之前有过遭朋友们排斥的经历，常常要等到朋友们都结束了一起走的时候才回家。他把由此带来的不安和害怕向父母倾诉，双方都互相对对方有了新的理解和认识

——与校园暴力有关，现已提请校园暴力对策自治委员会立案调查，校园暴力导致的负面连锁反应令人担忧，对应对方案进行了探讨

——玩游戏时想要追加时间的话，需要说明理由并得到同意，并要在时间到的 10 分钟前说明理由，双方就此达成协议（使用计时器）

——母亲过分干涉，虽把对面谈者的管制权利交给了哥哥，但是哥哥企图通过暴力的手段来压制弟弟。父母面谈时，说明了面谈者的心理情况，建立了父母—子女的上下位体系。探讨了通过身体接触来表达爱意的方法。让父母了解了面谈者玩的"部落战""升级战"是什么，为什么不让玩他会发火。与哥哥的关系由父亲出面来调和

成果（以参加集训前后的生活变化为中心）

——在事后成果调查中显示，生活满足度一直保持着 4 分。上网时间也从以前的平日 5 小时周末 3 小时逐渐减少为平日 2 小时，1 小时，甚至

没有上网

——上网信念 62 → 58，忧郁 45 → 37，自我控制 63 → 56

——集训前会骂父母甚至随意使用暴力，集训后没有再出现过这种愤怒行为

——父亲在两兄弟之间扮演仲裁的角色，母亲努力进一步理解孩子，与他们交流感受，关系正在进一步改善

——集训以后，试过因为家庭矛盾而离家出走并且联络了导师。导师一见面就让他回家，不要离家出走。这次的经历对面谈者起着积极的作用，并成为给他们家庭带来安定的契机

——集训期间对于丰富多彩的活动非常满意，表示集训非常好

——朋友逐渐变多，与哥哥的关系有所改善，表示非常开心认识了集训导师

——上网信念 48 → 44，忧郁 35 → 30，自我控制 60 → 46

——游戏时间 1 小时 1 小时地减少着。

——集训后的三次后续聚会一次都没有缺席，不仅如此还每次都提前 20 分钟到，由此可见他对于后续聚会怀有很大的期待

——后续聚会上问到之后会不会定期地有此类的活动，表现出还想继续参加的强烈意愿

附录三　网络中毒测量表

青少年网络中毒自测表

年　　月　　日

学校　　　年级　　性别（男，女）　　姓名

序号	项目	完全不符合	不符合	符合	非常符合
1	因为上网导致身体状况有所变差				
2	相比于线下，线上肯定我的人更多				
3	无法上网时觉得生活了无生趣				
4	刚刚下线又想上网				
5	上网过度以致头疼				
6	比起现实生活，在网络上遇到的人更容易了解				

续表

序号	项目	完全 不符合	不符合	符合	非常 符合
7	无法上网时觉得坐立不安、焦躁				
8	尝试减少上网时间但失败				
9	试过因为上网导致计划的事情没有如期完成				
10	即使无法上网也不会觉得不安				
11	时常有必须减少上网时间的想法				
12	试过想要隐瞒上网的时长				
13	不上网的时候不会想起要上网				
14	身边的人说我上网过度				
15	因为上网花了更多的钱				

青少年网络中毒自测尺度

评分 方法	[1阶段] 按项目	完全不符合：1分，不符合：2分，符合：3分，非常符合：4分 ※ 但是，第10、第13题实施如下的逆评分 <完全不符合：4分，不符合：3分，符合：2分，非常符合：1分>
	[2阶段] 按总分及 因素	总　　分□ ① 1~15题合计 因　　素□ ② 第1因素（1，5，9，12，15题）合计 ③ 第3因素（3，7，10，13题）合计 ④ 第4因素（4，8，11，14题）合计
高危险 使用者 群体	中学生	总　　分▶ ① 44分以上 因　　素▶ ② 第1因素15分以上　③ 第3因素13分以上　④ 第4因素14分以上
	小学生	总　　分▶ ① 42分以上 因　　素▶ ② 第1因素14分以上　③ 第3因素13分以上　④ 第4因素13分以上
	判定：符合①类，或者同时满足②~④类	
	上网给日常生活带来了非常大的障碍，出现了自我反省和抑制现象。人际关系大部分是在虚拟空间上建立的，觉得相比线下，线上的交往更加自然。上网时间方面，初、高中生一天大概四个小时以上，小学生大概三个小时以上，初、高中生连睡眠时间也减少五个小时左右。另外，常有内心不安、忧郁的情绪，冲动性和攻击性偏高。现实生活中社交出现障碍，常常感觉到孤独 ▷网络中毒倾向极大，急需相关机构提供专门支援与帮助	

	中学生	总　分 ▶ ① 41~43 分 因　素 ▶ ② 第 1 因素 14 分以上　③ 第 3 因素 12 分以上　④ 第 4 因素 12 分以上
	小学生	总　分 ▶ ① 39~41 分 因　素 ▶ ② 第 1 因素 13 分以上　③ 第 3 因素 12 分以上　④ 第 4 因素 12 分以上
潜在危险 使用者 群体	判定：符合①~④ 中任何情况之一	
	虽然相比高危险使用者群体属于较为轻微的水平，但是也给日常生活带来了一定的障碍，网络使用时间持续增加。学业方面有可能出现困难，虽然内心有不安，但是绝大部分人觉得自己没有任何问题。大体上看，初高中学生上网时间 1 天大概 3 个小时，小学生大概两个小时。部分情况下缺乏计划性，自我调节有障碍，自信心下降 ▷使其意识到上网过度的危险，努力自我调节，有计划地使用手机。小心注意网络中毒，遵循学校及相关机构提供的健康上网活动方针	
	中学生	总　分 ▶ ① 40 分以下 因　素 ▶ ② 第 1 因素 13 分以下　③ 第 3 因素 11 分以下 ④ 第 4 因素 11 分以下
	小学生	总　分 ▶ ① 38 分以下 因　素 ▶ ② 第 1 因素 12 分以下　③ 第 3 因素 11 分以下　④ 第 4 因素 11 分以下
一般 使用者 群体	判定：①~④ 类全部符合	
	初高中生上网时间大约 1 天 2 小时，小学生大约 1 个小时。大部分觉得自己不存在网络中毒的问题。认为心理情绪或者性格特性方面没有存在特别的问题，自己能够很好地自律。与身边人的人际关系自己也觉得顺利，没有感觉到孤独或者无助 ▷不时地对是否正确使用网络进行持续性的自我检查	

青少年手机中毒自测表

年　　月　　日

学校　　　　年级　　性别（男，女）　　姓名

序号	项目	完全不符合	不符合	符合	非常符合
1	因为过度玩手机导致在校成绩下降				
2	比起与家人朋友在一起，更加享受玩手机的时间				
3	不能用手机的话觉得痛苦难耐				
4	尝试减少使用手机的时间但失败				
5	因为玩手机导致计划要做的事（学习、作业以及补课等）没有如期进行				
6	不能用手机的话，会有失去了整个世界的感觉				
7	没有手机时觉得坐立不安、焦躁				
8	可以自我调节使用手机的时间				
9	试过用着用着手机突然被批评				
10	就算没有手机也不会觉得不安				
11	玩手机的时候，尽管想着不能再玩了，可是依旧继续				
12	因为太经常或者长时间玩手机受到家人或者朋友的指责				
13	玩手机没有妨碍到学习				
14	不能玩手机的时候陷入恐慌				
15	投入大量时间玩手机已成为习惯				

青少年手机中毒自测尺度

评分方法	[1 阶段] 按项目	完全不符合：1 分，不符合：2 分，符合：3 分，非常符合：4 分 ※ 但是，第 8、第 10、第 13 题实施如下的逆评分 <完全不符合：4 分，不符合：3 分，符合：2 分，非常符合：1 分>
	[2 阶段] 按总分及因素	总　　分 ▶ ① 1~15 题合计 因　　素 ▶ ② 第 1 因素（1，5，9，12，13 题）合计 ③ 第 3 因素（3，7，10，14 题）合计 ④ 第 4 因素（4，8，11，15 题）合计

续表

高危险 使用者 群体	总　分▶①45分以上 因　素▶②第1因素16分以上　③第3因素13分以上　④第4因素14分以上
	判定：符合①类，或者同时满足②~④类
	使用手机给日常生活带来了非常大的障碍，出现了自我反省和抑制现象。大部分的人际关系通过手机维系，存在不道德行为和莫名的巨大期待，表现出执着于使用特定的应用程序或者功能的特性。手机已经成为日常生活的一部分，觉得没有手机的日子片刻难耐。因此，手机已经导致学业和人际关系出现障碍，自我感觉到陷入手机中毒。另外，常有内心不安、忧郁的情绪，感觉人际交往和情绪自我调节有困难，常常会莫名地冲动。现实生活中社交出现障碍，常常感觉到孤独 □ 手机中毒倾向极大，急需相关机构提供专门支援与帮助
潜在危险 使用者 群体	总　分▶①42~44分 因　素▶②第1因素14分以上　③第3因素12分以上　④第4因素13分以上
	判定：符合①~④中任何情况之一
	虽然相比高危险使用者群体属于较为轻微的水平，但是也给日常生活带来了一定的障碍，手机使用时间超出实际需要。学业方面有可能出现困难，虽然内心有不安，但是绝大部分人觉得自己没有任何问题。大部分情况下缺乏计划性，自我调节有障碍，自信心下降 □ 使其意识到过度使用手机的危险，努力自我调节，有计划地使用手机。小心手机中毒的危险
一般 使用者 群体	总　分▶①41分以下 因　素▶②第1素13分以下　③第3因素11分以下　④第4因素12分以下
	判定：①~④类全部符合
	大部分觉得自己不存在手机中毒的问题。认为心理情绪或者性格特性方面没有特别的问题，自己能够很好地自律。与身边人的人际关系自己也觉得顺利，没有感觉到孤独或者无助 □ 不时地对是否正确使用手机进行持续性的自我检查

Seoul: Intervention on Internet Addiction and Government Responsibility

Guangzhou Development Research Institute of Guangzhou University

Abstract: To solve social problems of proliferation of adolescent internet addiction in the process of urban digitization and improve the quality and level of government services, Seoul established an internet addiction prevention and counseling center named 'I WILL' Center for children and adolescents. This center has effectively suppressed the spread of internet addiction among students in Seoul. This project has enlightened Guangzhou in the following three aspects: (1) classify civil's livelihood and humanize government service; (2) stress the role of non – governmental organizations in the provision of social services; (3) coordinate and cooperate between the government functional departments to improve the efficiencies of government's resource allocation and service provision.

Keywords: internet addiction intervention, government responsibility, non-governmental organizations, intensive resources allocation

锡尔赫特：非政府组织与灾难治理

——孟加拉锡尔赫特市创新项目对广州的启示

广州大学广州发展研究院课题组 *

摘　要： 为应对飓风、洪水等孟加拉国常见的自然灾害，孟加拉锡尔赫特市社区有效减灾动员项目，在提高居民防灾减灾意识及制度化治理上取得了较好的成绩，为预防和应对城市灾害提供了新的治理模式。该项目在以下 4 方面对广州有所启示：（1）减灾防灾等应急任务从过去主要由政府承担，改为主要依托非政府组织承担；（2）鼓励多样化的非政府组织发展，培育从事防灾减灾工作的非政府组织；（3）加强政府对非政府组织的监督与服务，保障非政府组织的健康发展；（4）鼓励本地非政府组织参与国际志愿行动，提升城市软实力。

关键词： 灾难治理　减灾动员　非政府组织　国际志愿行动

孟加拉锡尔赫特市社区有效减灾动员项目（以下简称"减灾项目"）自 2007 年在锡尔赫特市实施以来，已在提高居民防灾减灾意识及制度化治理上取得了较好的成绩，为预防和应对城市灾害提供了新的治理模式。2012 年该项目从全球 255 个候选项目中脱颖而出，使锡尔赫特市入围第一届"广州国际城市创新奖"（下文简称"广州奖"）提名城市，成为 15 个提名城市之一。

一　社区有效减灾动员项目的缘起

（一）锡尔赫特自然灾害多发，但居民灾害意识较弱

孟加拉国是世界上最容易遭受自然灾害的国家。飓风、洪水是孟加拉

---

　　* 执笔：黄旭、汪文姣。

国常见的自然灾害，常常对全国经济和人民生活造成很大影响。孟加拉国位于地震带，其中 2/3 有大的断层。近几十年来，孟加拉国的地震发生频率呈上升趋势，两次地震之间的间隔越来越密（参见表 1），地震发生概率增大。

表 1　影响孟加拉国的主要灾害一览表

灾害类型	发生时间 （年 月 日）	灾害级别	灾害损失
地　震	1918.7.18	7.6	主要影响达卡以外地区，锡尔赫特也在其列
	1930.7.2	7.1	主要影响朗布尔地区
	1997.11.22	6.0	导致吉大港市较小损失
	1999.7.22	5.2	发生在海边，导致了房屋的倒塌
	2003.7.27	5.1	发生在兰加马蒂地区
	2011.2.4	6.4	国家的大部分地区有震感
飓　风	1970.11.12	—	影响孟加拉全境，30 万人遇难，财产损失超过 10 亿美元
	1991.4.29	—	孟加拉国沿海地区遭受飓风袭击，14 万人遇难，财产损失超过 20 亿美元
洪　水	1988.8～9 月	—	洪水淹没了 52 个地区 89900 平方公里的土地，占国土总面积的 3/4，1517 人遇难
	1998.7～9 月	—	此次洪水是有历史记录以来情况最糟、历时最长的一次，淹没土地 10 万平方公里，毁掉近 10000 公里长的道路、4000 公里长的堤坝和超过 2000 座桥梁，损坏房屋 100 多万所，3100 万人口直接或间接受灾，整个国家的经济几乎被摧毁

因其特殊的地理位置，由 27 个行政区组成的锡尔赫特市位于地震带上，是孟加拉国最容易受灾害侵扰的地区之一。150 年来，锡尔赫特遭遇过 3 次里氏规模 7.5 级以上的大地震，最近一次发生于 1918 年。

然而，锡尔赫特居民对灾害的认识非常浅显，对如何防范灾害一无所知。调查显示，锡尔赫特市居民识字率不到 70%，就学率更是低至 60%，许多人因未受过教育不识字，无法接触到防范灾害的知识。加之重经济重商业的社会氛围的影响，人们更多追求个人利益，缺少社会的合作精神和黏合度（而灾害减少需要同心协力），进一步弱化了人们同心协力共抗灾害的意识。另外，锡尔赫特居民缺乏必要的防灾演练，社区也缺乏避难设施和教育，一旦发生地震或者火灾，人们惊慌失措，后果不堪设想。由此可见，提高城区居民应对灾害威胁的意识和能力迫在眉睫。

（二）城市化快速发展，但城市公共资源薄弱

近几年来，锡尔赫特经济得到了快速发展，城市人口不断增多，但城市的快速发展，并没有带来城市公共设施的同步发展，锡尔赫特的水、电、气、路、电信等各类基础设施相当薄弱。在贫民区里，这些基础设施甚至没有。比如电力供应短缺，严重依赖自备发电机；经常性停水，水质不佳；天然气供气压力不足、不纯；交通秩序混乱、拥挤；缺乏普及的消防设施等。基础设施薄弱严重影响了人们抵御灾害的能力。如锡尔赫特非常容易发生水灾，并非其降水量比其他地区多，而是因为城市基本无排水系统；而城市公共卫生设施缺少也导致流行病更容易发生；等等。

（三）政府治理能力有限，灾害应对措施缺乏

导致锡尔赫特政府治理能力有限的主要有两个原因。

一与其体制有关。孟加拉国政府实行议会共和制，各市政府由民主选举产生。虽然这一体制实行多年，但孟加拉国并没有成长为成熟的民主国家，相反，政治失败随处可见：多党制下的机会主义政治体系、缺位的治理、拖沓的决策机制以及政治动荡和社会失序等。据有关机构调查，在1990~2001年的11年时间里，孟加拉国各主要政党之间发生的政治冲突多达2423起。在一个贫穷落后的国家，政府长期陷入政治斗争的困局，基本无暇顾及社会治理工作。锡尔赫特市制属于城市合作制，市政府由委员会管理，设主席1名以及委员20名，同样也面临政治冲突，游行示威罢工经常发生。在一个不成熟且贫穷的国家，单有民主的形式，照搬民主体制并不能解决人民生存问题，使人们过上有尊严和自由的生活，相反，导致了经济发展的缓慢，城市公共建设举步维艰。

二与其经济基础有关。政府因为受制于政体的局限性，调用经济资源的能力有限，加之经济基础本身不足，不可能集中资源解决社会问题。

孟加拉国政府虽然从国家到村各级都建立了紧急备灾机构，但由于其治理能力的不足，政府在治理、预防和应对灾害问题上存在缺位和不作为问题。如全国没有制定建筑物防震标准，据非政府组织统计，在锡尔赫特

市的 52000 栋建筑中，就有 24000 栋建筑不符合防震标准，被定为危险级别。

二　社区有效减灾动员项目的实施主体

社区有效减灾动员项目的实施主体是孟加拉国的非政府组织——伊斯兰国际救援组织（Islamic Relief Worldwide，简称 IRW）。政府在项目推行过程中，既不提供资金，也不具体指导工作。政府与项目之间的协作仅限于：与该项目相关的政府部门应项目邀请，担任顾问，或提供活动援助（如火灾演习时，提供场地、消防器材等），或接受非政府组织提供的政策建议。项目的选择、推行、实施等完全由非政府组织主导。

非政府组织主导该项目，与当前孟加拉国对非政府组织的开放态度有关。20 世纪末，孟加拉国政府一改过去对非政府组织警惕和限制的态度，加大了对非政府组织的支持力度，如采取了简化非政府组织的登记手续，允许国际非政府组织在境内活动，允许非政府组织接受境外资本捐助等措施，这些政策的推行使孟加拉国境内的非政府组织发展迅猛，从就业人口可窥见非政府组织的数量与规模。孟加拉国是个农业国家，工业的从业人数只占 8%，相反，NGO 从业人员却接近 20%。而且，非政府组织从业人员大多素质高，受过良好教育，有着良好的前途，更加大了非政府组织对政府的影响力。非政府组织已成为贫困治理、灾难援助等领域的中坚力量，是社会治理的主力。

承担该项目的伊斯兰国际救援组织是享有较高国际影响力的国际救援慈善机构。它成立于英国，因与孟加拉国的宗教一致，且因孟加拉国与英国的特殊关系，较早就已在孟加拉国设有分部，已连续多年在孟加拉国推动防灾减灾工作的开展，起到协助和监管非政府组织的作用。

三　社区有效减灾动员项目的理念及实施过程

（一）项目的理念

孟加拉伊斯兰国际救援组织 2007 年在锡尔赫特启动城市减灾项目，该项目的资金来自欧盟人道援助和市民保护委员会，该机构制订的《第六次欧盟委员会灾害预案人道主义援助办公室行动计划》为南亚地区减灾行动提供为期 18 个月的资金支持，孟加拉伊斯兰国际救援组织利用这一资金启动了锡尔赫特的减灾计划。减灾计划的目的在于通过提高城市居民的意识和增强他们有效应对危机的能力来减少灾害对他们的生活造成的危险。其创新理念体现在两个方面。

（1）提高居民灾害意识是减少灾害影响的关键。因为地震、洪水、火灾并非每天发生，人们很难积累这方面的经验。通过培训教育、演习等活动，可以增强民众认识和应对灾害的能力。

（2）IRW 推动了减灾的制度化发展。为了更好地提高减灾项目的可持续性，该组织注重建立和培育长期的地方性减灾志愿力量。

（二）项目实施过程

减灾项目由孟加拉伊斯兰国际救援组织执行，项目的推行主要分为三个步骤。

第一步，开始阶段。IRW 在不同的社区组建项目启动工作室，工作室向居民宣传项目目标，向社区团体组织者讲述其在项目中的作用。这个阶段主要是使社区团体组织者明白他们将要执行的任务，以及使他们意识到与任务相关的议题，并最终动员和培训他们承担减灾计划中的领导职能。

第二步，巩固阶段。孟加拉伊斯兰国际救援组织组成了以不同的共同体为基础的团体（community - based group），比如在每个行政区成立了行政区灾害处理委员会（WDMC）、社区志愿者团体（CVG），在每所学校成立了学校灾害处理委员会（SDMC）。该项目通过定期会议、灾害评估、减灾开发行动计划、社区自发行动和项目干预等手段在这些社区团体中建立协调机制。通过培训这些组织的领导者，IRW 将减灾计划的相关任务分配给这些团体，这些团体指导社区制订减灾计划，评估灾害的危害和减灾的能力，准备应急计划，以及通过必要措施开发本地区的减灾行动计划等。在这个阶段，相关灾害知识和技能也将通过培训传授给共同体中的相关人员（图1）。这些培训包括减灾的基础培训、城市灾害评估、急救知识、应急搜索和援助、学校安全、用火安全、宗教领导人的培训以及安全器材运用的培训等。相关的器材如灭火器等也会分配给各共同体。

第三步，收尾阶段。通过前两个阶段对组织者和普通居民的培训，以共同体为基础的团体和社区团体的组织者等相关人员以及服务提供者之间

图1　IRW 为减灾项目制作的小册子等宣传品

已建立了长期稳固的联系。即使这个项目已结束，这些团体和相关人员之间的合作也会继续，这确保了减灾项目会继续推广至全市。因为通过培训，共同体的成员或团体已完全掌握了项目推动的技术，并承担起了维护共同体安全的责任。这点不但能确保项目的成功推动，而且也保证了行动的可持续性。

（三）志愿团体的作用和关系

目前，在锡尔赫特减灾计划中形成的各类团体，功能齐全，结构完整。这些团体在减灾项目中承担了一些具体的角色和责任，但各团体间又建立了较强的合作机制。

1. 行政区灾害处理委员会（Ward Disaster Management Committee，**简称** WDMC）

WDMC 是依照政府及城市灾害处理委员会的架构成立的，城市灾害处理委员会是政府灾害处理委员会的最低层机构，而 IRW 则在市级以下的行政区设立类似的机构，目的是在相关政府机关间建立联系，并关注政府一级灾害处理委员会的需要。WDMC 由愿意提供志愿服务，且在共同体中有较大影响，与其他共同体成员关系良好的人员组成。通常包括了行政区官员、教师、不同政见者、工程师、医生、服务提供商、地方志愿者团体领导人、宗教领导人等。WDMC 在减灾项目中承担领导责任，它制定政策，在政府相关部门和其他为减灾项目服务的团体间架起沟通桥梁，它也利用自身的资源支持社区志愿者和其他团体的相关活动。

2. 社区志愿者团体（Community Volunteer Groups，简称 CVG）

CVG 协助 WDMC 工作，是其支持机构，其成员直接与社区人员联系。每个行政区的志愿者团体都包括了一些有高度活动能力和热情、愿意参与的志愿者，他们挨家挨户，或者直接到单位宣传减灾方法，提高其防灾意识，安排例会说明减灾活动计划等，因此，CVG 是整个项目执行过程中的核心和关键。他们也介绍一些志愿者或其他成员加入 WDMC 组织。

3. 社区团体（Cluster/Mohallah groups）

社区团体由直接受灾害影响的人群组成。他们开始并不具备基本的应对灾害的知识和技能，通过 CVG 开展的活动如演习、翻页纸、纪录片、展示板、家庭选购单、连环画、传单等提高了灾害意识和应对能力。通过培训，他们能将这种能力和理论应用到实践，真正掌握应对之策。

4. 学校灾害处理委员会（School Disaster Management Committee，简称 SDMC）

IRW 非常重视学校在减灾项目中的作用，因为学校是青少年集中地，而青少年是应急灾害事件中最脆弱的群体。同时青少年善于学习，通过他们能更有效地将灾害知识和技能传播到家庭和社区。另外通过学校教育，可以培养有防灾意识的新一代。SDMC 主要由学校教师、学生以及监护人组成，SDMC 将防灾知识和技能编入学校日常教学中，也通过举办演练、制作图片、举行比赛等形式对学生进行培训（图 2）。

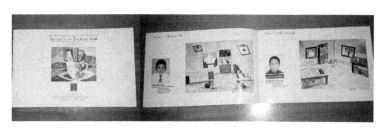

图 2 当地艺术学校组织的关于地震灾害知识的绘画比赛获奖作品集

除了这些 IRW 自建的团体外，IRW 也与其他重要的机构如医院、市场、建筑委员会、宗教机构等合作。如 IRW 与政府相关部门一起开展对医生、护士的培训，提高他们对应急事件的反应能力和救护能力。

另外，IRW 也与建筑工人协会、工程师等合作，培训其建造更安全的建筑。IRW 也训练地方宗教领导人，因为领导人有较高的威信，在传播防灾知识上能起较大作用，比如通过宗教活动宣传防灾知识等。

5. 各团体之间的关系

各团体之间为完成项目形成了长期的合作关系和联系（见图3），一是人员的合作。每一个志愿团体都有各社区志愿者的参与，表现较好的及活跃的具有领导潜质的志愿者会进入每个行政区的 WDMC 中，成为项目的领导者。二是事务的合作。WDMC 是所有团体合作的纽带，它既指导和培训志愿团体中的领导，又将各团体的信息归纳集中，向政府及城市灾害处理委员会递交信息，督促委员会采取相应措施。

另外，IRW 也与政府建立了较好的联系通道。这一通道的建立，既与其本身的国际影响力有关，也与非政府组织在孟加拉国整体的影响力有关。非政府组织在孟加拉国享有较高的声望，稳定和优渥的薪水，较好的升职空间，因此吸纳了许多优秀人才的加入，这些人才在孟加拉国有较大的影响力和话语权。另外，孟加拉国是民主体制，政府较为看重民意代表的意见，非政府组织影响大，民众基础好，其意见和建议更容易被重视。因此非政府组织与政府建立了较正式和方便的联系。

IRW 与政府的联系包括：一是选送其成员参加国家防灾减灾的相关培训；二是邀请政府灾害处理委员会的成员担任 WDMC 的部分领导；三是从社区各团体汇集来的减灾计划、安全隐患等信息将由 WDMC 提交给政府灾害处理委员会；四是与其他地方政府机构建立业务合作关系。如举行消防演习时与地方政府的消防局、医院等建立联系，培训工人标准化作业时请

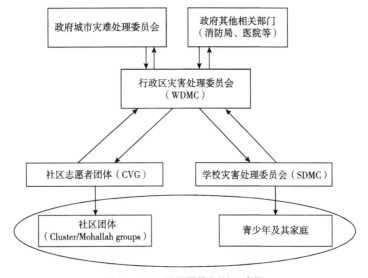

图 3　IRW 项目网络机制示意图

相关建设部门提供场地、请相关官员和专家举办讲座及参与培训等。

IRW 与政府之间、IRW 内部各团体之间建立了相互联系和合作的网络机制。网络机制的建立有助于 IRW 提升其项目执行的能力和影响力，使减灾计划项目获得不同层级机构和不同社区居民的支持和参与。

四 项目的绩效评估及存在问题

（一）项目取得的成果

自从 2007 年 IRW 在锡尔赫特开展城市减灾项目以来，已在 20 个行政区（锡尔赫特共 27 个行政区）中推行了此项目，项目取得了良好的社会效果。

首先，通过培训，社区居民的防灾意识和应对灾害的能力都有了很大的提高。社区居民基本已认识到灾害的危害，了解了社区存在的危险隐患，掌握了防灾的知识，能较熟练地运用减灾器材并掌握了应对措施。

家庭层面：人们已学会采取简单的家庭准备措施，比如取下架子上的重物，写下紧急服务提供者的号码，常备一个急救箱，标出房间里的安全区域等。

学校层面：孩子们现已知道首次地震发生时须采取"蹲下、掩护、抓住"等自我保护措施以及疏散到安全地带的一系列动作，减灾知识也已通过点对点方式传递于孩子们之间和孩子们的家庭之间。同时，由于培训计划的开展，学校已拥有急救和搜救的设备和能力。

社区层面：WDMC 和 CVG 等社区团体的独立性和自主性得到提高，已能独自实施减灾行动。他们通过上门宣传、医疗营、研讨会、仿真演练等活动的开展，提高了公众的减灾意识和减灾能力。锡尔赫特社区居民正在逐渐转变对城市灾害听天由命的看法。目前，锡尔赫特已经被吸纳参与联合国国际减灾战略"建设有抗灾能力的城市"运动，是该国灾害准备最充分的城市之一。

其次，项目的制度化程度提升。孟加拉伊斯兰国际救援组织自《第三次欧盟委员会灾害预案人道主义援助办公室行动计划》实施以来，一直强调减灾制度化的重要性：依托当地的资源建立了以当地社区为基础的团体，以使项目具有可持续性。目前 IRW 组建和培育的社区团体结构齐全，功能完整，保障了项目推动的可持续性。IRW 在行政区一级已建立了训练有素的 WDMC 组织，每个组织由大约 40 人组成。在行政区一级也建立了城市志愿者团体，每个团体也大约有 40 人。目前每个行政区都已完成对城市危险的评估工作。每个学校也已做出减灾教育计划，安排了每月两次的安全课，以及不定期的演练等活动。另外，这些团体活动的组织制度化水平在不断提高。如坚持每 6 个月举行一次抗震建筑论坛，培训工人，以提高建筑物的建筑标准，社区一年举行 1~2 次演练，各团体和应急部门之间的联系和合作在不断加强。

由于项目产生的效果显著，地方政府已认可减灾项目的做法，锡尔赫特市政府已经承认了 WDMC 和 CVG，正全力为他们提供政策上的支持。

该项目减灾制度化的做法也得到了其他非政府组织的认可，并在其他项目中推广实施。比如英国乐施会遵循减灾项目的模式，采纳了减灾项目制度化的理念，也在通过当地合作者 VARD 来推动和组织项目的开展。

（二）存在的问题

然而，锡尔赫特市的减灾项目仍然存在一些困难，其中最重大的困难是：当地居民减灾意识普遍太薄弱，提高其意识的难度较大。造成这一困难主要有三个原因，一是当地很多人没有遇到过或者很少遇到地震等灾难，对其危险性缺乏深刻的感性认识，也没有紧迫性。特别是对地震灾难的认识，更是如此。锡尔赫特已有一百多年没有发生过造成重大人员伤亡、财产损失的地震，使人们认为地震是非常遥远的事情，没必要为此提高意识和付出代价。

二是在锡尔赫特，由于社会处于欠发达状态，人们的第一需求是生存——解决现实的温饱问题，减灾并非最紧迫的需求。

三是当地人宗教观念强烈。在宗教信仰中，居民普遍笃信，因为锡尔赫特是一个神圣的地方，是几大教派的圣地，神会保佑这一地区，不会让其遭受大灾害。

要改变这些观念，提高其防灾抗灾的意识，任务仍非常艰巨。

五 项目的创新经验对广州的启示与借鉴

防灾减灾是每个城市都面临的挑战。锡尔赫特的减灾项目，完全由非政府组织推动。孟加拉伊斯兰救援组织推动的锡尔赫特减灾项目取得的较大的社会影响力，与该组织的国际影响力、当地政府的支持以及项目的本土化运作有很大的关系。广州市虽然在城市发展水平、社会治理结构、政府作用、非政府组织的地位等方面与孟加拉国存在较大差异，但是此项目，对广州市社会治理和软实力的提升仍有较大启发。

（一）减灾防灾等应急任务从过去主要由政府承担，改为主要依托非政府组织承担

该项目最创新的经验，莫过于其社会治理的主体由非政府组织独立完成这一特色。近年来，从学界到政界及民间人士都看到了非政府组织参与社会治理的优势：在传统的政府与社会的二元结构关系中，社会与政府高度整合，政府拥有全权，对社会进步及个人发展负有全责。如果有较完善的非政府组织存在，政府与社会将不再是二元结构，处于关系对立的两端，而是由非政府组织作为社会自治组织，处理部分挑战和矛盾，缓解政府压力，作为政府和公民之间的桥梁和纽带。这样，社会治理将从两个方面缓解政府的压力：一是官民矛盾的压力。非政府组织是政府与公民之间的桥梁和纽带，能有效地缓解官民矛盾，可以有效预防官民矛盾的发生。二是高治理成本的压力。社会治理由政府一己承担，不但任务重，而且效率低。非政府组织参与，可减轻政府责任，减少政府开支，整合社会力量，提高治理效率。

广州市的减灾任务很繁重，据不完全统计，1950 年至 1999 年共发生洪灾 10 次，热带气旋灾害 21 次，旱灾 4 次，3 级以上地震 23 次（广州珠江三角洲地区）。近百年来，广州几乎每年都存在不同程度的自然灾害，且呈不断增长趋势。纵观广州自然灾害的类型，洪涝灾害居于最突出的位置，近 50 年来广州由自然灾害造成的直接经济损失约为 45 亿元，年均灾损占全市国内生产总值的 0.3％，其中洪涝损失约占总灾损的 52.31％。广州防范和应对灾害大多由政府主导，即使这些年已意识到社会力量加入的重要性，也只是允许志愿者以个体的名义加入，而缺乏对非政府组织参与的倡导和支持。如 2008 年出台的《广州市突发地质灾害应急预案》中，虽有"专业应急防治与救灾队伍、武警部队、镇村（社区）应急救援志愿者组织等，平时要有针对性地开展防治与救灾演练，提高应急防治与救灾能力"等表述，但是实际上，应急救援志愿者组织仍由政府部门主导，较

少有非政府组织加入。

广州市应该鼓励真正的非政府组织加入防灾减灾的活动中，提高基层群众对防灾减灾的认识，调动各方的积极性，减轻政府的负担，提升灾难治理的水平。

（二）鼓励多样化的非政府组织的发展，培育从事防灾减灾工作的非政府组织

近年来，广州市正在落实国家积极培育社会组织的倡议，制定了培育社会组织的政策，但是进驻社会组织培育基地的社会组织形式单一，服务社会的项目缺乏多样性和丰富性。目前，社会组织主要的服务项目是社区家庭服务、妇女儿童服务等。防灾减灾的社会组织，特别是防灾组织，因其服务效果短期内不容易显现，若灾害不发生即无法验证等原因，从事此服务的社会组织较少。政府应加强对这类组织的扶持力度，或者对实施防灾减灾项目的社会组织提供专项支持。

（三）加强政府对非政府组织的监督与服务，保障非政府组织的健康发展

孟加拉国政府一直在非政府组织间、非政府组织与政府间的跨国交流与合作中发挥着开创性的作用。孟加拉国政府已建立起系统化的管理模式，对 NGO 进行管理评估。其管理一般来讲有三种方式：①政府设有专门机构按期接收 NGO 的财务报表并进行审核，如果发现有违规行为，立即予以终止；②开发了一系列指标，进行全面风险管理，考核 NGO 的管理水平，包括透明度、问责情况，还有社区参与的程度，衡量非政府组织的技术和技能方面是否合乎标准；③通过从已经建立了良好互信关系的合作伙伴数据库中间接获取材料进行监管。此外，政府还成立了一个 NGO 协调委员会，NGO 和政府各相关部门每年开两三次会。

另外，除了监督，各级政府还为非政府组织提供优质服务，简化登记手续（组织成立自由无限制），（如政府支持 IRW 的工作一样）提供专业技能的支持，相关人力的支持以及尊重和采纳意见建议的支持等。这些支持完全是义务和平等的，无强迫或不作为，对于非政府组织的项目运行，起到了服务作用。

我国目前已在逐步放开对非政府组织成立的限制，广州市在此方面走

在了我国的前列，下一步做好对非政府组织的监督和服务工作是重点。如何监督与服务，广州可借鉴孟加拉的经验，对非政府组织实行财务监督、法律监督、技术监督，提供专业技术和顺畅的信息沟通渠道等服务。这样，非政府组织才能得到良好健康的发展。

（四）鼓励本地非政府组织参与国际志愿行动，提升广州市的软实力

伊斯兰国际救援组织成立于英国，但其足迹已遍布全世界，产生了全球性的影响。伊斯兰国际救援组织在多个国家设有分支机构，2002 年我国也被正式纳入 IRW 的全球计划中，其已在我国先后完成了 24 个项目，内容包括供水、教育、营养、紧急救援、灾后重建、自救创收等，总投资 1120 万美元。因为巨大的影响力，它已成为联合国社会经济理事会（特别部门）成员，英国海外非政府组织发展部（简称 BOND）成员，是国际红十字会、红星月会及救灾非政府组织行为规范的签署方。这既展示了该组织的实力，实际同时也展现了英国人整体的素质和软实力。

我国政府领导人一直倡导要做负责任的大国，这一口号的落实不仅可以体现在政府对全球责任的承担上，也可体现在我国民间社会对全球社会问题的关注和参与上。而且民间社会参与国际事务，更能规避国际社会对我国政府的责难，更能树立我国良好的负责任大国的形象，展现中国人的高素质以及我国的软实力。广州应该在此方面走在全国的前列，一是广州市是我国经济发达地区，社会已积累了丰厚的资金；二是广州人民素来乐善好施；三是广州社会力量发达，社会组织众多。政府应鼓励非政府组织大胆走出国门，到第三世界国家从事慈善等社会服务事业。这不但会扩大广州的世界影响力，提高广州的知名度，为到 2020 年将广州市建成国际大都市添砖加瓦，同时也可为我国的软实力提升尽到绵薄之力。

附录一 孟加拉锡尔赫特市概况

孟加拉锡尔赫特市（Sylhet），位于孟加拉国东北部，于 2009 年 3 月取得孟加拉都会城（metropolitan city）的地位，是锡尔赫特专区及锡尔赫特县的首府及主要城市。锡尔赫特位于苏尔马河（Surma River）谷地旁，周围有杰因蒂亚、卡西、特里普拉等丘陵。

锡尔赫特历史上曾历经不同文化影响并留下遗址。由于 14 世纪时将伊斯兰教带入孟加拉的"圣洁者"夏·加拉勒（英语：Shah Jalal）的陵墓位于城内，因而锡尔赫特有"圣城"之称。在英属印度时期，锡尔赫特被划入阿萨姆邦，历经印巴分治后，锡尔赫特属东巴基斯坦的一部分，现在则由孟加拉国管辖。

孟加拉国是世界上最不发达的国家之一，目前生活在贫困线以下的人口仍有 6500 万人，占全国总人口的 45%，失业人口达 2800 万人，占全国总人口的 19.4%。锡尔赫特的整体情况也是如此，但在孟加拉国，锡尔赫特是最富裕的地方之一。茶园及热带雨林为锡尔赫特地区的特色产业，国外汇款在城市及地区经济成长中扮演着重要角色，资金主要来自海外锡尔赫特人，尤以英国的锡尔赫特社群最显著。锡尔赫特各地商业银行约有 400 亿塔卡的闲置资金，为孟加拉国其他地区所少见。以英国籍孟加拉人为主投资的旅馆、购物中心及高级住宅造就了锡尔赫特商业的繁荣，使锡尔赫特成为孟加拉国最富裕的城市之一。

宗教信仰方面，信仰伊斯兰教者约占总人口的 85%，印度教信仰者占 15%，另有少部分人信仰佛教及基督教，比例小于 0.1%。信仰伊斯兰教者大部分属逊尼派的哈乃斐派，但信仰苏非主义者仍有一定人口。

附录二　伊斯兰国际救援组织

伊斯兰国际救援组织（Islamic Relief Worldwide，简称 IRW）是一个国际救援慈善机构，其宗旨是帮助全球最贫穷人口摆脱贫困和苦难。IRW 是一个独立的非政府组织，于 1984 年创立于英国。

IRW 是联合国社会经济理事会（特别部门）成员，英国海外非政府组织发展部（简称 BOND）成员，是国际红十字会、红星月会及救灾非政府组织行为规范的签署方，也是救助管理与支持守则中"救援者"行为规范的签署方。

IRW 自成立至今一直致力于为全世界不同肤色、不同种族和不同宗教信仰的贫困人口提供救助以解决饥饿、灾难、疾病和扫盲等问题。IRW 的目标是对各种人为或自然灾害提供最有效的及时的救助。此外，IRW 还在有需要的地区建立长期发展项目，在解决当地的贫困、扫盲和疾病问题的基础上，进一步推动社区乃至全社会的可持续发展。为了实现上述目标，伊斯兰国际救援组织在全球 20 多个国家开展了项目，范围从紧急救助延伸至长期发展规划，IRW 已经和计划实施的项目主要覆盖以下几个领域：饮水与公共卫生，健康与营养，教育，生产自救，孤儿资助等。

伊斯兰国际救援组织的基本理念和战略趋向有以下几点。

（1）IRW 不断拓宽救助的区域性和救助对象的广泛性，在全球更多国家和地区设立联络办事处，方便其及时获取消息和启动救助。在中国除甘肃、陕西、新疆、宁夏之外，IRW 已将四川、贵州、青海等省纳入今后 3 年的工作区域内。另外 IRW 实施救助的对象越来越多样化，有更多不同种族、宗教信仰的人受益于 IRW 的全球计划，充分体现了 IRW 平等的人道主义原则。

（2）IRW 加强与其他国际非政府组织、地方非政府组织及政府机构的合作，更好地进行资源共享、信息互通，提高救助的高效性和参与性。

（3）IRW 在继续在全球开展人道主义救助的同时，加强了对地区长期可持续发展的关注。如对受灾地区，加强当地居民防灾、备灾意识，重视灾后重建，提供培训及就业机会，加强灾区人民生产自救能力和重建家园的意识；在教育方面，对社区教师、成年人进行培训，在加强教师队伍素质的同时提供就业机会；在卫生健康方面，加强对妇女的教育，普及公共卫生知识等。IRW 对社区可持续发展的关注体现了其长远的全球发展战略。

Sylhet：Non – governmental Organizations and Disaster Management

Guangzhou Development Research Institute of Guangzhou University

Abstract：In response to hurricanes, floods and other natural disasters in Bangladesh, Sylhet implemented a disaster mitigation project in the community scale. It has achieved positive results in raising awareness of disaster prevention and mitigation and institutional governance. Moreover, Sylhet has provided a new governance model for urban disaster prevention and response. This project has enlightened Guangzhou in the following three aspects: (1) emergency tasks such as disaster prevention and reduction mainly rely on the non – governmental organizations while in the past on the government; (2) encourage diversified non – governmental organizations and foster non – governmental organizations specifically engaged in disaster prevention and reduction; (3) strengthen the supervision and service of government to non – governmental organizations to guarantee non – governmental organizations' healthy development; (4) encourage local non – governmental organizations to participate in the international volunteer actions to enhance the city's soft power.

Keywords: disaster management, disaster mobilization, non – governmental organizations, international volunteering

维也纳：融入新移民项目

——奥地利维也纳市创新项目对广州的启示

广州大学广州发展研究院课题组 *

摘　要：为帮助新移民顺利地融入当地社会，维也纳市实施了"融入新移民项目"，提高了新移民的社会融入能力，帮助新移民更快地适应了维也纳的生活。该项目在以下5方面对广州有所启示：（1）坚持以人为本的管理理念，加快推进基本公共服务均等化；（2）坚持"一视同仁"的原则，采用"区别对待"的方法；（3）成立专门的管理机构，建立统筹协调的管理机制；（4）加强培训辅导，提高外来人口的社会融入能力；（5）发挥社区社会组织的作用，推进外来人口的社区融入。

关键词：新移民　社会融入能力　公共服务均等化　社区社会组织

为帮助新移民顺利地融入当地社会，维也纳市从 2008 年开始实施了"融入新移民项目"，该项目能提高新移民的社会融入能力，帮助新移民更快地适应维也纳的生活。2012 年此项目从全球 255 个"广州国际城市创新奖"（下文简称"广州奖"）候选项目中脱颖而出，使维也纳获得了首届"广州奖"，成为 5 个获奖城市之一，得到了评审团的积极评价和赞誉。

一　城市的历史和现状

维也纳是奥地利的首都，也是奥地利最大的城市和政治、经济、文化中心。维也纳面积 415 平方公里，人口 176.67 万人。维也纳是一个城市，也是一个州，这个州的面积仅占全国领土的 0.5%，但是人口却占到全国的 1/5。

---

　　* 执笔：涂成林、李文。

在欧盟范围内，维也纳是生活质量很高、犯罪率很低的城市。根据经济学人智库 2012 年关于全球宜居城市的排名，维也纳在全球 140 个被评估城市中排名第二，仅次于澳大利亚的墨尔本。而根据美世咨询公司关于生活质量指数的排名，维也纳在 2009~2012 年连续四年排名全球第一，并于 2014 年再度问鼎。

维也纳是联合国四个官方驻地之一，也是石油输出国组织、欧洲安全与合作组织、国际原子能机构的总部以及其他国际机构的所在地。同时，维也纳作为世界音乐之都，也是极具吸引力的旅游目的地。2013 年，维也纳创下接待 1272 万名住宿游客的纪录，其中超过 1039 万游客来自国外，在欧盟范围内仅次于伦敦、巴黎、柏林、罗马、马德里和布拉格。

奥地利号称"欧洲的心脏"，维也纳则是"心脏的心脏"。自古以来，维也纳就是连接东西欧的交通枢纽和来往于波罗的海和亚得里亚海之间的重要通道。由于和中东欧有良好的关系，维也纳被称为"到东欧的跳板"，许多外国大企业以维也纳为据点，开拓中东欧市场。

维也纳是一座移民城市。在维也纳的常居人口中，有一半以上的人是外国人或者具有移民背景。人口多元化是维也纳城市发展的特色之一，这也强化了维也纳作为一座欧洲大都会和国际大城市的形象。同时，维也纳也面临着移民问题带来的压力。移民增长意味着城市在基础设施、教育、住房和医疗保健等多个方面需要有更多的投入，移民人口的多元化也给城市治理带来了新的挑战。

二 创新项目的缘起

移民的大量涌入，既为维也纳带来了活力，也给其社会治理带来了压力。对于维也纳政府而言，如何妥善解决好移民问题，促进移民的社会融入，显得非常关键。以下这些因素正是维也纳实施新移民融入项目的重要原因。

(一) 移民增长迅速，移民来源地和社会背景呈现多元化

近些年来，维也纳正面临人口老龄化困扰，需要引进移民以弥补国内劳动力短缺；同时，欧盟不断扩大，以及维也纳良好的社会福利，也吸引了越来越多的移民来到维也纳工作生活。最新数据显示，在维也纳的

176.67 万常居人口中，持有外国国籍或具有移民背景的人口共计 105.77 万人，占总常居人口的比例超过 50%。并且，维也纳移民的来源国数量众多（见表 1），移民的社会背景非常多元。

表 1   维也纳主要的移民来源国

国家或地区	人数（万）	占比（%）
其他欧盟国家	13.7	7.8
塞尔维亚	7.3	4.1
土耳其	4.4	2.5
德国	3.4	1.9
波兰	2.95	1.7
波西尼亚	1.8	1
罗马尼亚	1.7	1
克罗地亚	1.6	0.9

外来移民的持续增长对于维也纳而言，既是机遇又是挑战。一方面，移民增长带来了经济活力和社会的多元化；另一方面，移民增长也给城市治理带来了巨大的压力。

（二）移民给当地社会治安带来负面影响，犯罪率上升

奥地利政府公布的《2010 融入报告》显示，2009 年奥地利警方抓获的犯罪嫌疑人中 29% 是外国移民，被判刑的罪犯中 31% 是外国移民，外国移民带来的社会治安问题日益突出。

奥地利的外国移民主要集中在维也纳，移民带来的社会治安问题在维也纳就显得更加严重。维也纳存在严重的贫富差距和一定的种族歧视，大量外来移民及其后代，虽然很多已经成为奥地利公民，但并没有得到平等的机会，处于一种被"边缘化"的境地，很多移民有一种被社会"抛弃"的感觉，对国家和法律充满怀疑和不信任感，对社会高度不满，容易走上违法犯罪道路，给当地社会治安带来严重负面影响。

（三）移民受教育程度偏低，失业问题严重

在奥地利，移民的平均受教育程度明显低于奥裔居民（见表 2）。由于受教育程度偏低，加之语言等劣势，移民在奥地利劳动市场上的处境也差

于奥裔居民。虽然奥地利的整体失业率明显低于大部分欧洲国家，但在奥地利，有移民背景人口的失业率仍然很高（见图1）。

维也纳移民的受教育状况及就业状况跟奥地利整体情况基本一致，也存在移民受教育程度偏低、失业率高等问题。

表2　奥裔居民、移民只接受过义务教育的人口所占比例对比

单位：%

	只接受过义务教育的人口所占比例
奥裔居民	13
移　民	33

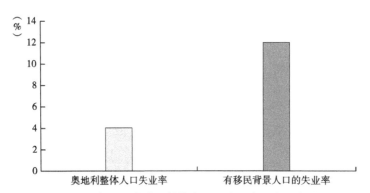

图1　2011年8月奥地利整体人口、移民人口失业率对比

（四）移民收入偏低，生活质量不高

奥地利外来移民，包括有移民背景的非奥裔居民，依然是社会中的弱势群体。移民中贫困人口比例高（见图2），收入普遍偏低，居住环境差（见表3）。外来移民找工作困难，即使找到了工作，就业质量也明显低于奥地利本地人，他们从事的大多是本地人不愿意做的、又脏又累的、不体面的工作，工作强度大，而工资待遇却很低。

表3　2009年奥地利人、移民人均居住面积对比表

单位：平方米

类　别	人均居住面积
奥地利人	43
移民	31
旅奥土耳其人	21

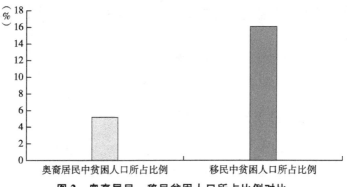

图2　奥裔居民、移民贫困人口所占比例对比

维也纳聚集了奥地利的主要移民，维也纳外来移民的收入状况与生活质量状况和奥地利整体情况一致，也存在移民收入水平偏低、生活质量不高等问题。

（五）外来移民与本地居民差异明显，存在矛盾冲突

移民的大量涌入，给维也纳的社会福利、社会治安、生态环境带来了强烈的冲击，容易引起本地居民的不满。大多数移民无法很快融入维也纳当地社会，仍保留着来源国的文化宗教传统，而且外来移民大多就职于较低层次的行业与职业，就业稳定性差、收入水平较低，也容易受到本地居民的排斥和歧视。外来移民与本地居民之间各方面差异大，容易出现矛盾和冲突。

三　项目的理念及实施过程

（一）创新项目的理念和目标

新移民融入项目的理念是希望广泛而充分地调动和整合各种社会资源，帮助初来乍到的新移民提高社会融入能力，顺利地融入当地社会，让新移民在维也纳获得归属感和认同感，开始崭新的生活。

创新项目主要有以下三个目标。

1. 让新移民掌握当地语言，了解维也纳的社会结构和制度，知道自己能享有何种权利以及应尽何种义务。

2. 尽早地向新移民提供关于维也纳生活的各种信息，从而帮助他们适应维也纳的生活。

3. 减少新移民与维也纳本地居民的差异和冲突，帮助新移民与本地居民建立良好的关系，促进新移民与本地居民的融合。

（二） 创新项目的实施措施和办法

为了推进新移民融入项目，维也纳成立了专门的管理机构，建立了新移民服务平台。通过对新移民进行培训，来提高新移民的社会融入能力。创新项目采取的措施和方法主要有以下几种。

1. 成立专门的管理机构

第 17 局是专门负责新移民融入的政府部门。维也纳市政府按照行政功能的不同，划分为 60 个部门，其中第 17 局是专门负责新移民融入的部门。第 17 局和主管移民、国籍和民政的第 35 局合作，一旦新移民获得他们的第一份居住证，项目工作人员就会立即向他们发出邀约。两个政府部门之间的联合数据库能迅速地传送新移民的相关资料，并向他们发放《维也纳教育手册》。这本手册将指引新移民参与有关健康、教育、住房、就业与创业等诸多方面的培训，并予以记录和建议。而且，手册里还附送语言培训课程的代金券。

2. 建立平台，促进政府部门、组织和机构之间的信息沟通

维也纳建立了一个为新移民服务的平台。此平台是为了方便参与项目的各政府部门、组织和机构实现信息沟通。除了第 17 局和第 35 局，该项目的参与方和整合的资源还包括：维也纳促进就业基金、移民信息中心、维也纳就业公共服务中心、维也纳劳动局、维也纳经济局、维也纳公共学习中心、信息热线呼叫中心、语言课程提供方和教育机构、来自咨询中心和教育机构的学者、移民团体代表以及相关话题领域的专家等。这些政府部门、组织和机构负责在新移民到达维也纳后的第一年里为他们提供服务。《维也纳教育手册》正是由这些政府部门、机构和组织联合撰写与运营的。项目平台整合了数十个组织和机构的资源，保证项目中各个环节的衔接和配合顺畅而高效。

3. 多管齐下，推动新移民社会融入

（1）利用新移民的母语向他们介绍维也纳的社会结构和制度。具体的做法是：有效地用新移民的母语向他们提供相关信息。例如：儿童上学的

注册问题、儿童保育机构、进入人才市场、居住证延长的法律手续问题、医疗保健、支持孕妇，以及日常生活中的跨文化交流、垃圾分类等。这使接收了充分信息的新移民，在需要就具体问题进行咨询时，知道该找哪一个部门，这就减轻了政府部门的接待负担，也提高了新移民在维也纳的适应能力。

（2）对新移民进行德语培训和其他有关新生活的课程培训。通过培训，新移民会更快地融入维也纳当地的生活，从而过得更加快乐和更加有归属感，这对于整个城市的和谐稳定以及社会治安起到了润滑剂的作用。

（3）新移民融入项目里包括了新移民的学历认可和促进劳动就业的环节。这对于降低城市的失业率，以及充分调动移民的创造力来发展维也纳经济，起到了积极作用。

图 3　新移民正在参加德语及新生活课程培训

四　创新项目的绩效评估及存在问题

（一）创新项目取得的成果

1. 新移民参与度高，接受培训人数众多。自项目 2008 年启动以来，至 2012 年申请广州奖时，超过 1.2 万人参与了该项目，并收到了《维也纳教育手册》；超过 2.5 万人参加了信息模块；大约 4800 位新移民已经进入该项目第二阶段的培训。

2. 提高了新移民的社会融入能力。该项目帮助新移民尽早接收有用的信息和学习当地语言，让新移民知道碰到具体情况该怎么办，知道向谁咨询和寻求帮助，提高了新移民在当地的适应能力。

3. 提高了新移民的归属感和认同感。该项目让新移民感觉在维也纳受到欢迎，能促进新移民与本地居民之间的沟通和交流，有助于发展良好的邻里关系和创建和谐的城市氛围，使新移民在维也纳获得归属感和认同感。

（二）存在的问题

1. 移民政策变更频繁，增加了项目实施难度。奥地利关于移民定居的政策会不断发生变化。为适应政策的变化，该项目的相关内容和邀约也要不断更新，项目组需要不断向移民提供新政策的相关信息。这给项目的实施增加了难度，带来了压力。

2. 工作人员专业水平有待于进一步提高。在新移民融入项目中，《维也纳教育手册》（以下简称《手册》）是一个支撑性培训资料，它会分发给每一个参加项目的新移民。《手册》涉及的领域非常广泛、内容非常多，就业公共服务中心的部分工作人员由于专业以及工作经历等的限制，还不能高效地利用好《手册》里提供的所有信息。这需要工作人员不断提高自身的专业水平，更加全面地掌握好《手册》的内容，以便更好地为新移民提供培训和咨询服务。

五 项目的创新经验对广州的启示与借鉴

维也纳新移民融入项目有效地整合了社会各种资源，为新移民迅速融入该城市提供了全方位的优质服务，体现了维也纳对外来人口的人文关怀，这对广州市具有一定的启示。广州是一个重要的对外贸易城市，有大量的外国商人造访和居留。在广州目前的1600多万人口中，非户籍人口超过一半，广州已经成为一个名副其实的新兴移民城市，也就是说，广州也面临着对外来人口的管理问题。如何让广州的外来人口（包括外国人和流动人口）更好地融入本地，将他们纳入城市的有效治理范围，维也纳的经验值得借鉴。

（一）坚持"以人为本"的管理理念，加快推进基本公共服务均等化

维也纳是一座移民城市，50%以上的人口具有移民背景，而且每天都有新的移民加入这座城市。新移民融入项目充分体现了维也纳市政府对于移民的重视，服务新移民的工作被当作一项重要的市政工作来进行。维也纳新移民融入项目充满着人文关怀，换句话说，就是践行了以人为本的管理理念。

广州也是一个典型的移民城市，有大量的外国人和外地人居留；在总人口中，非户籍人口超过一半。如何让外来人口更好地融入本地，将他们纳入城市的有效治理和福利覆盖范围，维也纳的管理理念值得学习。为促进外来人口的融入，广州市应坚持以人为本的管理理念，充分尊重和保障外来人口的合法权益，将本地人享有的就业培训、卫生服务、子女教育、权益维护、计划生育等基本公共服务，逐步向外来人口延伸和覆盖，实现基本公共服务均等化，这样才能从根本上解决外来人口的后顾之忧，加速他们的社会融入。

（二）坚持"一视同仁"的原则，采用"区别对待"的方法

维也纳的新移民来自许多不同的国家，除了像塞尔维亚、土耳其、波西尼亚、罗马尼亚、克罗地亚这些邻近的国家外，还有亚洲、美洲和大洋洲的国家。对于来自这些国家的新移民，维也纳市政府坚持"一视同仁"的原则，提供一整套融入服务。与此同时，维也纳新移民融入项目的最大特色又是针对不同来源国的新移民，用其母语对其提供帮助，该项目总共有24种语言版本，对于不同来源国的移民，维也纳采用了"区别对待"的方法。

目前，广州市外籍人口数量按国籍算，排名前三的国家依次是日本、韩国、美国，来自非洲的外籍人口具体国籍经常被忽略，且被笼统地归为一个群体。在管理和服务外籍人口时，如何做到尊重其国籍和母语，并尽可能通过其母语提供相应的帮助，广州可以从维也纳的新移民融入项目中汲取经验。广州市在对外籍人员提供融入帮助时，应尽量考虑外籍人员的国别、语言、文化等差异，有针对性地提供个性化的服务，以帮助他们更好地融入广州社会。

（三） 成立专门的管理机构，建立统筹协调的管理机制

维也纳成立了专门负责新移民融入的政府部门，即第 17 局。除了第 17 局，以及专门负责移民、国籍和民政的第 35 局，在新移民融入项目中，还有维也纳促进就业基金、移民信息中心、维也纳就业公共服务中心、维也纳劳动局、维也纳经济局等十几个政府和非政府机构参与进来，并且职责分明。维也纳职责分明的管理机构和有机的统筹工作，可以给广州提供一些借鉴。

广州市目前的外籍人口管理存在一些问题。如，没有一个统筹协调的管理机制；缺少必要的上位法规；经费和人员投入也远远不足。现实中遇到的外籍人口管理问题往往涉及政府的多个部门，但目前广州市涉及外籍人口管理的政府部门还没有形成一个相互协调衔接的机制，也没有成立一个统筹管理的常设机构，导致问题解决的难度大、成本高，而且效果不理想。广州市应考虑建立一个独立于各部门之外、专门负责外籍人口管理的常设机构，并建立一套可以协调各相关部门工作的统筹机制。

（四） 加强培训辅导，提高外来人口的社会融入能力

在维也纳的新移民融入项目中，每位参与项目的新移民都会获得一本《维也纳教育手册》，这本手册将指引新移民参与有关健康、教育、住房、就业与创业等诸多方面的培训，手册里还附送语言培训课程的代金券。对新移民进行全方位培训是维也纳创新项目的核心内容，通过培训，能有效提高新移民的社会融入能力。

为了促进广州市外来人口的社会融入，也应该加强对外来人口的培训辅导。一是辅导他们关于广州市的一些法律法规、城市生活方式、城市文化和城市价值观念等；二是培训他们一些工作技能，帮助他们设计职业发展规划，以促进他们在广州市的就业；三是举行一些语言培训班、风俗培训班等，使他们能够更顺利地与本地居民进行交流；四是加强对外来人口的心理辅导，定期开展心理咨询服务，切实提高他们的心理承受能力和情绪调节能力，拓展他们在困难和挫折面前的应对方式。

（五） 发挥社区社会组织的作用，推进外来人口的社区融入

在新移民融入项目中，维也纳有效整合各种社会资源，充分发挥社区

社会组织的积极作用，通过社区社会组织举办一些公共活动，来促进新移民与维也纳本地居民之间的沟通与交流，致力于创建一种良好的邻里关系及和谐的社区氛围。

为促进广州市外来人口的社会融入，也应该充分发挥社区社会组织的作用。可以通过政府购买服务等方式，让社区社会组织积极开展各种喜闻乐见的文体活动，并吸纳外来人口参与到活动当中，以此促进外来人口与广州市本地居民之间的沟通与交流，营造积极和谐的社区氛围，增强外来人口的社区归属感和认同感。

Vienna: Project "Integration of New Immigrants"

Guangzhou Development Research Institute of Guangzhou University

Abstract: To help new immigrants successfully integrate into the local community, Vienna city carried out the project 'Integration of New Immigrants' to help immigrants adapt to life in Vienna more quickly. This project has enlightened Guangzhou in the following five aspects: (1) stress the concept of people - oriented management and accelerate the equalization of basic public services; (2) make no exception but deal with each case on its merits; (3) establish specialized management institutions and coordinated management mechanism; (4) strengthen training to improve the new immigrants' capability of social integration; (5) stress the role of community organizations to promote the immigrants' community integration.

Keywords: new immigrants, social integration capabilities, public service equalization, community social organization

BV

城市发展篇

温哥华：宜居可持续城市与公共责任

——加拿大温哥华城市创新项目对广州的启示

广州大学广州发展研究院课题组*

摘　要： 随着人口持续流入，加拿大温哥华市所面临的住房和环境压力在持续加大。为了在未来成为一座能够满足每个人需求的城市，温哥华实施了"理想温哥华：打造面向全民的宜居可持续空间"项目，利用城市密集性成功打造宜居、可持续发展的环境。该项目在以下4方面对广州有所启示：（1）以先进理念引领城市的发展和建设；（2）为城市的可持续发展制定长期规划；（3）倡导绿色产业发展，有效缩短环境治理的时间；（4）以高标准的成功案例为全市树立绿色标杆。

关键词： 宜居可持续城市　政府公共责任　绿色产业　环境治理

作为一个备受欢迎的移民城市，加拿大温哥华市所面临的住房和环境压力在持续加大。为了在未来成为一座能够满足每个人需求的城市，温哥华从2009年开始实施"最绿城市2020行动计划"、2011年开始实施"市长辖下可负担房屋工作小组"项目。在2012年参评第一届"广州国际城市创新奖"（下文简称"广州奖"）时，温哥华将两个项目合并为"理想温哥华：打造面向全民的宜居可持续空间"项目，从全球200多个参评项目中脱颖而出，使温哥华获得了首届"广州奖"，成为5个获奖城市之一。

一　创新的缘起：城市特点与存在的突出问题

（一）生态环境优越，被公认为世界上最宜居的城市之一

温哥华为加拿大西部沿岸城市，虽然纬度较高，但因有暖流经过，东

---

*　执笔：谭苑芳、杨宇斌。

北部有纵贯北美大陆的落基山脉做屏障，所以冬季一般不降雪、不冻海，全年气候温和湿润，四季花草茂盛、风景如画，是世界著名的旅游城市（图1）。几乎所有初到这座城市的人都会感慨当地清新的空气和优美的环境，很难想象50年前，温哥华还是一个被严重污染所困扰的城市。在环境治理的问题上，与多数城市单纯限制污染、搬迁重化工产业的"减法"思路不同，温哥华将工作重点放在树立宜居的价值观以及倡导绿色产业发展的"加法"上。多年来温哥华政府一直支持绿色建筑、清洁能源、数字媒体、信息技术等绿色产业的发展，有效缩短环境治理的时间。

图1　处于山海之间的温哥华市中心

2014年8月，经济学人集团旗下的经济分析智囊机构"经济学人智库"（Economist Intelligence Unit）发布了最新的《宜居性调查》，依据五大指标——稳定性、医疗保健、文化和环境、教育、基础设施——对全球140个城市的生活条件优劣进行横向对比。曾经连续5年高居榜首的温哥华排名第三，不仅是加拿大排名第一的城市，还是全美洲排名第一的城市，仅次于澳大利亚墨尔本和奥地利首都维也纳。北京在8个入选的中国城市中排名第一，全球排名第74位，位于俄罗斯首都莫斯科之后。

2014年2月，美世咨询公司发布了"2014年全球城市生活质量排名"，依据10大指标——政治和社会环境、经济环境、社会文化环境、医疗和卫生情况、学校和教育、公共服务和交通、娱乐、消费品、住房、自然环境——对全球 460 多个城市进行排名。温哥华位居全球第五，同样位居美洲第一，仅次于奥地利维也纳、瑞士苏黎世、新西兰奥克兰和德国慕尼黑。中国北京市则排名第 119 位。

（二）作为加拿大西部最大的城市，经济和科研实力雄厚

凭借雄厚的经济实力，温哥华有能力为城市创新项目提供充足的资金保障。温哥华市是加拿大不列颠哥伦比亚省低陆平原地区的沿岸城市，面积 114 平方公里。2011 年人口普查时温哥华市内有 60 万人口，人均国内生产总值高达 37600 美元（2006 年），是仅次于多伦多、蒙特利尔的加拿大第三大城市，加拿大西部第一大城市，也是加拿大西海岸最大的工商、金融、科技和文化中心。作为一个发达国家的发达城市，温哥华的经济发展水平远高于中国大陆的主要城市——根据 2013 年的统计数字，深圳市以 22198 美元居中国副省级以上城市的首位，广州以 19800 美元居第二位，但仍然与温哥华有较大的差距。

温哥华市是加拿大西部的航空和铁路运输枢纽、北美洲通往东方的重要门户，拥有加拿大最大和最繁忙的港口，以货物总吨数计排名北美第四，每年与全球 90 多个国家的贸易额高达 430 亿加元。作为加拿大西部农、林、矿产品的主要集散中心，温哥华自然也成为国内工业重镇之一。

温哥华是多家林木业和采矿业公司的总部所在地，其木材加工业历史悠久，是首要的工业部门；其他传统部门有水产加工、罐头食品、造纸、纺织、印刷等。第二次世界大战后发展了炼油、石化、炼铝、造船、飞机制造等部门，工业趋于多样化。其软件开发、生物科技等行业的发展也相当蓬勃，尤其是电影制片业高度发达，是北美洲继洛杉矶、纽约之后的第三大制片中心，素有"北方好莱坞"之称。此外，温哥华的自然环境深受游客欢迎，令旅游业成为市内继林木业后的第二大经济支柱，亦曾于 2010 年与 125 公里以外的威士拿联手举办冬季奥运会和冬季残奥会。

除了经济高度发达以外，温哥华还聚集了丰富的高等教育资源，为城市创新提供了相应的智力和科技支持。大温哥华地区内有五所公立大学，当中最大的两所分别为不列颠哥伦比亚大学（UBC）和西门菲沙大学（SFU），两校学生总数超过 8 万人。2006 年 UBC 在《新闻周刊》的全球最佳大学排名中名列第 27 位，而 SFU 则于 2009 年被《麦其连杂志》评为全加拿大最佳综合大学。大温哥华另外三所公立大学则为卡皮拉诺大学、

艾蜜莉卡艺术及设计大学和昆特仑理工大学。此外，大温哥华其他大专院校还包括温哥华社区学院（VCC）、兰加拉学院、不列颠哥伦比亚理工学院（BCIT）等。除此之外，温哥华市的公立图书馆藏书丰富，下设20个分馆，是加拿大最大的图书馆之一。

（三）作为一座移民城市，在住房和环境方面存在压力

温哥华凭借其良好的区位和经济条件，以及优越的生态环境，成为一座极具吸引力的移民城市，给当地带来了显著的住房和环境压力。这是温哥华实施"打造面向全民的宜居可持续空间"项目的根本原因。

在加拿大人口密度最高的10个主要城市中，不列颠哥伦比亚省占了5位，其中4个在大温哥华地区，温哥华更成为全国人口密度最高的城市。大温哥华地区的人口，在短短30年内已增加了一倍。过去5年大温哥华地区的年人口增长率高达9.3%，而温哥华市中心的年人口增长率更是超过17.7%。加拿大统计局认为当地人口迅速增长主要是大量国外移民选择到此定居，加上其他省份的国民移居当地所导致。大温哥华的人口中，有43%具亚裔血统，这一比例较世界上任何亚洲以外的其他主要城市都高出很多。

由于人口迅速增加，温哥华早已成为全国房地产价格最高的城市之一，住房负担成为制约城市发展的重要因素。城市公共卫生也受到了人口增加的影响：与20年前相比，哮喘、糖尿病、抑郁症、心脏病等疾病的患病比例增加了2~3倍。

（四）早期的规划和发展政策为可持续发展打下坚实基础

事实上，"最绿城市2020行动计划"虽然在2009年才正式实施，但它是20世纪70年代确定的城市规划和发展政策（目前仍在实施）的重要组成部分，这些政策为温哥华当前的宜居性、包容性、生态密集和可持续发展等重要原则奠定了基础（图2）。

早在1988年，温哥华就已经成立了世界上首个气候特别小组，专门评估大气变化对城市规划和活动的影响，并在1990年发表了云层变化报告，温哥华为此制定了针对大气变化的工作目标。2003年，温哥华成立了城市减排特别小组，制定了两个"2005年行动规划"：一个是减少各个市政府项目的废气排放，另一个是减少全市的废气排放。2008年温哥华通过了

"生态密集项目"，以引导城市成为"更能可持续发展，更加宜居的城市社区"，获得通过的生态密集章程承诺要以"确立战略性的密集土地使用模式，利用碳足迹和环保效果最优的、同时具备宜居特点的地点和设计"的方式，建设更加环保的城市模型。以上工作为"理想温哥华：打造面向全民的宜居可持续空间"项目的实施打下了坚实的基础。

图 2　温哥华市区的人行道

二　创新的实践：项目的理念与实施过程

（一）打造满足每个市民需求的城市

人是城市的主体，也是城市发展的目的。城市发展的重要目的就是满足人的需要，不仅要保证人的衣食住行，而且要实现人的全面发展。一个城市成功与否的标志之一，就是城市在发展的同时，是否促进了人的全面发展，城市经济的发展，是否促进了城市资源的可持续发展。这样的发展才是共生发展，否则就背离了宜居的要义。

"打造面向全民的宜居可持续空间"项目包含了两个主要分支项目："最绿城市 2020 行动计划"和"市长辖下可负担房屋工作小组"。前者的目标是使温哥华在 2020 年能够成为世界上最环保的城市，后者的目标是保证温哥华所有市民都能获得住房。两个目标共同构成一个伟大的愿景：让温哥华成为一个充满活力、可持续发展、多元化的宜居城市，也就是一座能满足每个市民需求的城市，成为一个和谐、包容的整体。

为了保证以上目标得以切实实施，温哥华为公民参与各项涉及公共利益的工程提供了广阔的空间，在政策方针制定、政府发展计划出台、土地规划指引、发展项目申请等环节，公民都可充分地提出自己的意见。相关公共部门还主动参加社区公共会议，增加接触市民、了解民意的机会（图3）。

温哥华凭借"打造面向全民的宜居可持续空间"获得了首届广州国际城市创新奖，这向世人证明了"一个城市可以发展、繁荣，同时也可以成为绿色城市"。

图3　温哥华市民参与社区规划决策

（二）以"最绿城市 2020 行动计划"实现可持续发展

"最绿城市 2020 行动计划"的目标是使温哥华在 2020 年能够成为世界上最环保的城市。为了达到这一目标，温哥华制定了一套两级行动框架，包括 3 个重点领域和 10 个具体目标。

1. 二氧化碳零排放：（1）在气候变化问题上展现领导能力；（2）绿色交通，让步行、骑自行车和使用公共交通工具成为市民最优先的交通选择项目（图4）；（3）绿色建筑，引领世界环保建筑与设计潮流。

2. 零废弃物：（4）将温哥华建成无废弃物城市，在全市建立完善的废弃物再循环利用系统。

——通过二氧化碳零排放和零废弃物，共同达成两个目标：（5）绿色经济，建立最环保的经济结构，鼓励绿色、环保企业的设立；（6）减少碳足迹，使温哥华成为温室气体排放量最小的城市。

3. 健康生态系统：（7）亲近自然，使市民在日常生活中很容易就能接触到绿化区；（8）洁净水源，为温哥华居民提供世界上最洁净的饮用水；（9）本地食物，致力于食品的当地化，包括改善食品工作人员的工作环境，使温哥华成为世界上城市食品领域的领头羊；（10）洁净空气，使温哥华的市民呼吸到世界大城市中最洁净的空气。

以上10个具体目标对城市环境的要求很高，迫使温哥华反思了"宜居"与"宜业"的关系问题：绿色并不一定不利于创业，反而应该是有利于创业的。人们往往以为为了环保必须遵守很多规矩、花很多钱，但是如果城市更环保、更宜居的话，就会吸引更多的人、更多的企业前来投资。事实上，在打造最绿城市的过程中，温哥华新增了几万个绿色环保工作，为解决城市就业做出了贡献。同样，宜业也不必然意味着对环境有所破坏。温哥华是北美第一个将建筑环保标准以及可持续发展标准写入法律条文的城市。所以说，宜居和宜业是相互促进、相辅相成的。

目前，温哥华主要通过绿色交通、绿色城市规划、绿色经济来推动计划的实施，并且这3方面是环环相扣、互相促进的。

图4　温哥华街头的道路设计

——绿色交通。引导市民出行选择依循步行、自行车、公共交通、水上交通、私家汽车的先后顺序。为此温哥华采取了许多措施：（1）在市区设计高密度的步行与自行车专用道路、设置明显标识，并进行绿化和美化，注重使用者的安全、快捷、舒适的体验；专用道路适当加宽，以便市民在步行或骑车时能够并排聊天。（2）增加地铁、轻轨等高效的公共交通设施；鼓励以电动汽车替代燃油汽车。（3）创新管理机制，政府与教育、警察部门及研究机构共同合作。如政府向外招标多种关于交通安全、环保、健康的研究课题项目；政府与警察部门每月举行定期例会，并通过邮件、电话沟通以保证安全执法；交通运输部门每月向政府提交安全报告。

——绿色城市规划。从 1990 年开始，温哥华就以规划与城市发展相配合为原则，力求成为可持续、有弹性、宜居且生气勃勃的城市：（1）社区规划充分考虑居民步行、骑车、工作、购物的需要，提高社区的居住、工作、购物一体性。（2）创建优质的城市空间，根据居民的安全与舒适性来规划建筑的高度、间距，设置露天咖啡馆、公共绿地等减少建筑物阴影对阳光的阻挡（图5）。（3）为不同年龄和收入的群体规划不同的住房和配套设施。（4）清晰的公共决策过程，方案从酝酿到实施的全过程都有公众参与，规划必须通过议会的审定；如要改变土地用途，开发商必须获得社区的同意。（5）与私营部门充分合作，政府每周与土地拥有者、建筑商开会讨论各项工作；开发商必须缴纳一笔用于公共福利的费用作为社区改革发展基金；工程必须要有城市建筑协会的参与（图6）。

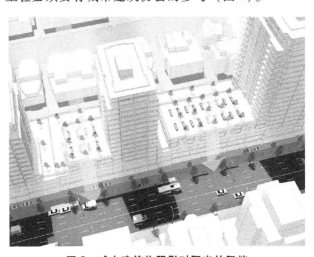

图 5　减少建筑物阴影对阳光的阻挡

图6 普通住宅顶层的太阳能发电系统

——绿色经济。温哥华市区的2.5万个企业大约提供了40万个工作职位，技术型企业是其中的主要支柱。目前，绿色经济已经为温哥华提供了2万个就业岗位，并以6.3%的速度增长，是其他类型企业增速的3倍，其中绿色建筑行业的就业率最高，达到5000个岗位，其次为绿色食品行业。当地正在发展的绿色工业区项目，是清洁能源企业技术的创新示范区和催化器，主要开发提升能源利用效率的技术，目前已有数十个企业进驻，其中包括许多跨国公司。另外，温哥华还通过绿色公共采购政策的落实，支持当地食物在市营组织（包括社区中心、饭店、特许经营店）中的销售；支持举办绿色社区活动，由市政府负责审批并赞助。

温哥华在针对绿色经济进行大力招商引资的同时，也在实施走出去战略，在广州市也有绿色技术、电子媒介、电子游戏等方面的投资。

（三）"市长辖下可负担房屋工作小组"保证市民获得住房

"市长辖下可负担房屋工作小组"的目标是保证温哥华所有市民都能获得住房。工作小组查阅了全球各地解决住房问题的措施之后，提出了创新性的房屋政策，试图解决城市里贫困家庭的住房问题：通过收取转换费，合理利用城市资源（如资金和财产）并与政府各级部门合作，取缔了老年人单间住房。2012 年，温哥华完成了超过 1400 座专供困难家庭的新住房的建造。该建筑项目与政府部门签订了特殊的协议，在住房不售卖的情况下，不征收住房的财产税。

土地使用是实现城市战略的有力工具，温哥华致力于建设各种类型的住房，满足社会不同群体的需要。在这个过程中，既有私营房地产开发商参与，也有公众机构参与。早在 2001 年政府就进行了一个课题研究，结论是城市需要建设的住房应分为三类：第一类是以营利为目的的高档住宅；第二类是经济适用房；第三类就是满足低收入人群的保障房。

保障房工程对于宜居温哥华来说是非常关键的领域，政府鼓励来自不同背景、不同收入的居民共同居住在同一个社区甚至在同一栋住宅楼里，即实施混合型住宅方案。通常一个居住小区中有 1/3 的房价非常昂贵，专供高收入人群入住；剩下 2/3 提供给中低收入人群。这种模式的原则是让高收入的人可以用他们所支付的高房价补贴低收入者的住房，这样来自不同背景的人都可居住在同一个小区并享受相同的公共服务。

在政策实施之初，贫富混合型住宅这样一个大胆的想法遇到了不少困难：很多高收入者认为低收入者问题很多，总觉得他们酗酒、肮脏，害怕给孩子带来负面影响。在富裕地区建造安置房往往会遭到周围业主的反对。为此，温哥华市长、副市长亲自参与公共会议进行说服工作：这些流浪汉已经存在于你们的社区，他们在公园里溜达、睡在你们的门廊下，若为他们建造一个小小的安置房，他们就会待在里面，不出来骚扰你们——温哥华不光是富人的城市，也是穷人的城市。温哥华市政府还让富裕的孩子和贫困的孩子一起玩耍、学习，他们的父母开始慢慢理解并接受贫困家庭。混合型住宅的方法也奏效了。

当高收入者和低收入者开始相互了解时，当地的社会问题越来越少：单一性的住宅区居民经常因为治安、酗酒、家庭暴力等问题打 911；但是在混合型住宅区，打 911 的次数减少了许多。人们开始尝试着去帮助对方并相互学习——低收入者学习更好地换位思考，高收入者学习更多地怜悯。

虽然政府是安置房工程的积极倡导者，但是建造容易，入住难。最大的问题是如何让流浪汉从大街上搬到安置房居住。很多安置房都有禁止携带脏衣物和宠物入住等规定，但流浪汉懒散自由惯了，不愿意被束缚，他们宁愿流落街头也不愿去安置房享受温暖舒适的生活。为了吸引这些无家可归的人，温哥华降低了入住标准，允准他们携带"家私"和宠物，并提供专门的衣柜用于盛放私人物品。

温哥华副市长郑文宇说："只要他们愿意进去，我们就有办法让他们脱离流浪汉队伍。"一旦流浪汉入住，社工就会给他们提供基本需求——食物、衣物和医疗保障等，这样他们就会和社工、医护人员、财政人员打交道，慢慢习惯于定居生活，就不愿再出去流浪。等情况稳定了，当地社工就会尝试帮助他们找工作以及申请保障房。

对于"市长辖下可负担房屋工作小组"的工作，公众可以通过在线论坛（如"住房谈话会"）和点子竞赛活动参与到项目中来。市政府将收集到的关于住房问题的意见，整理分类后再公布到网络上，让公众围绕"如何将新建筑与现有的城市格局融合在一起"等主题发表各自的观点。

由此可见，在全面打造"全球最绿城市"的同时，温哥华在少数群体关爱方面也有值得广州借鉴之处。它用实际行动说明"温哥华是全体市民的温哥华，我们不放弃任何一个生命！"甚至对于流浪汉和吸毒人员等少数群体，温哥华也表现出了理解、尊重和人性化。

（四）为主体项目服务的其他项目

为促进主体项目的实施，并为城市带来新的理念，温哥华还实施了一系列相关项目。

（1）不列颠哥伦比亚大学的创新夏季实习项目。该项目赞助 10 名不列颠哥伦比亚大学毕业生参与温哥华的城市可持续发展项目。毕业生们可与城市团队和一名导师合作，从"最绿城市 2020 行动计划"的 10 个具体目标中选择一个进行调查或实施改进。

（2）温哥华基金会与温哥华市政府合作，向每个申请者提供不超过50000 美元的资金援助，帮助温哥华实现 2020 年行动计划的系列目标。

（3）针对在本地定居的家庭制定了"家庭能源借贷"项目，促进并协助家庭能源结构及设施的升级。

（4）与六家大专院校联合推行"城市工作室"项目，让学生直接参与支援"最绿城市 2020 行动计划"。

三 创新的效果：项目绩效评估及后续计划

（一）利用城市密集性成功打造宜居、可持续发展的环境

近 20 多年来，温哥华被认为是北美地区建设密集的多用途社区方面的领先城市，世界上几乎没有一座城市能像温哥华那样，成功利用城市的密集性打造宜居的、可持续发展的环境。

在土地使用方面，温哥华基本实现了在一个街区之内兼具住宅、专业办公室和社区服务中心，以及银行、报摊、邮局、杂货店、餐厅、药店等生活配套设施。城市遍布各种高品质的绿色开放空间，尽量减少建筑物阴影对公共空间的影响。通过道路规划和建设工程，优先增加自行车道和人行道，以鼓励市民减少汽车使用。通过实践，温哥华证明了密集型的社区更有利于减排，废弃物和能源的循环再利用也更加高效。

由于温哥华市议会采用了"最绿城市 2020 行动计划"，使它成为所有市政政策的基础，市议会和政府工作人员坚持完善交通运输系统、减少垃圾污染、保护水资源，并支持社区的可持续发展。温哥华市政府对宣传工作非常重视，争取通过各种方式让每位市民都参与到项目中。在"最绿城市 2020 行动计划"的启动仪式上，共有 2000 名市民自发参加。通过互联网和社会媒体宣传，超过一半的市民以不同程度参与了这一计划。

在此基础之上，"最绿城市 2020 行动计划"取得了显著的成绩。

（1）在展示气候变化问题的领导能力方面。通过填埋截获的二氧化碳，相当于在道路上减少了 104000 辆汽车；进行了沿海水灾风险评估，这是加拿大首次在城市层面开展此类活动；升级地区能源系统，部署了具有成本节约效益且规模庞大的可再生能源设施。

（2）在绿色建筑方面。在 2008 年的基础上，达到 LEED 标准的建筑年增长率为 48%；以法律条文规定在建筑翻新过程中，必须提升其能源使用效率，在加拿大尚属首例。

（3）在绿色交通方面。拓展了 265 公里的单车道；投资地区性交通基础设施，增设快速公交系统；城市内的私家车行驶量持续下降，而公共运输系统的使用量则以每年 9% 的速度增长，这是北美城市中增长速度最快的。另外，城市里采用自行车和步行的比例也达到历史新高。

（4）在零废弃物方面。厨余收集箱的收集量增加了 60%，增加了 39000 吨有机肥；温哥华地铁系统收集的垃圾减少了 22%；在 2008 年的基础上，以填埋和焚烧方式处理的垃圾减少了 12%。

（5）在亲近自然方面。实行了城市森林计划，包括以法律形式禁止移除健康的树木；2013 年种植了 11000 棵树，相当于前两年种树数量的总和；鲑鱼重新在城市溪流中出现。目前已经有 93% 的市民仅需步行 5 分钟，就能到达周边的公园、绿地和海边。

（6）在洁净空气方面。从 2011 年开始已经建设了超过 93 个电动车充电站供市民使用（图 7）；2013 年的空气质量指数超标次数为 0。

图 7　温哥华街头的电动车充电站

（7）在洁净水源方面。达到或超过了国内外最严格的饮用水质量标准；在 2006 年的基础上，人均用水量减少了 33%。

除此之外，在 2013 年和 2014 年温哥华还获得了众多国内外荣誉，包括世界野生动物基金会确认温哥华为 2013 年"地球一小时"活动的全球冠军城市。

（二）成功打造了 3 个具有高显示度的城市案例

温哥华在建设面向全民的宜居可持续空间过程中，成功打造了 3 个具有高显示度的案例，既改善了城市环境，也为全市其他地区以及其他城市树立了先进标杆。

1. 规划了拱顶形的城市天际线

温哥华重视对当地优美景观的保护，从未因为追逐经济利益胡乱开发山区和海岸线，而是在市内有选择性地建造高密度房屋，充分利用城市的密集性以节约用地，既满足了城市发展的需要又尽量保存了宝贵的山海景观。

早在 1989 年，温哥华就划定了 27 处需要保护的公众景观。1997 年开展市中心天际线研究，采纳了一个拱顶形的城市天际线方案。对于公众景观保护区之外的地块，温哥华鼓励开发商建设高楼，但新楼仍需符合城市的天际线要求。此举既为城市提供了地标性建筑，高密度建筑的增加也减少了城市空间的无序蔓延，缩短了交通、生活设施、公共空间之间的距离，所收得的税款和费用则用来建造市民可负担的房屋和其他设施。

2. 在市中心附近有意识地增加住宅密度

在温哥华市中心市民主要工作地点的附近（北福溪湾以及市中心南区），市政府有意识地提高住宅密度，引导周边小土地私有者进行住宅设计和开发，确保新住宅区的宜居性以及有足够的配套设施。在具体设计中，采用了较矮而宽的大楼和较高而窄的大楼相配套的方式，增加了建筑面积的弹性和美感。按照适当的比例和距离，将地块有意识地规划为住宅区、商业休闲区和公园。

3. 改造环境恶劣的废弃重工业区

东南福溪湾原本是环境恶劣的废弃重工业区，温哥华将之重新规划为容纳 12500 名居民的完善水旁社区，主要建设住房、办公室、零售商店和休闲娱乐设施。东南福溪湾成功实现了绿色技术和环境战略的结合，采用了邻里能源系统、下水道热量回收系统、绿色环保建筑技术、雨水收集和利用系统、太阳能设施等，还设置了大量的公共交通设施和自行车道，因而成为当地首个整体通过 LEED 白金标准的社区，使社区建筑整体实现了零能源消耗及零碳排放（图 8）。

在布局上使用了主体建筑物、连接建筑物、特色建筑物相结合的方式，有意识地使高低建筑相搭配。突出了"水"元素的重要性，建设了若干城市湿地和栖息小岛，既能发挥排洪作用又能实现废水和雨水的再利用（图 9）。通过以上措施，东南福溪湾成为温哥华环境最优美的社区之一，在 2010 年还被作为冬季奥运会运动员的接待区。

图 8　东南福溪湾现状

图 9　东南福溪湾的湿地公园

（三）细化落实"最绿城市2020行动计划"的各项目标

温哥华还对"最绿城市2020行动计划"的各项目标进行了具体量化，以便每年检测总体目标的落实情况。

（1）在展示气候变化问题的领导能力方面。以消除温哥华对化石燃料的依赖为目标，2020年比2007年的社区温室气体排放减少33%。

（2）在绿色建筑方面。让温哥华在绿色建筑设计以及工程技术方面领导全球。到 2020 年要求所有建筑在实际使用中达到碳中和；与 2007 年相比，所有建筑的能源使用和温室气体排放减少 20%。

（3）在绿色交通方面。目标是以步行、自行车、公共交通作为温哥华市民出行的主要工具。到 2020 年要使市民采用私家车出行的比例降低到 50% 以下；与 2007 年相比，每个居民的长途驾车出行降低 20%。

（4）在零废弃物方面。以 2008 年为标准，到 2020 年将运送到堆填区处理的固体废弃物数量减半，全部废弃物的利用率达到 80%。远期总目标是将废弃物利用率提升到 100%。

（5）在亲近自然方面。到 2020 年，确保所有市民在 5 分钟内就可从住所步行到公园、海滩、绿色通道或其他自然空间；在 2010~2020 年期间种植 150000 棵树木。

（6）在洁净空气方面。以让市民呼吸到全球主要城市中最洁净的空气为目标。在 2020 年达到或超过全省、全国以及国际上最严格的空气质量标准。

（7）在洁净水源方面。为温哥华居民提供世界上最洁净的直接饮用水。

（8）在减少碳足迹方面。以达到"一个地球"的生态足迹为目标。以 2006 年为标准，到 2020 年全市的人均碳足迹降低 33%。

四 创新的启示：值得广州借鉴的若干经验

城市的可持续发展是 21 世纪人类所面临的共同课题，温哥华在打造面向全民的宜居可持续空间方面积累了大量的成功经验。广州市在人口规模、城市面积、经济实力、社会发展阶段、产业基础等方面与温哥华市存在较大差别，因而无法照搬温哥华在绿色发展以及保证市民住房等工作上的指标和经验。然而，温哥华对于城市可持续发展和宜居性的重视，及其公共部门具有长远的战略眼光并勇于承担责任等特点，都是值得广州借鉴学习的。

（一）以先进理念引领城市的发展和建设

温哥华在实施"最绿城市 2020 行动计划"和"市长辖下可负担房屋工作小组"两大项目之前，早已设立了一个以人为本的先进理念——"打造满足每个市民需求的城市"。在这一理念的引领之下，温哥华取得了令人瞩目的成就，成为举世闻名的宜居城市。

广州市作为一个人口超千万的国家中心城市，在发展理念的制定方面却相对落后。广州市第十次党代会提出了"低碳经济、智慧城市、幸福生活的城市发展理念"。事实上，这一所谓的"三位一体新型城市发展理念"，充其量只是城市发展的3个具体目标，并不属于理念范畴。所谓理念，应该具有显著的理想性、深刻性和相对的稳定性。以目标代替理念的失当之处在于：城市发展目标是很容易被调整的，尤其是一个地方的新任党政领导上台后，往往要提出新的发展目标，前任所制定的目标也就无法贯彻执行。而理念则可以统摄城市发展的各项目标、计划。换言之，目标和计划是为了实现理念而存在的。由此可见，制定一个先进的、适合城市实际情况的理念非常必要。

恰逢2014年市委、市政府领导队伍出现变动之际，课题组建议广州市在慎重考虑、广泛咨询的基础之上，尽快重新制定一个包含宜居与可持续发展内涵的先进理念，作为党政部门开展各项工作的灵魂，并以此引领城市未来的建设和发展。

（二）为城市的可持续发展制定长期规划

在城市的可持续发展问题上，温哥华的公共部门具有长远的战略眼光，早在1988年就已经成立了世界上首个特别气候小组，专门评估大气变化对城市规划和活动的影响。并且为城市的可持续发展制定了以2020年为界的中期目标，及以2050年为界的长期目标。

反观广州，作为一个人口超千万的国家中心城市，对于城市可持续发展、生态文明建设等问题却不够重视，虽然广州市相关部门和领导在多个场合谈及了这一问题，却至今未见与此有关的文件和政策出台，导致相关部门缺乏工作压力和约束，广州也迟迟未能在城市可持续发展和生态文明建设方面取得突破。

另外，包括广州在内的中国各地政府，在制定公共政策和工作计划时，通常只做5年以内的考虑，长者也很少超过10年，也就是以1~2届任期为界。在这种情况下，地方政府的决策往往缺乏长远眼光，地方公共政策也缺乏较高的稳定性。导致涉及城市长远利益的工作领域大多难以取得突破性进展。

课题组建议广州借鉴温哥华的成功经验，通过市人民代表大会，尽早制定用于指导城市可持续发展以及生态文明建设的专门文件，并为此分别设定短期、中期、长期的工作目标，以扎实推进广州的相关工作不断取得进展。

（三）倡导绿色产业发展，有效缩短环境治理的时间

正如前文已经提到的，在环境治理的问题上，与多数城市单纯限制污染、搬迁重化工产业的"减法"思路不同，温哥华将工作重点放在树立宜居的价值观以及倡导绿色产业发展的"加法"上，有效缩短了环境治理的时间。

广州市虽然在《关于推进科技创新工程的实施意见》等文件中也提到了发展生物健康、工业设计、光电子与纳米材料、发光材料与器件、机器人、移动通信、基因工程药物、数字家庭、节能环保、新能源、新材料等新兴产业，但是由于方向过多，重点难以突出。在指导思想上，仍然局限于就产业谈产业，并未明确意识到绿色产业对于城市环境治理的特殊作用。

每一个遭受环境问题困扰的城市都希望改善污染状况，但这种改善不能花太长的时间。从缓解广州城市发展瓶颈的角度出发，结合加强生态文明建设的新要求，课题组建议广州学习温哥华的成功经验，将可持续发展作为广州市推动科技创新的切入点，集中发展或引进废弃物处理和节能环保方面的科学技术和产业，以此助力广州的城市环境治理。

随着工业化、城市化进程不断推进，广州作为一个人口超千万的特大型城市，面临的人口、资源、环境压力越来越大。《广州市国民经济和社会发展第十二个五年规划纲要》中也提到了要"坚持生态优先，促进绿色低碳发展，着力推进资源能源的高效利用，加强环境保护和生态建设，完善城市环境综合治理的长效机制，率先建成资源节约型和环境友好型城市，切实增强可持续发展能力"。因此，以绿色产业的发展为广州城市的可持续发展注入源源动力，既是落实中央加快生态文明建设之举，也是推动城市可持续发展、实现产业转型升级的客观需要，广州市应该尽早着手相关工作。

（四）以高标准的成功案例为全市树立绿色标杆

温哥华通过规划拱顶形的城市天际线、北福溪湾以及市中心南区的高

密度住宅区、东南福溪湾的水旁完善小区 3 个高标准的成功案例，既改善了城市环境，也为全市其他地区以及其他城市树立了先进标杆。

目前，广州市在节能环保建筑、绿色城市规划、废水废物循环利用等涉及城市生态文明建设的重要方面，尚未取得显著进展，"宜居广州"的建设依然任重道远。究其原因，除了相关部门仍未较好地履行相应的公共责任，相关的法律法规仍不健全，以及广大市民的生态文明意识尚不到位以外，缺乏现实成功案例的示范作用也是一个重要因素。广州市的公共部门、私营部门、广大市民对于何谓生态文明、何谓"宜居广州"等先决性问题并无真切认识，与此有关的工作自然难以开展并落到实处。

课题组建议广州市借鉴温哥华的成功经验，通过打造高标准的成功案例，为全市的生态文明建设树立标杆。具体而言，可考虑由分管相关工作的市级行政领导担任召集人，由广州市城乡建设委员会牵头，联合广州市环境保护局、市精神文明建设委员会办公室、市创建国家卫生城市指挥部办公室等有关部门，在广州的老城区、新城区、城乡结合部分别选取若干生态环境较恶劣的区域作为试点，从社区规划、现有建筑的节能改造、绿色房屋的设计及建造、废水废物循环利用、降低社区整体能耗等各领域进行全面改造，待其取得一定实际效果之后，再总结经验、加以改良，并向其他社区推广，以此推动广州的生态文明和宜居城市建设取得新进展。

Vancouver: Livable Sustainable City and Public Responsibility

Guangzhou Development Research Institute of Guangzhou University

Abstract: With continuous population inflow, Vancouver faced increasing housing and environmental pressures. In order to meet all citizens' demands in the future, Vancouver has implemented a project called 'Ideal Vancouver: Create Universal Sustainable Livable Space'. This project successfully made use of city intensity to create a livable, sustainable environment. This project has enlightened Guangzhou in the following four aspects: (1) guide the city's development and construction through advanced concepts; (2) develop long – term planning for urban development; (3) promote green industry development to shorten the period of environmental governance; (4) set up high – standard cases on environmental protection for the city.

Keywords: Livable sustainable city, public responsibility of government, green industry, environmental governance

利隆圭：城市管理与可持续发展

——"约翰内斯堡：城市导师计划"项目对广州的启示

广州大学广州发展研究院课题组[*]

摘　要： 为提高城市的可持续发展水平和科学管理能力，改变城市发展面貌，利隆圭市政府围绕"约翰内斯堡：城市导师计划"项目制定并开始实施新的城市发展战略。该项目在以下 4 方面对广州有所启示：（1）建立科学的评价指标体系以提升效能，强化政府的履责和治理能力；（2）加强区域间的协调合作，推进政府间城市管理经验方法的交流学习；（3）发挥咨询机构、基金会、私营机构等各类型社会组织的中介作用，增强政府与这些组织之间的互动与合作；（4）强化组织机构人力资源的开发、组织和培训，培育执行能力强、参与归属意识高的人才队伍。

关键词： 城市管理　城市导师　可持续发展　城市发展战略

作为千年宣言的签署国，马拉维根据宣言精神开始制定本国的国家发展战略来指导本国发展，完成千年发展计划的目标。然而遗憾的是，其国家增长与发展战略并未能有效解决利隆圭面临的一些具体问题，例如，城市化的高速发展（从 2000 年一直到 2010 年其城市化速度一直保持在 5.22%）；贫民窟的不断涌现（75% 的城市居民都住在贫民窟中）；城市贫穷现象严重；政府工作人员的玩忽职守以及城市最基本的基础设施建设缓慢等。利隆圭市传统的发展规划工具，如总体规划和结构规划等无法应对其面临的复杂的社会和发展问题。除此之外，全球环境问题也对其发展提出了挑战。这种严峻的现实迫切要求利隆圭重新制定适应形势变化的长期发展规划来确保城市发展的可持续性和协调性。基于此，为了提高城市的可持续发展水平和科学管理能力，改变城市发展面貌，2008 年，利隆圭市政府围绕"约翰内斯堡：城

---

　* 执笔：周凌霄、艾尚乐。

市导师计划"项目制定并开始实施新的城市发展战略。2012 年"约翰内斯堡：城市导师计划"项目从全球 255 个"广州国际城市创新奖"（下文简称"广州奖"）的候选项目中脱颖而出，使利隆圭获得首届"广州奖"，成为 5 个获奖城市之一，得到评审团的积极评价和赞誉。

一 "约翰内斯堡：城市导师计划"项目的产生背景

（一）相对有限的城市治理能力难以适应城市化的高速发展

马拉维作为非洲近年来城市发展速度较快的国家之一，其城市化速率从 2000 年到 2010 年一直保持在 5.22% 左右。然而，伴随着城市化程度的不断加深，其在城市建设和发展过程中出现了一系列的突出问题，阻碍了城市规模的进一步扩展和发展质量的进一步提升。例如，贫民窟的大量出现（据不完全统计，75% 的城市居民都住在贫民窟之中）；社会两极分化严重（富人和穷人之间区隔较为明显）；政府运作效率不高（相当一部分政府工作人员职业态度消极倦怠）；城市的基础设施如道路、医院、学校等建设较为缓慢等。这些在城市化进程中日益暴露的问题凸显出其传统意义上的城市发展规划与模式已经远远不能应对国家复兴与进步所面临的复杂的多元挑战。利隆圭自身对于城市问题的治理能力亟待提高，因此迫切需要以一种崭新的理念和方式来指导城市的可持续发展，促进城市治理水平的提升。

（二）推进区域和城市间交流的迫切需要

随着近年来非洲国家整体的复兴和发展，区域和城市间的交流合作日益加深。马拉维作为中南部非洲的代表之一，也作为联合国千年宣言的签署国，围绕着宣言目标，在制定本国城市发展战略的过程中积极主动寻求与本区域周边国家和城市进行学习交流，探讨在城市建设和发展领域深入合作的可能性和方式安排。2007 年，利隆圭作为世界城市和地方政府联合组织（UCLG）的一员参加了在南非首都约翰内斯堡举办的未来城市研讨会。在会上，利隆圭提出申请，希望能够得到其他已经制定了卓有成效的城市发展战略的会员城市在城市建设和管理方面的指导。2008 年，约翰内斯堡、世界城市和地方政府联合组织（UCLG）、非洲城市和地方政府联合组织（UCLGA）及南非地方政府联合组织（SALGA）等相关国家的城市、组织联合批准了利隆圭的申请。这就拉开了利隆圭与本区域周边国家城市互助合作、共同发展的序幕。

（三） 应对全球生态变化和自身资源利用的挑战

作为全球生态链条的一个重要部分的马拉维，自身拥有一定的自然资源和尚未大规模开发的生态环境。但是，随着国家的整体发展和城市的高速扩张，其面临着在城市化进程中对自身生态环境和自然资源进行合理有效保护及利用的严峻挑战。快速增加的城市人口、各种工业和产业的建设拓展、矿产资源的挖掘开发、生产生活垃圾的排放与处理、珍稀动植物的保护等成为摆在利隆圭市政府和市民面前需要认真应对的现实挑战。因此，积极借助城市导师计划的实施来指导自身的环境保护和资源利用成为必然的选择。

二 "约翰内斯堡：城市导师计划" 项目的实践运作

（一） 项目的人员构成、职责配属和实施运作

1. 人员构成

人员构成主要是两部分：项目参与方与合作伙伴。

项目参与方包括：利隆圭市议会（LCC）（公共部门）、马拉维政府土地资源部、当地政府和其他部门、城市联盟（非政府组织）、约翰内斯堡市（公共部门）、国际组织（日本国际协力机构［JICA］、联合国人类居住区规划署、德国技术合作公司）、社区发展委员会和利隆圭当地的其他组织。

合作伙伴包括：约翰内斯堡市议会、城市联盟、地方政府部门。

2. 职责配属

参与方当中，利隆圭市议会（LCC）（公共部门）、马拉维政府土地资源部、当地政府和其他部门、城市联盟（非政府组织）、约翰内斯堡市（公共部门）等主要负责项目的具体实施，包括计划的设定、预算的安排、项目的选择、效果的评估、各类资源（如资金、人力、技术等）的分配等。

国际组织（日本国际协力机构［JICA］、联合国人类居住区规划署、德国技术合作公司）、社区发展委员会和利隆圭当地的其他组织则主要负责具体项目的对接，包括资金和人力的投入、运作的指导、人员的培训以

及效能的评测等。

合作伙伴当中，约翰内斯堡市议会为利隆圭城市发展计划的制订提出专业性咨询意见、技术帮助及资金支持等。城市联盟作为项目的主要资助者和资金来源方，提供一般性的技术层面的支持。利隆圭当地政府部门则负责政府具体技术政策方面的执行，确保该项目与马拉维增长和发展战略（MGDS）以及联合国千年发展目标（MDGS）相适应。

3. 实施运作

城市导师计划项目的实施运作分为三个阶段。

第一个阶段：准备阶段。这个阶段主要是针对城市发展战略本身进行规划和设计。该阶段实施运作的关键在于落实城市发展战略的背景信息。背景信息包括城市联盟提供的孵化基金、能够提供一个机制化报告的本地顾问团体、捐赠者和利益相关者的评估以及对于可资利用信息的评估等。准备阶段的重要性在于其凸显出利隆圭市政府当前面临的困境：缺乏稳定的政治框架、领导者和执行者缺乏行动力、团队精神匮乏、管理计划缺失、资金来源单一、设备老化以及部分人员腐败等。而解决这些困境的方法就是稳定战略。

所谓稳定战略，实际上指的是 UCLG 团队和导师计划团队协同运用的有效工具，其目的在于减少市政府在运作过程中的失效和执行不利等状况。该战略主要包括：透明的财务管理、有效的人力资源管理、充分的设备器材维护和更新等方面。稳定战略作为 UCLG 和城市联盟合作的实践样板，其作用和意义在于为城市导师计划提供良好的资源支持和系统指导。

第二个阶段：城市发展战略的准备阶段。这个阶段的实施始于 2010 年 2 月，所有的利益相关方，包括国家、私人、社会团体等作为合作伙伴参与其中。这个阶段的运作基于第一个阶段提供的各种信息，导师团队、市政府和其他资助者联合给予的各类指导和支持基础之上。该阶段主要针对利隆圭城市发展战略进行宏观分析。它是城市导师计划运作的重点阶段。该阶段的完成时限控制在半年之内。该阶段的实施运作主要涵盖以下几个层面：①利隆圭概况的分析，包括自然、人文、社会、经济等发展的基本情况和态势；②城市现状及面临挑战的分析，包括城市基础设施建设情况、政府部门的组织结构、城市管理的水平以及当前凸显的社会问题与矛盾等；③城市愿景的提出，包括未来发展方向的确立、发展目标的确定、发展步骤的规划等；④目标行动和时间规划，包括战略实施的行动方案的设计规划、战略实施的时间安排等；⑤高水平的管理策略的制定，包括政府部门新的管理系统的引入和运用、组织人员的学习和培训等。

第三个阶段：城市发展战略的执行阶段。这个阶段同样是城市导师计划实施的重点阶段。该阶段主要对城市发展战略当中具体项目的运作进行规划和指导，减少阻力，使其能够在实践中运转顺畅，进行监督并评估实施效果。这个阶段的实施运作主要包括以下几个层面：①商业计划的准备，包括城市商业设施的规划布局、商业资源的有效配置等；②部门和城市的议事日程，包括政府各个部门议事规则的制定、议事方式的运用、议事内容的安排等；③城市间网络提供的信用评级，包括城市间合作领域的开拓、城市间合作方式的选择及城市间合作效能的评估等；④10年的资本计划，主要是针对未来10年城市发展所需资本投入取向进行方案设计；⑤对于城市治安状况的调查，包括城市犯罪情况的系统化监控、城市治安情况的联席会议机制的运用等；⑥城市废弃物的处理计划，包括城市垃圾处理方案的制定、城市废弃物处理方式的选择和民意调查等；⑦法律条款的审核计划，包括支持城市发展战略实施的各项配套法律法规的制定、相关法律条款的修正及年度法律执行情况的审查等。该阶段的执行主要由比尔·盖茨基金会来负责，该基金会主要承担提供资金、优先项目选择、目标策略更新、技术帮助、人员培训、信息交流等方面的支持。与此同时，利隆圭市政府也专门设立了专属部门来负责对具体项目的实践运作进行跟进、监督和管理（图1、图2）。

图1 利隆圭市政府

图 2　利隆圭"城市导师计划"执行组织人员

(二) 项目的创新特色

1. 管理与治理方面。该创新项目确定了一条战略性指导原则，即确保到 2015 年，利隆圭将会有一个管理有序、公正透明、责任意识强的市议会，有明确的职权划分和功能划分，参与决策有系统性、条理性及合法性。具体而言，利隆圭市政府设置了专业化的软硬件，它们成为能够有限度进行会计账目计算的电子财务系统。此外，市政府引入了利率换算和评估系统来帮助完善不断变动的预算。其结果显而易见，一方面，市政府的预算审计由 2002～2003 年度扩展到 2011～2012 年度；另一方面，由于识别并消除怠工机制的有效运转，大规模渎职现象消失，履责情况明显好转。正因为大批的重要职位能够被确认，城市发展战略的第二、第三阶段得以顺利进行。比如，2012～2013 财政年度，大约 60% 的职位保持稳定的状态。随之，绩效考核方案开始有条不紊地运作并带动了部门商业计划的适时推出。

与此同时，周边城市也开始向利隆圭市取经学习。布兰代尔和穆祖祖的市政府也开始借鉴利隆圭市政府的做法，相关的法律政策陆续出台。此外，旨在减少城市导师计划运作过程中违纪行为的反腐败公约的制定也提上议事日程。

2. 居所和土地方面。借助城市发展战略，2010 年，比尔·盖茨基金会提供了 250 万美元用于改造利隆圭市的两个非正式的居住区。除此之外，市政府还对 1619 个定居点给予了专项拨款以满足城市整体规划的要求。

3. 基础设施与环境方面。道路方面，人口聚集区的道路得到有效整饬，特别是一些碎石土路被转化为砖面路。环境方面，由约翰内斯堡市支持督导的固体废弃物处理计划开始运作。

4. 社区发展方面。医疗方面，在城市发展战略刚开始的阶段，由于资金和人力资源的缺乏，许多社区诊所被关停。随着计划的深入，两家规模宏大、医疗条件完善、资金充足的医院开始运转。在实施城市发展战略的许多年之前，利隆圭市面临着霍乱大规模暴发的威胁。而导师计划执行之后，霍乱的大规模暴发现象逐渐减少。教育方面，345 名教师接受了再培训，教师公寓也得以进一步修缮。除了安全保障之外，城市道路的照明系统和交通信号系统也得到了维修和升级。

5. 效果评估方面。每一个财政年度结束时，市政府的六个部门将共同制定记分卡，由 CDS 部门提供技术支持。CDS 部门在全部审阅后，制定市议会记分卡，该记分卡与市议会的预算相配套，其中包含了一个证据项目，即在检测过程中发现的、能证明已经采取某项措施的证据。CDS 部门与项目监管和评估主任协调合作来监测市议会工程或活动的进展，并将其与记分卡中的承诺相比较。

6. 工作方法方面。在实施城市导师计划之前，市政府每个部门都是各自为政，自己规划每年度的活动，制定预算方案，视可用资源的充足程度而实施，仅向总理事报告工作即可。该项目实施之后，工作方式发生变化。例如，有关 CDS 中提及的工程进展报告全部交给 CDS 部门，而 CDS 部门在提供技术性意见后，将报告提交给管理委员会会议，然后再提交给总理事，总理事会将季度报告交给当地政府的相关部门。这种方法的关键在于各部门会提交简略的项目提案给 CDS 部门，CDS 部门在此基础上提出一份详细的提案给国家政府或在考虑范围内的资助者。

此外，利隆圭市政府还挖掘出约 2000 块住宅及商业用地，将其分配给城市低收入人群，并且改善中低收入人群住宅区域的用水和卫生设施；同时，加强社区储蓄及贷款协会的服务，消除性别歧视，鼓励更多女性参与到社会事务中来（图 3、图 4）。

图 3　利隆圭妇女参与社区服务

图 4　利隆圭城市社区金融监管与教育宣传

三　"约翰内斯堡：城市导师计划"项目存在问题和发展方向

（一）存在问题

1. 资金来源单一。虽然该项目由利隆圭市议会、马拉维政府土地资源部、城市联盟、约翰内斯堡市、国际组织（日本国际协力机构［JICA］、联合国人类居住区规划署、德国技术合作公司）、社区发展委员会等参与，但是资金主要由市政府、城市联盟及一些非政府组织根据需求评估提供，额度从 2008 年 7.2 万美元增加到 2012 年的 24.9 万美元，但从整体上看仍然缺乏稳定的资金投入来源，特别是缺乏对一些大型高端项目的支撑，而且公司、企业、私营机构等单位的参与意愿不强，无法支持项目计划的持续和有效运作。

2. 人力资源缺乏。城市发展战略的实施需要较多的高素质劳动力来负责执行，但是利隆圭市的整体人口数量和质量却长期处于低端水平，据有关方面统计，利隆圭市人口规模在 60 万人左右，失业率长期徘徊在 20% 左右，一半以上的人口处于文盲或半文盲状态，由此不难看出，较低的人口素质及较小的人口规模难以支持城市导师计划和发展战略的有效和深度实施。

3. 公务员素质有待提高。城市导师计划在实施阶段初期遭到了来自市议会某些工作人员的反对，尤其是一些官员由于不愿意承担该项目带来的更多工作任务以及低廉的工资水平而联合抵制项目运作。为了解决这些阻碍，市政府通过组织研讨会来教育相关人员使其意识到城市发展战略对其工作和生活带来的改善和益处。最终，阻力消除，项目得以顺利实施。

（二）发展方向

鉴于利隆圭城市议会在近些年遇到的诸多难题和挑战，城市导师计划在管理进程和基础设备层面的推行和拓展同样面临着从策略谋划到实践执行的重要变化，因此，依托城市导师计划建构起来的城市发展战略同样面临调整和改变。从长远看，其未来发展主要着眼于以下几方面。

1. 强化城市发展战略的组织结构。即稳步推进行政机构的规模化和网络化，发挥向心力和凝聚力。

2. 提升管理和收支平衡水平。即引入更为先进的行政管理会计核算系统，进一步提升工作和办事效率。

3. 确保城市发展战略的预算和部门商业计划的可行性。即实行预算的可操作和透明，便于相应的商业项目的有效投入。

4. 部门和城市记分牌系统的有效运转。即通过该系统的功能升级，促进政府部门绩效考核的顺畅和公正。

5. 确保投资者的责任承担。即制定法律制度合理规范投资者经营行为，维护其权益。

6. 强化城市建设水平并确保城市设施运转顺畅。即加大市政基础设施建设的投入，改善城市面貌。

7. 可持续的城市运输服务。即构建符合城市发展动态规律的城市运输体系，提升城市现代化水平。

四 "约翰内斯堡：城市导师计划"项目对广州的借鉴和启示

城市导师计划体现出"广州奖"的宗旨，成为城市间互助协作以提高其管理及可持续发展能力的典范。该项目的成功实践不仅可为世界上其他国家和地区之间的城市管理经验学习与交流提供参考，而且能够为广州市提升城市治理能力、推进区域间城市管理方面的协作发展、增强政府与各类型社会组织的互动沟通以及促进城市人力资源的可持续发展等提供可资借鉴的启迪和示范。

（一）建立科学的评价指标体系以提升效能，强化政府履责和治理的能力

科学评价指标体系的作用主要在于将政府主导参与社会管理的各项职能数量化和细分化，通过指标的选取、分配和完成程度的量化来评判政府各个部门在履行职责、推进治理方面的质素和水平，有利于从微观层面考察和评估政府的行政效能。例如，利隆圭市政府引入记分卡制度来考察政府相关部门在推行城市发展项目建设方面是否存在渎职、滞后以及效率低下的情况。广州市在这方面可以学习借鉴利隆圭市政府的做法，结合自身特点并针对各项市政建设和服务项目建立统一科学的指标责任体系，具体而言，可以从几个方面着手：首先，应将政府不同部门所负责的职责任务按照完成进度、质量水平、成本消耗、现实收益、资金投入、责任人员构成等要素予以分类管理；其次，采取先进的技术手段和第三方机构统一进行效能的对比评估；再次，在实践中成立专门的专业化机构来监测考察职责任务履行的具体效果，总结其得失并进行反馈。这样一来，一方面可以尽可能减少在项目运作和管理过程中出现的不透明、不公正、不作为、效

率低下、腐败等现象，保障和维护政府的信誉；另一方面则能够进一步强化不同部门之间的协调合作和人员之间的合理流动，防止各自为政、推诿扯皮、尸位素餐等现象的发生，提升政府部门的运作效率及人员的归属感和使命感。

（二）加强区域间的协调合作，推进政府间城市管理经验方法的交流学习

城市导师计划的一个重要创新就是利隆圭市先借助约翰内斯堡市的支持制定城市发展战略，然后将所实践的发展建设和管理经验传播给周边其他城市。这种以互助合作和以点带面的方式来交流分享城市建设理念和成果的做法，不仅能够增强城市自身的发展活力，而且能够带动区域内部周边城市联动发展。对于广州而言，其在城市发展和创新城市管理方面可以学习借鉴利隆圭市的这一做法，从以下几个方面入手：首先，充分利用自身对周边城市的辐射带动作用，在理念思路上摒弃原来"双头争霸""诸侯经济"的狭小视角，构建梯级递进的圈层发展格局，如从广佛都市圈、广佛肇一体化拓展到珠三角大都市群；其次，在实践运作中以互助协作、合作共赢的方式与周边城市深入探讨政府职能转变、城市创新建设、社会管理服务、环境协同治理、文化多元融合、法律规制保障等方面的成败得失；最后，通过各种形式的合作和协商，如各城市市长牵头的城市市长高端峰会，不同城市经济、社会管理、文化、环保等部门相对接的联席会议等，以消除误解、增进互信、取长补短，实现多种资源要素的合理配置，优势特色的汲取互动和城市之间的共生发展。

（三）发挥咨询机构、基金会、私营机构等各类型社会组织的中介作用，增强政府与这些组织之间的互动与合作

在城市导师计划的实施过程中，以城市联盟、日本国际协力机构（JICA）、联合国人类居住区规划署、德国技术合作公司为代表的各类型社会组织起到了极大作用，发挥了巨大的影响力。令人印象深刻的是，比尔·盖茨基金会在城市发展战略的第三个阶段中在资金支持、目标计划制订与更新、项目优先选择实施、人力资源调配等方面给予了强有力的支持和协助。不难看出，该项目的效能和作用发挥离不开各类型社会组织的积极参与和主动对接，能够解决资金来源单一、执行效率低下、人力资源短缺等

棘手问题。从这个意义上说，广州在自身的城市和社会管理过程中同样需要摒弃传统的限制政策，积极发挥各类型社会组织的作用，以完善政府在社会治理层面的漏洞和不足。具体而言，广州可以从以下几方面入手：首先，放开社会组织的登记注册门槛限制，打破行政壁垒，拓展其业务活动范围以调动其积极性和创造力；其次，针对城市建设发展过程中的重大项目推行，主动接受社会组织的民主监督和严正质询，比如已经运作的同德围公咨委模式，保证项目的公正、透明、合理和有序；再次，在推进社会公共服务类项目委托外包的过程中，创造社会组织以平等自由的主体身份参与招投标的客观条件和氛围，严格制止并杜绝暗箱操作和舞弊行为发生；最后，营造政府部门与社会组织之间积极互动、相互学习交流的良好环境，如实施定期的公众咨询公开日活动、特定项目的巡回宣讲传导、重大事件和突发情况的应急处理机制、阶段性的舆情调查统计等，增强彼此的信任和理解，促进和谐大局的维护。

（四）强化组织机构人力资源的开发、组织和培训，培育执行能力强、参与归属意识高的人才队伍

毋庸置疑，人力资源在任何一种组织架构当中都占据着举足轻重的地位。在城市导师计划的推进过程中，很重要的一点就是人力资源的开发和利用。由于历史的原因，该项目所处地区的教育水平较为落后，人口素质低下，影响到了城市发展战略的实施。因此，利隆圭市政府多方筹集资金对政府工作人员、医务工作者、教师学生、农业技术人员等进行了多种形式的培训和教育，提升其职业技能和业务水平，取得了良好的实践效果，尤其促进了政府办事效率的提高和公务员队伍归属感的增强。在这一点上，广州作为人才大市，应该借鉴利隆圭市的理念和做法，在大力引入人才、培育和发挥在地化人才作用方面加大支持和投入力度：首先，制定人才发展的中长期战略，从宏观层面和战略高度谋划人才发展格局；其次，积极引入高端人才，打造人才高地，相关部门应根据当前城市发展状况和世界先进经验，主动对接人才的自由流动，构建高平台、宽范围、低门槛、多样态、吸引力强的可塑性人才引进机制；再次，联合本地高等院校、研究机构、企业事业单位等，拓宽各类型人才自由进行理念交流、生涯设计、培训提升、应用合作的渠道，为其发展成熟提供更多机会和空间；最后，加强区域之间、国别之间的人力资源互动，

开展诸如参访、留学、委培、挂职等多种形式的合作，开拓延展全球性视野，塑造一批适应能力强、创新意识活跃、实践应用迅捷的人才队伍，积淀必要的人才资源。

附录：利隆圭市概况

利隆圭是马拉维的首都（1974 年从松巴迁来）、第二大城市，位于马拉维中西部利隆圭河畔，人口 597619 人（2003 年）。现占地面积 1940 平方公里，海拔 1000 米以上，市中心留有一块自然保留地，茂密的树林把附有漂亮花园的别墅区与稠密的工人住宅区截然分开。市内除新建的总统府、国会大厦和政府办公大楼外，高级旅馆和饭店拔地而起。市区附近有庞大的农副产品市场。著名的班达农学院设在市内。郊外山峦葱郁，景色壮丽。周围是富庶的烟草和农业区。沙利马湖是游人休憩的佳地。

利隆圭工业以烟草加工为主，还有肉类加工、服装、家具等工业。中部地区是农产品集散中心，商业颇盛。有铁路支线通萨利马。附近建有水电站。为全国公路中心，干线公路南通布兰代尔和松巴，北通广大北部地区，东至马拉维湖畔，西通邻国赞比亚。有国际机场。城市分新城和旧城两部分。新城为政府机构、使馆、警察总部、银行和法庭的集中区。旧城为传统服务业和零售业集中区。

由于基础薄弱并受自然灾害和国际经济波动的影响，利隆圭经济较为困难。穆卢齐政府重视加强经济管理和促进生产，1995 年以来实施"脱贫及增长战略"，进行私有化改革，并采取措施加强外汇管理，稳定汇率，增加出口，吸引外资；2002 年在西方国家督促下，制订了"脱贫战略三年计划"，将提高生产力、增加非农业就业、提高农业收入和改善社会服务作为经济工作重点，并着手实施经济多元化战略，扶持旅游业、矿产业和制造业。2005 年 6 月，穆政府开始实施为期三年耗资 5600 万美元的新"脱贫及增长战略"，并得到国际货币基金组织的支持。

利隆圭现任市长是威利·查朋德拉。

Lilongwe: Urban Management and Sustainable Development

Guangzhou Development Research Institute of Guangzhou University

Abstract: To improve the city's sustainable development capacity and scientific management ability and change the image of urban development, Lilongwe municipal government has implemented a new urban development strategy through the project 'Johannesburg: Urban Supervisor Program'. This project has enlightened Guangzhou in the following four aspects: (1) establish an evaluation index system to improve its governments' effectiveness and strengthen their responsibility and governance capacity; (2) strengthen the coordination between different regions and promote communication and learning of management experience between governments; (3) stress the role of various types of social intermediary organizations, such as consulting agencies, foundations, and the private sectors, and enhance interaction and cooperation between the government and these organizations; (4) strengthen the development, organization and training of human resources in these organizations, foster talent teams with strong implementation capacity and high participation consciousness.

Keywords: urban management, urban supervisor, sustainable development, urban development strategy

库里提巴：最宜居城市的绿化政策创新

——巴西库里提巴绿色区域项目调研报告

广州大学广州发展研究院课题组 *

摘　要：为应对迅速的人口增长及其对城市生态承受力造成的巨大负担，巴西库里提巴市实施了"绿色区域"项目，因此成为世界上城市计划发展得最好的一个例子，在生活质量方面也名列世界城市前茅。该项目在以下 3 方面对广州有所启示：（1）以先进的城市生态理念为指导，创建以宜居城市建设为核心的城市总体发展规划；（2）制定严格的环境保护法规，相应建立执行力较强的综合性环保部门；（3）加强生态环境管理领域的参与机制建设，建立可持续性环保发展体系。

关键词：可持续发展　绿色区域　城市规划　环境保护

库里提巴（Curitiba）是巴西巴拉那州的首府城市，巴西第七大城市，也是巴西南部最大的城市（2012 年约 174689 人，面积 432 平方公里），是拉丁美洲的一个文化、政治、经济中心。不过，与诸多国际性大都市相比较，库里提巴无论人口规模还是经济地位，都称不上令人瞩目；然而，就是这样一个中等规模的城市，早在 1970 年代就提出"可持续发展"的理念，成为快速交通系统（BRT）的发源地、第一批被联合国命名为"最适宜人居"的城市，在国内及国际社会享有"生态城市"等美誉。如今，库里提巴被认为是世界上城市计划发展得最好的一个例子，在生活质量方面，库里提巴也名列世界城市前茅。更值得一提是，1996 年 6 月，联合国城市最高级会议市长和城市计划者高层会议（或称 HABITAT Ⅱ）主席在伊斯坦布尔称赞库里提巴为"世界上最有革新精神的城市"。

2012 年，库里提巴市以它从 20 世纪 70 年代开始形成理念的绿色区域

---

　* 执笔：周凌霄、蒋余浩。

项目参评第一届广州国际城市创新奖时，评委会高度肯定了该项目的持之以恒与锐意创新。本报告立基于实地调研，对库里提巴绿色区域项目的制度基础、创新机制、推进情况、实施效果以及对于广州城市建设可能具有的启示，进行简要讨论。①

一 绿色区域项目的理念及其制度基础

（一）"大地永继，生民不息"：绿化项目的基本理念

在库里提巴市政府环境保护办公室印发的宣传小册子上，第一页第一行写着"大地永继，生民不息"（The Earth remains always the same, but the people that live on it multiply）这句话，这是这座城市可持续发展战略的基本理念。

作为拉美世界最大的国家，巴西早在 20 世纪初就开始了工业化进程。从 50 年代开始，巴西推行"进口替代"经济模式，并且依靠大规模举借外债获得了经济腾飞，例如在 1967～1974 年经济年均增长率达到 10.1%，创造了世界为之侧目的"巴西经济奇迹"。然而，由于不恰当的收入分配结构和消费结构，在经济奇迹得以创造的同时，也造成了整个经济社会的畸形发展：一方面是高歌猛进的现代化进程，另一方面却是大多数人口没有分享到这种高速发展的好处。事实上，巴西在 50 年代后期已经开始逐步陷入迄今为各国决策者及学者反复讨论的"拉美陷阱"——为维持高速的经济增长，也为了摆脱日益严重的社会分化等困境，巴西数任执政者推行更为激进的工业化和城市化政策，以牺牲农民利益为代价，扶持城市扩张以及低端产业发展，造成大量农民失去土地，涌入大城市中，在如圣保罗等现代化国际大都市中形成令人观之生惧的大规模的贫民窟，严重损害了经济社会的可持续发展能力。

较之里约热内卢、圣保罗、巴西利亚等大城市，库里提巴的发展状况相对均衡，但是也遭遇到快速城市化负面效果的冲击：从 20 世纪 50 年代后期开始，在巴拉那州，由于采取鼓励农村产业化与机械化结合的政策，

---

① 由于绿色区域项目的设计中涉及大量环境学、生态学、生物学、公共经济学、规划学、法律学领域的专业知识，本报告参考了若干网上资源以及学者论述，文中不一一注明，在此一并致谢。

庞大的人口流动到首府库里提巴，致使该市居民数由 1960 年的 37 万急剧膨胀到 1980 年的超过 100 万。人口的急剧扩张，给这座城市的生态承受力造成了巨大压力。库里提巴市政府在 1986 年完善环境保护办公室的建设，但是明确强调环保政策必须追溯到 20 世纪 70 年代（在世界上首次）提出的"城市可持续发展理念"，通过"大地永继，生民不息"这句箴言，明示城市发展的全部公共政策必须贯彻这一理念，并且在其下具体形成"城市空间增长与环境保护的持续协调"这一公共政策的基本"公式"。绿色区域项目也是在这种理念之下的政策创新。

（二）一以贯之的规划：项目的基本制度框架

仅有先进的理念显然远远不够。作为巴西城市化进程最快的城市，库里提巴并未出现环境恶化的问题，相反，它却成就了经济发展与生态保护的双赢。作为一座发展中国家的大型城市，拥有如此宜居的生态环境，其制度方面的成功秘诀究竟在哪里？

首先，确立了先进的城市规划理念，并且贯彻始终。

论及库里提巴的成功秘诀，首先必须提到这座城市从 1970 年代就开始拥有的完善的城市规划与扎实的环保努力。这里不得不提起那位连任 3 届市长的杰米·勒纳（Jaime Lerner）。他与其他众多设计师一起，共同对城市进行了前瞻性的设计，起初就将库里提巴的建设目标定为一座规划与管理融为一体的生态之都。通过科学而精细、系统而前瞻的城市规划，在这里，城市绿地得到合理的设计，公共交通系统得到优先发展，城市垃圾得到创造性的解决。

杰米·勒纳 1937 年 12 月 17 日出生于库里提巴市的 1 个波兰裔犹太人家庭。1964 年，他毕业于帕拉纳联邦大学建筑学院，在 1 年之后，以建筑师身份帮助创建了库里提巴城市规划与研究院（IPPUC），并且参与"库里提巴大规划"（Curitiba Master Plan）项目的设计。勒纳于 1971～1975 年、1979～1984 年、1989～1992 年 3 次担任库里提巴市市长。之后，还于 1994 年、1998 年 2 次获选巴西巴拉纳州州长；从政坛退出之后，于 2002 年 7 月被选为国际建筑师协会（International Union of Architects）主席（2002～2005）。在库里提巴人心目中，建筑师出身的政治家杰米·勒纳，既富有世界眼光、公益情怀、崇高理想，又高度务实，能全身心投入公共事务。他被认为是库里奇巴市传奇般地实现跨越式可持续发展的灵魂人物。

20世纪70年代前的库里提巴与巴西大多数城市一样，面临严重的人口拥挤、贫穷、失业、环境污染等社会及环境问题。勒纳出任市长后，秉承全新的可持续发展理念并辅以少量政府投资，通过浅显而具体的愿景描绘及贯彻"跨部门整合""创意而有效率""以人为本""尊重公民，视公民为所有公共资产和服务的所有者与参与者""绿色城市"等系统化发展策略，激发了公众的想象力和参与热情，仅用一代人的时间，便在保护并发展生态环境的前提下，根本性地改善了城市面貌并大大提高了居民的生活质量，还获得了民众及后续历任市长的共识与支持，使库里奇巴不断走向可持续发展的目标。1990年，库里提巴成为第1批被联合国命名为"最适宜人居的城市"中唯一位于发展中国家的城市（其他4城市为温哥华、巴黎、罗马、悉尼）；它还成为世界上绿化率最高的城市之一，被誉为巴西的"生态之都"；在勒纳手上开始创建的快速公交系统（BRT）更使库里提巴成为这个领域建设的世界典范。

杰米·勒纳留给库里提巴这座城市的最大财富，是他为这座城市的发展确立了一种系统性的规划思维：他总是强调，"我们不能为了解决一个问题，而引发更多的问题，要努力把所有问题连接成一个问题，用系统的眼光去对待，用综合规划的办法去解决。"他的一句名言"城市不是难题，城市是解决方案"（"city is not a problem, city is solution"）如今已经获得世界诸多大城市建设者们的认同。这种系统思维凝结成的城市与环境协调发展的城市规划获得库里提巴人的高度认可，一直沿用至今。

其次，在统一的城市规划指导下，不断探索创新。

绿色区域项目是库里提巴实施的一次制度和政策上的创新。为了更全面了解这座城市的"革新精神"，还可以观察一下使它赢得世界级声誉的BRT建设。事实上，库里提巴之所以创建快速交通体系，同样是出于环境保护的规划理念的考虑：改善环境，就应先从交通着手，城市中一旦拥有方便快捷的公共运输，就能减少家用车的数量，因此，库里提巴发展出一套既特别又有效的公车系统，以一条环状路线连接其他线，让整个交通网更加便捷。

具体来讲，库里提巴市政府的城市规划方案，是将城市设计为线性发展模式（这是因为这座城市的自然形态就是沿河岸线呈线性发展的）：首先，把原市中心区边缘部分设计为各条道路的终结点，使中心区原有面貌得到保护，而且可能成为免受汽车干扰的步行区；其次，城市的发展沿着设定好的若干轴线走廊展开，轴线走廊两侧利用率最高，随着用地与轴线道路间距离的增加，土地使用密度逐渐降低；最后，城市交通主要由公交网络来承担，公交网络则由沿轴线道路行驶的大型快速巴士线、交叉连接各轴线的区域间巴士线及主要服务于低密度地区的接驳巴士线组成。

从1974年第一条快速巴士线开始运营，到1979年，库里提巴已经形成了一个由快速巴士线、接驳巴士线、区域间线路组成的全巴士公共交通网络。公共交通的成功发展，使巴士公交网络的使用率非常高，但是库里提巴人没有停止在既有成绩上，从20世纪80年代开始，又持续根据经济社会发展环境的变化而进行发展。例如在1990年前后，兴建并运营了直达特快巴士，即在原有快速巴士线两侧开辟与其平行的单向直达特快巴士线，提高公交网络的运力。近年来，该市又计划推行一个"绿色通道"项目，将一段约25公里的高速公路改造为BRT，以便改善这一区域由高速公路的车辆尾气及废弃物污染而造成的严重环境问题。这种持续不断的创新和建设，一方面可以使此前确定的沿主要轴线交通走廊进行高密度综合开发的规划理念更加明晰，另一方面也处处透露出及时应对城市发展新挑战的勇气和能力。作为系统性城市规划指导下的政策和制度创新的绿色区域项目，也与BRT建设一样，具有同样的"既遵循统一的规划指导，又呈现出创新精神"的特质。

二 绿色区域项目的基本内容

1986年，库里提巴市政府正式成立市政环境保护秘书处（Municipal Environment Secretariat），负责环保领域的研究、政策制定以及监督，核心功能是维护城市发展与环境保护、土地利用与交通协调一体。为了满足城市快速扩张的需求，在不损害这个城市发展潜力的前提之下，市政环保秘书处提出了绿色区域项目的建议。该建议使这个城市发生了变化，所设定的保护区（保护单位）以及对城市绿色区域的保存和保护成为它的主要特点之一。

——项目目标。绿色区域项目的理念说起来很简单，就是在城市内设定若干保护区域，把保护生物多样性与建设城市绿化带结合起来，特别关注河流沿岸和城市泛洪区的建设，因为这些区域对于候鸟、地方植物种群和动物种群来说十分重要。因此，实施绿色区域项目的举措，结合了绿化地带与水资源的保护。依照规划，项目实施的目标是实现每个保护单位（保护区域）的如下几个功能：（1）保护生物多样性；（2）防止非法占用河流和溪涧的岸边；（3）在绿色区域内提供游憩区、卫生设施和防洪措施。

——工作方法。库里提巴环保工作中最突出的工作方式，就是政府与其他科研、私营机构协作，共同进行科学研究以及政策制定。例如，秉持开拓进取的态度，库里提巴市于 2008 年与野生动物研究及环境教育协会——SPVS——签署了合作关系协议，协作从事量化植物在光合作用中及原生植物以生物量形式积累的碳中吸收的二氧化碳的工作，以便确定保护区域中的"优先植物"（即这类植物的存在不会对其他植物的生存和生长造成危害）。

同时，由于在巴西的城市环境中，没有任何其他类似的调查记录，为获得信息用于气候变化问题上的自然保护，库里提巴从事了如下工作方式上的探索。

（1）在本地区采样调查 15 个市级文物保护单位，了解到其减少的碳排放总量为 42854 吨（此前的环保措施每年仅仅使这些保护单位多减少 720 吨碳排放）。进而，根据推断估计制定政策：在该地区所有森林地区，每年封存 19007 吨的碳排放。[①]

（2）确定碳在城市绿化覆盖范围内的总库存量应为 42188 吨。

（3）确定在单个南洋杉松标本中，碳储量的估算结果为 70280 吨，占市立保护单位的森林目前估计量的 5.9%。

在这三项工作的研究结果基础上，最终形成有关优先植物的培育、保护与碳排放方面的政策。

——项目参与方及所需资源。首先，通过免费开放保护区域，以及发展绿色旅游业，吸引普通市民和游客参与环境保护。库里提巴市大约有 20% 的城市表面由很多森林片区覆盖，这些片区被市绿地系统所保护。市环保部门很早就指出，社会公众的参与对于这些地区的保护是必不可少

---

① 所谓碳封存（Carbon Sequestration），指的是以捕获碳并安全存储的方式来取代直接向大气中排放 CO_2 的技术。这项技术的基本设想是：（1）将人类活动产生的碳排放放捕获、收集并存储到安全的碳库中；（2）直接从大气中分离出 CO_2 并安全存储。由此，人们将不再是通过 CO_2 减排，而是通过碳封存的方法，同时结合提高能源生产和使用的效率以及增加低碳或非碳燃料的生产和利用等手段来达到减缓大气 CO_2 浓度增长的目标。

的，因为这是城市环境保护得以持续、有效开展的根本保障。库里提巴市政府环保部门清楚地认识到，在环保工作上建立最好的合作伙伴关系，是在人们开始将这些保护区域作为他们休闲的特有区域之后。这是因为这些区域并不收费，能够成为普通市民日常生活方式的一部分。这样的保护区域包括城市森林公园、动物园等，目前每年有约 100 万人参观。同时，旅游业也增长迅速，从 2005 年接待游客 220 万人增长到 2012 年的 370 万人。在 20 世纪 80 年代，全市居民人均绿地面积为 51 平方米，目前已达到 64.5平方米。

其次，为了让这项政策持续发挥作用，市政府环保部门与非政府组织、巴拉那联邦大学的研究基金会、公开环境大学与汇丰银行等机构建立合作关系，通过政府资助科研项目、牵头研发等方式，吸引这些科研机构、金融机构投入资源，共同从事城市环境的保护和土地利用与交通一体化发展方向的探索。

——项目创新。绿色区域项目可以被认为是发展性的同时是革命性的，其创新点既在于它通过一系列政策举措维持了一种先进的城市发展理念的持续性，又在于它进行了大量的革新性探索，实现了实施措施方面的推陈出新。

例如，首先，城市通过考虑对绿化地带的养护，对维护城市生物多样性和提高生活质量的手段进行了创新。库里提巴市制定了一个比联邦法律更加严格的环保方面的地方立法，并通过"土地发展权转移"①、"容积率激励"② 等制度设计，激励私人业主参与保护城市绿化，具体制度形式包

---

① 土地发展权转移（Transferrable Development Rights，TDR）概念最早起源于美国，它是指将对一块土地进行非农开发的权利（实际上是整体土地产权束中的一束）通过市场机制转移给另一块土地。或者换一种理解：如果把在某个地块上进行如非农业开发之类的权利称为土地发展权，那么这种权利可以从权利发送（或出卖）区的地块上分离出来，并被有偿转移到权利接受（或购买）区的另一地块上，这样，权利接受区（或地块）就可以获得比原来的土地利用规划确定的强度更高的开发强度，而权利发送区在出售或转让发展权之后，通常会受到严格的开发限制。参见汪晖、陶然、史晨《土地发展权转移与农民集中居住的地方试验：挑战与出路》，《领导者》总第 37 期（2010 年 12 月）。

② "容积率激励"是指土地开发管理部门为取得开发商的合作，在开发商提供一定的公共空间或公益性设施的前提下，奖励开发商一定的建筑面积。这个概念最早出现于 1961 年美国的新区划法。它们针对的是 1916 年的旧区划法过分强调功能分离以及随之造成的城市缺乏活力的问题。它是在出现土地私有制、追求更高土地产出效益、开放空间减少、历史建筑（群）遭破坏等社会环境问题的背景下，为协调私人经济利益和公众环境利益的关系而提出的。

括：（1）以减少税收的方式鼓励业主保护其名下地区的原生植被；（2）增加该地区非保护地域的在建建筑的楼层数（即奖励容积率）；（3）将可能的建设项目转移到其他地区（土地发展权转移）。

其次，因为这个项目在不断提高和改进，库里提巴市的这个项目规划也可以看作发展性的。一个能够说明该项目发展性的例子，是项目内容中的"消灭外来入侵物种"。① 外来物种的入侵被认为是原生植物和动物的多样性损失的第二大原因。库里提巴对所谓外来物种进行了长期的追踪研究，最后在 2008 年颁布 473 号法令，定义了森林中的入侵物种，从而在政策制度上为这一连续性工作确定了最终的成果。同时，为了保持 473 号法令的执行力，库里提巴市环保部门专门在绿色区域项目中设置宣教任务，开设了全市职工环境教育的课程，增加他们对植物的知识，提高人们对所谓外来入侵物种这一问题的认识。教育工作也在保护区附近的地区展开，特别是针对用本地物种代替外来物种的问题进行了大量的专题讲解。

最后，除了大量开展立法和监督方面的行动之外，具有高度创新精神的库里提巴市，还创造了私有市立自然文化遗产保护区——RPPNM，这是一个保护单位，让业主可以继续在私人领地里生活，保持该地区的绿色植被，并使该保护单位有可能成为环境教育和科研活动的场地，同时，城市法规也赋予了他们在其他不受环境限制的地区修建建筑物的权利。

三　绿色区域项目的实施效果

绿色区域项目的效果可以在很多方面展现出来，比如，保护单位的持续增加，人均居民绿化面积的增加，由于绿化面积的增加所减少的碳排放数量，以及该政策在国内和国际上的认可。

库里提巴现在有 22 个城市公园，16 个森林，1 个植物园，1 个生态实验站，两个环保区域和 11 个市立自然文化遗产私人保护区等 50 个保护单位。

---

① 这是生态学上的一个专门术语，一般的理解是：生态系统是经过长期进化形成的，系统中的物种经过成百上千年的竞争、排斥、适应和互利互助，才形成了现在既相互依赖又相互制约的密切关系。一个外来物种引入后，有可能因不能适应新环境而被排斥在系统之外；也有可能因新的环境中没有相抗衡或制约它的生物，这个引进物种成为真正的入侵者，打破平衡，改变或破坏当地的生态环境。

为了能够实现上述的绿化目标，首先，库里提巴市政系统早在 10 数年前就颁布了保护单位法（9804/2000），其中，除其他事项外，允许将可能的建设项目进行转移，为了建立新的保护区可以进行实物赔付或者在其他的城市中进行土地交换，将毗邻地区纳入现有的保护单位。这个制度设计就源于美国纽约州 1960 年代在州规划法中创造的"发展权转移"。通过在绿化面积保存和保护政策中设置发展权转移，库里提巴市成功地吸引了私人业主参与城市绿色保护的工作：尽管城市在持续增长，但是对城市森林遗迹的保护依然呈现出强有力的态势，使今天的人均绿化面积指数达到了64.5 平方米——这个测量值是从城市环境部的城市地理信息系统登记中得到的。

其次，通过创造 RPPNM（私有市立自然文化遗产私人保护区），促使私人更有积极性地从事环保工作。库里提巴市自 2006 年制定相关法律后，相继建立了 11 个市立自然遗产私人保护区（Cascatinha，Ecoville，Barigui，Bacacheri，Bosque da Coruja，Canela，ErvaMate，Guabirova，Taboa，Jerivá和 Cedro rosa），总面积为 81335.40 平方米，展现了社会大众对这个项目的关注和保护自然的意向。

有一个案例，非常能够说明土地发展权转移等制度设计对于私人参与环保工作的激励效果：距离市中心 3 公里的地方，有一处占地面积约 6000平方米的"小型森林"，这是退休建筑师阿尔维斯的私人物业，取名"猫头鹰树林"。阿尔维斯在 1970 年代购置了这处物业，之后纳入绿色区域项目建设中，作为私有市立自然遗产保护区而进行保存和培育。一方面，阿尔维斯通过与市政府协议，承诺不能在既有绿化地上再砍伐树木，房子所占的面积也不能再扩大；另一方面，作为从制度上得到的补偿，阿尔维斯获得受法律保护的 6000 平方米的"土地发展权"，这个发展权可以卖给开发商，开发商只有获得并且必须凭借这个"权能"才能在其他非绿化保护区域进行地产开发。阿尔维斯的 6000 平方米"土地发展权"可分割卖，如今，他已卖掉 1000 平方米发展权，获得 20 多万美元的现金回报。据预计，剩下 5000 平方米"发展权"还可卖 80 多万美元。加在一起，他这片森林的发展权能有 100 多万美元的收入。更重要的是，阿尔维斯依然可以在这里继续居住，享有这片森林的使用权。100 万美元的收入只是要求他保持原貌，不要搞破坏就行。阿尔维斯在这个私人绿化保护区里生活了数十年，不砍树不加盖房屋，保留了原始的生态面貌，这是对生态环境的很好保护。这位睿智的老人对调研组说了一句很朴实的话，非常切中库里提巴市绿色政策创新的要点："保护生态环境，其实也是一门很好的生意。"

最后，库里提巴市绿色区域项目吸引了各方专业人士参与环保工作。通过与非政府组织（NGO）野生动物研究和环境教育协会的合作，森林片区的物业业主可以接待来采访的专业人士，这些专业人士专门从事自然保护工作，可以提供技术指导、环境教育和关于外来入侵物种的信息，并披露建立市自然文化遗产私人保护区的可能性。这些访问的目的是采集这些领域的信息，描述森林片区的环境质量，并为保护区和它们的状态生成一个数据库，为未来应采取的行动建立规划，提供指导，以改善业主领域中的环境质量，并向他们显示另外的可能进行环境保护的选择，同时获取可能的经济利益。

森林保护片区的业主结合在一起，创建了一个协会，该协会叫作库里提巴和大都会地区的绿色区域保护协会（APAVE）。该协会从各种实体处得到支持，包括库里提巴城市环境部门。这个协会创建了社会和市政管理合作的一个机制，其基本理念是：大自然作为一种市民的自然资产，通过维持保护区和周边地区之间的联系，对它进行保护可为城市的居民带来更高的生活质量。这项工作除了维护地区的生物多样性外，作为一个过渡，也为迁徙物种的休息和觅食提供服务，并使城镇居民与自然接触，提高市民对于环境保护重要性的认识。

绿色区域项目的实施效果还可以从其他方面得到说明，例如，库里提巴市与野生动物保护机构从 2008 年开始联手测量被城区土著植物隔离的二氧化碳量，这是巴西在城市环境保护领域的首次尝试。测量显示，2013 年库里提巴的二氧化碳含量比 2008 年下降了 25%。碳含量的巨幅下降只用了 5 年时间，可见项目成效之显著。

截至目前，库里提巴市通过绿色区域项目已经成功建立了 14 块这样的绿色区域，而在未来若干年，这样的区域要达到 1080 个，届时可为库里提巴提供 1400 万平方米的绿地面积。

四 绿色区域项目对于广州的经验启示

广州近年来大力开展综合环境改善与建设，很多局部地区的城市小环境得到了有效改善，但是，体现生态城市标准的整体宜居性还有待进一步提升。广州市面临的难题在于：一方面，广州老城区用地紧张，绿化基础薄弱，用地置换难度大，宜居环境建设不易推行；另一方面，受土地权属、资金等因素局限，城中村、外围村的绿化相对缺乏，公共绿地覆盖较为不足。此外，伴随着市民生活水平与生活品质的不断提高，与市民日常休闲活动紧密相关的社区公园、街头绿地尚显不足，规模仍需增加，布局有待改善。

从创新广州城市环境保护工作机制的角度来看，库里提巴市的绿色区域项目有许多富有启示意义的经验。

第一，以先进的城市生态理念为指导，创建以宜居城市建设为核心的城市总体发展规划。

如同前文所述，库里提巴市的城市规划从1960年代开始就形成了先进的理念，并且一以贯之。这一点值得广州大力学习。广州当前必须组织专门科研力量，研究制定城市承载力的指标体系，根据统一指标体系分层次、分类别地划定生态保护区域。结合当前推行的"全域规划"，尽快完成《广州市生态城市总体规划》的编制工作，以及12个区（县级市）相应规划的编制与审查工作，形成全市统一、协调的生态空间规划和布局。在此规划之下，首先，应尽快设立专门工作小组，对碎片化的自然保护地进行整合调整，并将其及时纳入统一的生态保护规范以内；其次，应组织专门力量，编制市及各区县的自然资源负债表。根据自然资源负债表，以及各区自然条件确定资源环境承载能力的红线，并及时向社会公布。同时设定监查机制，当项目开发接近这一红线时，及时提出警告警示，对超载的项目开发，严格实行限制性措施，防止过度开发造成不可逆的严重后果。

第二，制定严格的环境保护法规，相应建立执行力较强的综合性环保部门。

库里提巴之所以能够长时期坚持绿色政策，正是得益于其严格的地方法规；同时，库里提巴的市政环境保护部门也非常得力：主管库里提巴绿色区域项目的，是拥有800多人的环保局。广州市长期存在环境治理和生态保护的法律法规刚性不足、缺乏强有力的环境与发展综合决策机构以及综合执法机构等问题。有必要实施制度创新：首先，应加快完成政绩考核标准的改革创新工作，在全市及下辖各区采用的考核指标体系中，增加生态文明方面指标的权重。应对广州重点生态保护区及相关重点限制开发区实行有区别的地区生产总值考核标准，并根据情况适当增加财政扶助，通过财政补贴和其他手段，支持该地区的生态建设工作；同时应设立财政激励措施，鼓励其他各区协同参与生态保护区域的建设。其次，应大力推动地方环保立法，尽快推动《广州市固体废物污染环境防治规定》和《广州市环境噪声污染防治规定》等2部地方性法规的修订工作，同时贯彻落实《广州市2012~2016年空气污染综合防治工作方案》《广州市空气质量达标规划》《广州市"十二五"时期环境保护规划》《广州市环境空气功能区区划》《关于严格环保审批强化 PM$_{2.5}$ 污染源头控制的意见》，尽快科学调整工作目标和任务，确保空气环境污染治理目标的实现。同时，强化机动车污染防治，全面推广使用粤Ⅳ标准柴油，加大淘汰黄标车力度，加大公交、出租车、公务车、环卫车、物流配送车、私家车推广使用新能源汽车的工作力度。最后，应建立统一的环境监管和行政执法机构、建立拥有统一管理职权的市立公园管理委员会等机构，统一实施相关领域的环境治理工作。

第三，加强生态环境管理领域的参与机制建设，建立可持续性环保发展体系。

库里提巴成功经验的最突出一点正是其高度的参与性，这充分说明，一定要把环境保护的主体确定为群众和市民，调动和发挥出市民的主体作用。以阿尔维斯的例子来说，其为环保做出了贡献，相应必须给予充足的回报，不能让环保家庭利益受损；同时，公共财政本身也没有为此支付额外经费，只是规划上做适当调整，出钱的是发展商，发展商得以扩大容积率也有可观的回报。这些具体的制度设计能否适用于我国的土地制度，还有待进一步研究，[①] 但是其中一些基本做法仍然具有启发意义。广州从中得出的启示是：首先，应加快与自然资源资产、生态保护相关的市场建

---

① 库里提巴绿色区域项目中综合运用了土地发展权转移和容积率奖励这些制度举措，取得非常好的效果。不过基于不同的体制条件和制度环境，广州能否直接借鉴这些制度创新，在进行专项研究之前，不能轻易得出结论。就我国其他地方的制度创新而言，重庆市目前实施的"地票交易所"，是国内最受关注的土地发展权转移的制度实验，但是其成效依然有待观察，不宜轻易推广；而"容积率激励"的举措，上海、广东省、黑龙江省、南京市等地都有地方性规定，如《哈尔滨市建筑容积率及相关问题管理暂行规定》规定："公建或住宅建设项目为城市提供公共空间或公益设施的建设项目，在交通影响、卫生、消防等许可的基础上，可进行容积率奖励，奖励上限不超过核定容积率的20%。"但这个制度在国内的应用情况并不理想，《中华人民共和国城乡规划法》实施后，哈尔滨的暂行规定也相应废止。

设，确立市场机制在环保领域的作用。加快完善污染物排放许可制度，以便尽快建立华南地区的碳排放权交易中心、其他排污权交易平台等；加快建设环保产品交易平台；加快自然资源资产的资本化运作机制建设。其次，应改革社会组织登记管理制度，鼓励成立从事生态环境领域工作的社会组织，同时设立财政专项资金，或者制定税费减免政策，鼓励各类社会组织参与环境治理事业。再次，应加大环境保护新闻宣传力度，运用手机、微博、微信等新媒体终端和信息传播平台，健全公众参与、舆情研判和信息发布机制，提升宣传的影响力、感召力。进一步推进环境信息公开，做好重点监控企业及主要河涌水质监测发布工作，加强环境信息公共服务，完善户外环境质量显示屏建设，充分尊重群众的知情权、参与权、表达权和监督权。最后，应联合科研机构，启动"广州生态文明研究系列"的建设工作，出版生态和环保类各领域的理论著作、知识读物，并且争取在近年召开集科学理论研讨、实际工作经验总结、规划远景展望、海内外理论与实践交流于一身的"广州生态文明论坛"，形成全民关注环境和资源保护建设、全民投入生态文明创建的社会氛围，大力推动广州生态文明建设。

Curitiba: Most Livable City's Green Policy Innovation

Guangzhou Development Research
Institute of Guangzhou University

Abstract: In response to the rapid population growth and the huge burden on urban ecological sustainability, Curitiba implemented the project 'Green Zone' and became the world's best city on urban planning and life quality. This project has enlightened Guangzhou in the following three aspects: (1) establish urban master planning cored by livable city construction and guided by the advanced ecological concept; (2) set strict environmental protection regulations and establish integrated departments on environmental protection with strong execution capacity; (3) strengthen the management participation mechanisms in the field of ecological environment construction and establish sustainable environmental development system.

Keywords: sustainable development, green areas, urban planning, environmental protection

不来梅：改善城市交通，促进节能减排

——德国不来梅市"汽车共享"项目的新理念对广州的启示

广州大学广州发展研究院课题组*

摘　要： 为了解决机动车辆过多带来的汽油资源稀缺、空气质量下降、城市噪声严重、停车空间不足导致道路空间被挤占等诸多问题，德国不来梅市实施了"汽车共享"项目，极大地改善了城市环境、交通状况并优化利用了城市公共空间。该项目在以下 5 方面对广州有所启示：（1）大力宣传绿色出行，转变观念；（2）为绿色出行提供方便；（3）加大公交优先的力度；（4）检讨现有的交通基础设施设计；（5）制定切实可行的"绿色出行"方案。

关键词： 汽车共享　绿色出行　公交优先

24 年前，"汽车共享"作为一个小众环保概念在不来梅萌芽。如今，"汽车共享"已经成为不来梅市民极为寻常的出行方式，极大地改善了城市环境、交通状况并优化利用了城市公共空间。2012 年不来梅市凭借"汽车共享"运营项目成为第一届"广州国际城市创新奖"（下文简称"广州奖"）的入围城市。

不来梅汽车共享项目由市政府牵头，对运输进行了全方位思考。该项目把汽车共享和公共交通紧密结合起来，产生了名为"不来梅交通卡＋汽车卡"的季票，就是公共交通和汽车分享的通票，于 1998 年实施。其他措施包括：在街道上提供汽车分享停车位和停车站；把汽车分享整合融进新的城市开发；以及智能车队管理，包括不同类别的汽车对应不同的应用和需求。到今天为止，项目的效果令人激动。汽车分享系统用户中汽车的拥有率下降了 30%，意味着在这个有 55 万人口的城市中路上行驶的车辆

---

　　*　执笔：涂成林、李江涛。

减少了 1500 辆。这预示着到 2020 年可以实现汽车拥有量下降 6000 辆的目标，并给汽车文化带来变革。此项目对广州具有较好的借鉴意义，广州国际城市创新研究会（简称"研究会"）牵头完成了此项目的深入调研工作，形成了调研报告供参阅。

一 "汽车共享"项目设立背景

（一）车辆过多引发的环境问题需要创新交通模式

不来梅市现有人口约 55 万人，但机动车的数量达到 25 万辆，差不多每两个人一辆。由于德国是欧洲人口密度最大的国家，土地资源紧张，因而城市道路不能无限扩展。由车辆过多引发的环境问题也成为不来梅市面临的主要社会问题之一，如何缓解交通拥堵，成为城市管理者重点考虑的问题。同时，机动车不断增长也带来了城市空气质量的下降和噪声的增加。在"绿色城市"的理念日益被市民接受的情况下，控制机动车过快增长就成为人们的普遍共识。

为了解决机动车辆过多带来的汽油资源稀缺、空气质量下降、城市噪声严重、停车空间不足导致道路空间被挤占等诸多问题，不来梅市政府试图利用创新的理念开发新型交通方式，作为对公共交通的补充，同时提供更多可以替代私家车的出行方式。

（二）"汽车共享"项目是改善环境的有效商业模式

1990 年，一些环保热心人士在不来梅启动了汽车共享的创新项目。经过 20 多年的发展，该项目已经为城市环保做出了贡献，并且形成了独立运营的模式。

不来梅环境交通建设与欧洲事务部的官员迈克尔指出，"汽车共享"项目的先驱 Cambio 目前在不来梅市提供约 150 辆共享汽车，使用这一服务的消费者超过 5600 人，拥有 42 个投入使用的共享汽车专门停靠站，部分是从原有的公共停车位划拨的，部分是在公共用地上新建的，大大降低了新建地下车库带来的成本。此外，许多共享汽车停靠站被直接设在了轨道交通站台或公交车站旁，换乘公共交通的人数增加，人均在交通方面的能耗减少了 50%。

不来梅汽车共享的有关数据表明：1 辆供共享的汽车能平均取代 4 到 8 辆私家车。这将缓解停车位紧张的情况，并减少车流量，而节省出来的面积可以用于公共设施的建设。而且，共享汽车遵循现行的最低的排放标准，还帮助用户选取最适宜的汽车类型。

二 "汽车共享"项目的理念和实施

（一）创新项目的理念和亮点

"汽车共享"指的是一种更为便捷的租车方式。人们通过网络或电话选择自己需要的车型，在城市里任意共享点便能取到自己希望使用的车辆，只要按照使用时间和路程支付相应的费用，就可以根据个人的需求驾车出行。这种方式除了可以为出行者提供便捷外，更直接的是可以缓解城市的交通压力，减少私家车数量，为城市节约大量的停车位。

1. "汽车共享"是不来梅市城市交通创新的一大亮点

不来梅是德国汽车制造和使用的中心城市，在空气污染、能源消耗、二氧化碳减排等问题上都承受了巨大的压力。正是在此背景下，其城市管理者构思出了"汽车共享"的方案。

所谓汽车共享，是指许多人合用 1 辆车，对车辆只有使用权，而没有所有权的一种方式。实际上指的是一种更为便捷的租车方式，类似于汽车租赁行业的短时间租车，但使用手续非常简便。人们只要通过电话、电脑或手机网络就可以选择车辆并预约，然后在城市里的任意共享点可以方便地自助使用车辆。车辆的保养检修、保险和停放等问题都由提供服务的相关组织来解决，人们只要按照使用时间和路程支付相应的费用，就可以根据需求驾车出行了。

汽车共享与传统租车的区别在于收费方式不同：传统租车是以天数结算，较适合长时间长距离的用车需求；而汽车共享依靠物联网等新技术，以小时综合公里数作为结算标准。

在不来梅市，只要参加了不来梅当地的一个俱乐部，成为会员后，就有资格使用俱乐部的汽车，加比奥公司则专门提供汽车共享服务。顾客向公司缴纳少量费用并得到 1 张密码卡，想用车的时候，只需事先通过网络或电话预订，就可到就近的停车点通过密码卡取得车钥匙，用车完毕后将车停靠到就近的停车点，并把钥匙放到停车场边的密码箱即可（具体操作流程详见图 1）。顾客的费用通常按照实际用车时间和里程计算，公司月底会将账单寄给顾客。

图 1　"汽车共享"项目顾客取车的流程

2. 观念更新是不来梅市交通方式转换的基础

显然，作为出行方式，汽车是当前最便利的交通工具。特别是私人小轿车，不受时间和运行线路的限制。但城市道路的承载量是有限的，机动车不可能无限发展。如果想让城市机动车保持在合理的水平，就必须有交通工具的置换和替代。那么，让人们选择其他方式而非私家车出行，必须解决内在动力问题。不来梅市政府在全社会广泛开展了观念更新运动。

首先，政府大力宣扬绿色城市概念。近年来随着机动车的不断增长，城市空气质量也随之下降，人们从切身感受中形成了必须改变现状的共识。政府编写了"卡片书"，图文并茂地讲述绿色城市的理念，以及机动车增加带来的环境问题。这种书很小，卡通格式，小孩子也可看得懂。随之，各种讨论、宣传经由社会团体、民间组织广泛开展起来，形成强大的社会舆论。可以说，环境保护已成为不来梅一种"政治正确"的社会意识，其正当性无可置疑。

其次，节约能源也是不来梅极力推行的理念。从经济结构上来说，不来梅的工业只占其经济总量的28.9%，不到1/3，耗能产业主要是汽车、钢铁和造船，且量级都不大。但政府强调能源危机概念，结合不来梅能源不能自给的现实，鼓励人们更多地使用公交出行、自行车出行，以及推进汽车共享项目。

再次，把交通方式与生活方式结合起来，宣扬健康、理性和充满活力的出行方式。不来梅市民之所以越来越喜欢以自行车代步，就是因为它与运动联系在一起，带来的是健康。目前，不包括以自行车作为体育、休闲锻炼方式在内，以其作为交通工具的已占交通总量的26.5%，而且呈上升趋势。

最后，理性经济意识也是政府引导的一种理念。"开车不买车"的口号在年轻人当中很有吸引力。不来梅的汽车共享项目就是在这个口号下推广的。

从2009年起，政府推出了"汽车共享"项目，目的是减少家庭用汽车拥有量。这个项目不仅符合节约理念，而且符合集约原则，因而效果明显。据测算，1辆"共享汽车"可以减少8辆左右的私家车。目前，该项目正稳步推进，新的交通模式正逐渐形成。在不来梅，43%的用户在参与该项目前都拥有私家车，1年后下降至12%，下降幅度十分惊人。

由此可见，观念更新是城市创新的先导。不来梅政府正是通过一系列宣传措施，吸引民众参与讨论，进而形成广泛共识的。这种社会思潮一定会影响城市创新的进程，改变人们的行为选择。

（二）创新项目具体的实施措施

要使创新成为现实，光有观念还不行。不来梅政府采取了以下措施。

1. 修建自行车专用道

不来梅现在是德国自行车使用率最高的大城市。在不来梅所有大小街道的人行道上，都为自行车开辟了专门车道，目前已修建了 560 公里与机动车平行的自行车道路。在公园、绿地和堤岸也有专门的自行车道。此外，还修建了从汉诺威明登市经过不来梅一直通往北海近 500 公里长的威悉河自行车道，以及约 150 公里长的从不来梅通往汉堡市的自行车道。

2. 为汽车共享项目停车设施提供空间

在城市建成区推行汽车共享项目，必须要调整部分规划。根据实际，政府为该项目的车站划出了专门用地。这个项目类似汽车租赁便利点，由散布在城市各处的停车站点构成，通过智能系统随时随地取车、还车。停车站点规模不限，有的地方只停 3 部车，也不需专人看管。目前，不来梅的汽车共享项目已建有 50 个停车点（图 2）。

图 2　"汽车共享"停车站点

3. 提供多元化交通工具共享空间

不来梅市多元化的交通工具可以共用道路空间，极大地提高了城市空间的利用效率。在不来梅的主要道路上，有轨电车、普通公交车、出租汽车和私家车有条不紊地在相同的道路上移动着。当然，无论是并行还是交叉路线，红绿灯都是自动让有轨电车优先行驶。

4. 实行公交优先、自行车优先的政策

在交通规划上，汽车要给自行车让路，而且自行车可以逆向行驶。设有专门的公交车道。此外，不来梅还为所有的自行车道专门竖立了路标和方向指示牌，智能信号灯也为公交车辆提供优先和便利。另外还专门将15条道路的主体路面设置为自行车优先于汽车行驶。自2005年起，乘公交出行的人数持续上升。

5. 建设自行车存放点，方便自行车使用者

不来梅市民随时可在路边租用自行车，一般社区都能提供方便。通过智能化管理，自行车的租赁、付费、还车、损坏保险等流程都可自动完成，十分方便。甚至来不来梅旅游的外地人，也可租赁，这些措施都大大激励了市民使用自行车的热情（图3）。

图3　自行车存放点

6. 各项措施鼓励绿色交通

一是将公交系统升级。引入18米长的无轨电车，公交车辆先行采用欧5标准，并且进行车辆更新。二是奖励自行车出行，为骑车者提供保险，并用各种方式奖励。三是设立城市清洁区，只允许排放达标车辆以及公交车进入，自行车不限区域。

三　"汽车共享"项目实施的成果

不来梅市通过"汽车共享"项目，提高了汽车的利用率，有效减少了个人私家车拥有量及车流量，从而缓解了交通拥堵、停车位紧缺等问题，并减少了约 2000 吨二氧化碳的排放。"汽车共享"显示了多方面的优越性，体现在以下几个方面。

（一）用车成本降低，公众需求选择多样化

在不来梅，60% "租车族"都是商务人士，租车用于上班和商务活动相当普遍。花 1.9 欧元就可租 1 辆小轿车使用 1 小时，连续租 1 周，价格也不过 130 欧元。加入该项目的每位城市居民既降低了用车成本，还可以根据需求随时选择一款合适的车型出行。例如，要去买家具，可选择 1 辆大车；一家人外出郊游，可选择 1 辆宽敞轿车；为给女朋友留下好印象，一位谈恋爱的年轻男子可以选择漂亮的跑车。每位参与者不再需要购买自己的私车，只需通过一张智能卡就能享受这套完整的服务体系。

（二）车辆的使用效率大幅提高

在不来梅，私家车平均每天使用不到 1 小时，而 1 辆"共享汽车"可以取代 6 辆私家车，1 辆车同时拥有多个主人，市民在手机芯片内预设密码，通过简单呼叫，可让"拼车志愿者"驾车到就近的上车站点停靠，等候其他市民拼车，或者预约汽车上下班，其余时间再由别的预约者使用。具体而言，1 辆共享车辆可为 10～15 名成员使用，用户所购买和共享的是汽车的使用权，这种共享模式大大提高了车辆的使用效率。

（三）车辆共享减少空间占用

对于政府来说，设立"汽车共享"专用停车位比新建地下车库更为经济。在不来梅城市中心区域，建 1 个地下停车库的费用高达每平方米 15000～40000 欧元，远远高于私家车本身的购置费用。根据德国家庭拥有私家车的现状，共享服务为不来梅减少了 1000 多辆私家车（如果将这些车一字排开，需要 5 公里长的停车场地），大大节约了城市机动车辆的使用空间。

（四）公路堵塞问题得到缓解

当地政府的研究结果显示，这座城市每增加 1 辆共享汽车，私家车就会相应减少 8 辆。数据还显示，43% 的人在加入汽车共享之前就拥有 1 辆车，但是加入汽车共享之后，约有 37.1% 的人放弃了私家车。路上行驶的私家车比例大幅下降，缓解了拥堵的城市道路。

（五）节能减排，环境质量提升

据瑞士一家调研机构测算，每 1 位汽车共享用户每年可减少排放 290 千克二氧化碳，不来梅市依托于"汽车共享"项目每年可减少近 2000 吨二氧化碳排放，汽车尾气造成的污染下降，空气质量随之提高。

四　不来梅市城市交通创新经验对广州市的启示及借鉴

不来梅的城市交通创新成效显著。私人保有汽车总量近年来呈稳定且略有下降趋势。与我国大城市机动车逐年增长的态势形成对比。目前，不来梅差不多每两人就有 1 辆车，而市民出行只有 36.6% 的人用私家车，绿色及公交出行占 60% 以上。广州的机动车拥有量按人均计算并不高，但增长前景令人担忧，交通拥堵已成常态。借鉴不来梅的经验，课题组认为可从以下几方面考虑。

（一）大力宣传绿色出行，转变观念

在不来梅，拥有私家车不再是身份、财富和地位的标志，而是对交通工具的一种选择。广州的摇号政策虽可缓解机动车过快增长的局面，但如果价值观不改变，拥有冲动仍会严重冲击现有的交通格局。广州的许多社区停车一位难求，价格持续上涨，无论怎样挖潜、置换，也难解停车的困境。因此，转变出行方式是解决这一问题的根本办法。

（二）要为绿色出行提供方便

要做出规划，在与机动车道平行的人行道上修建自行车专用道。在公园、河岸边、小区尽量辟出自行车道路。同时，要在城市各处开设自行车租赁点，方便市民租用。推出奖励政策，诸如自用自行车半费维修，提供

保险，等等。还可学习不来梅经验，推出汽车共享项目，鼓励人们"开车不买车"。政府对租车企业减免税费，以降低成本。

（三）加大公交优先的力度

要多开公交路线，研究建设轻轨系统和无轨电车的可行性；同时地铁、公共汽车的票价应进一步调低，以吸引市民搭乘；坚持市中心区停车费涨价，用经济手段抑制过快增长的需求。同时，应加大城市在公共交通方面的投入力度，铺开城市合理的公交网，解决好公交与地铁的接驳。

（四）检讨现有的交通基础设施设计

目前存在欠科学、不合理的情况，影响交通，因此，要检讨市区的道路设计、信号设施、速度限制和指示牌。例如，市区道路普遍限速过低，并且白天和夜间是同一标准。一些匝道限速20公里。像临江大道的隧道限速40公里，严重浪费道路资源，实际上也难以实行。交通管理部门要深入实际，听取广大市民意见，切实改进工作。

（五）制定切实可行的"绿色出行"方案

要请专家对"绿色出行"的相关政策、措施进行系统研究，拿出可行方案。然后召开市民听证会，集中多数人的意见，制定政策，将开展绿色出行文明交通主题宣传实践活动纳入政府绩效考核和精神文明创建考评之中，加强工作督导考核，稳步推进。

五 广州推行不来梅"汽车共享"项目的设想

通过借鉴不来梅的模式，在广州市推行"汽车共享"项目试水应当从以下几个方面进行探讨。

（一）普及汽车共享的意识

汽车共享不仅需要政府推动，还要有企业的进入，才能成功实施。在普及汽车共享的意识时，不仅要吸引广大消费者采用汽车共享模式，还要引导企业进入汽车共享行业。实施汽车共享时，普及消费者关于汽车共享的意识万分重要，意识普及率高低对于汽车共享的实施成功与否有很大影响。

（二）允许汽车共享企业享受节能减排优惠政策

汽车共享有助于节能减排和环保，具有很强的公益性。汽车共享项目能减少私家车拥有量、减少城市交通拥堵和温室气体排放以及为居民提供高效、方便、可选择的出行方式，其所属汽车也是低排放和高燃油经济性的。广州市应支持汽车共享的发展，允许汽车共享公司或组织享受节能减排的税收优惠，尤其对应用电动汽车的汽车共享公司更应给予相应的税收减免。

（三）支持物联网技术进入汽车产业

目前广州市虽然有少数汽车出租企业已具有汽车共享理念，但物联网技术尚未在汽车产业得到广泛运用，大多数汽车出租企业还不能对车队进行智能化管理，仍然采用较传统的经营及管理模式。要发展汽车共享，首先必须把物联网技术同汽车产业结合起来。政府应优先支持物联网技术进入汽车产业的研发项目。

（四）在新城区试点推行汽车共享项目

老城区空间有限，格局已成，推行成本相对较大，可以先选取花都、从化、增城、番禺、南沙等新城区作为试点。这些新城区正在建设和规划中、城市空间格局未定、居民活动半径小，适宜发展汽车共享项目。政府可以在这些新城区的发展规划中，将汽车共享纳入交通规划范围，并为汽车共享产业的发展提供配套的基础设施。通过在新城区试点推行，积累了一定经验后，再在全市进行全面推广。

（五）鼓励电动汽车采取汽车共享模式推广使用

目前，广州市电动汽车产业发展并不十分顺利，可以通过汽车共享项目来促进电动汽车产业的发展。汽车共享项目所使用的汽车是集中管理的，这种集中管理的模式可以方便电动汽车充电桩的建设和充电，也方便电池的更换和回收。并且，共享汽车一般行走半径小，对电动汽车电池蓄电量的要求相对也较低。这些都为电动汽车与汽车共享项目的结合提供了良好的条件和基础。所以，应鼓励汽车共享公司与汽车制造商直接沟通，由汽车制造商按照汽车共享发展的要求研制电池和充电设备；也应支持汽车制造商直接进入汽车共享领域，研制和商业化同时进行。

（六）采用汽车共享模式管理政府用车

随着广州经济的发展，政府公用汽车的总量增长迅速，庞大的车队使日常使用和维护费用大大提高，使用效率较低。把汽车共享模式引入政府车队管理，可以减少开支，提高效率。采用汽车共享模式管理政府用车，不是指要建立很多停车场，而是指采用汽车共享的先进理念，以及利用汽车共享技术上的优势，对全部车辆进行跟踪和调配，减少汽车闲置、效率低下以及公车私用等情况，并节省费用。

附录一：不来梅概况

不来梅市（Bremer）位于德国西北部，面积325平方公里，人口约55万人，是德国北部人口最多的城市，人口数在全国排名第十。不来梅市也是德国最小的联邦州——不来梅州——的州府，历史悠久，有"童话之城"的美誉。

不来梅历史悠久，是除巴伐利亚州外德国最早建立的一个小"国家"。在世界现存的最古老的城市中，不来梅仅次于圣马力诺，居第二位。早在8世纪时，它是主教教区首邑，由于拥有市场特权而迅速繁荣。11世纪时，它曾被称为"北方的罗马"。1260年，该市加入汉萨同盟（汉萨同盟是一个由商人组成的，包括北海、波罗的海沿岸及内陆共90多个贸易城市参加的强有力的城市同盟）。1646年，不来梅成为自由帝国城市，由王国直辖。不来梅港位于北海入海口，建于182年，它与不来梅市相距65公里。近年来，不来梅经济发展相对较快，经济增长速度自2000年以来大多超过全德平均经济增长率。第一、第二和第三产业在其经济中所占的比重分别为0.3%、31%和68.7%。不来梅工业发达，经济实力雄厚，航天航空、食品加工、物流航运、汽车制造、贸易和风电等行业是不来梅的支柱性产业。空客在不来梅设有研发中心，员工有3100多人，是空客在德国的第二大基地，主要负责宽体飞机机翼的生产和组装。同时，位列欧洲航空业前三甲的公司都在不来梅设有工厂或总部。奔驰汽车也在不来梅设有工厂，全球奔驰轿车销量的近1/4在不来梅生产。不来梅是棉花、咖啡和烟草等商品的重要交易市场，也是德国主要的食品工业中心。因为其重要的区域位置，40 多个国家在不来梅设有领事馆和荣誉领事。

附录二：不来梅共享汽车常见问题

不来梅的"汽车共享"项目常见的使用疑问包括如下几个。

（1）需不需要自己加油？

汽车共用系统的会员全部不必负担或额外缴费。没油时车内有加油卡可以使用。

（2）车子发生故障了该怎么办？

车子发生故障或意外时，应当及时和公司联系。

（3）发生意外时，会员保险理赔的相关问题。

车子发生故障或意外时，有汽车共用公司完善的保险制度做相关的理赔处理。不过会员与汽车共用公司之间有个明确规定，就是会员在取车之后的用车时间内，都要与公司的通信中心保持联系，以利于突发状况发生时的紧急处理。

Bremen: Improve Urban Traffic and Promote Energy Conservation and Emission Reduction

Guangzhou Development Research
Institute ofGuangzhou University

Abstract: To solve the issues caused by excessive motor vehicles such as oil scarcity, declining air quality, urban noise, and occupied road due to limited parking space for motor vehicles, Bremen implemented the project 'Car Sharing'. It has greatly improved the urban environment, traffic conditions and the use of urban public space. This project has enlightened Guangzhou in the following five aspects: (1) promote the awareness of green travel; (2) facilitate green travel; (3) increase the intensity of public transport priority; (4) examine existed transport infrastructure design; (5) make feasible 'green travel' program.

Keywords: car sharing, green travel, public transport priority

墨西哥：交通与城市一体化发展的举措

——墨西哥城"完整街道"地铁巴士五号线项目调查研究

广州大学广州发展研究院课题组[*]

摘 要： 为应对城市无序蔓延、道路拥堵、环境污染以及人们缺乏社区归属感等"城市病"，墨西哥城实施了"完整街道"地铁巴士五号线项目，实现了城市交通格局的大转变。该项目在以下3方面对广州有所启示：(1) 坚决确立公共交通与城市一体化发展的理念；(2) 实施交通线路与街路重整协同发展的措施；(3) 全面投入，提升公共交通的硬件和软件建设水平。

关键词： 交通与城市一体化 完整街道 快速交通线路 公交优先

墨西哥城是墨西哥合众国的首都，位于墨西哥中南部高原的山谷中，海拔2240米，是世界上海拔最高的都会区，其与周围的卫星城市被独立划分为一个联邦行政区，称为墨西哥联邦特区。墨西哥城面积达1495平方公里，人口多达2100多万（其中885万多居民），每天的人口流动量达到120万人，是美洲人口最多、人口密度最高、流动量最大的都会区。这座城市集中了墨西哥全国约1/2的工业、商业、服务业和银行金融机构，是全国的政治、经济、文化和交通中心。

墨西哥城于2004年开始创建快速交通线路（BRT），称为"地铁巴士"（metrobús）。墨西哥人之所以采用这样一个名称，是因快速交通线完全是按照地铁理念设计的"地上铁"：和地铁一样，地铁巴士有专用车道，购票和候车站台都参照或直接体现着地铁的风格，车内同样设有老人、妇女儿童和残疾人专区专座。更重要的是，和地铁一样，乘客只需要花5比索就可以在现有的4条地铁巴士线的站台内实现换乘。不仅如此，所有的

---

* 执笔：周凌霄、蒋余浩。

地铁巴士线路均和地铁线相连，可以实现便利换乘。唯一和地铁不同的是，地铁巴士使用的是硫黄超低的柴油清洁能源。

2013 年 6 月，墨西哥城地铁巴士五号线开始投建，于 2013 年 10 月规划了名为"完整街道"的多条通道。"完整街道"的建设和"地巴五号线"的建设作为项目的"一体两面"，同步进行。墨西哥城以该项目参评2014 年 11 月 28 日揭晓的第二届广州国际城市创新奖，并且入围专家推荐范围。本报告基于 11 月初对墨西哥城及其市政府外事办、智能交通控制中心的实地考察，就该项目的设计、实施情况、社会效果以及对于广州城市建设的启示意义进行分析研究。①

一 新理念：交通与城市一体化发展

根据世界银行城市专家 2013 年出版的研究成果，当前许多世界大城市（尤其是发展中国家的大城市，因为许多发达国家城市发展已经逐步走出了所谓"由乱而治"的道路②）正在经历前所未有的发展速度，同时又面临严重的问题。③

首先，城市的剧烈扩张，致使绿色空间大幅度减少，而城市空间的迅猛拓展也带来了土地资源的粗放式利用。按世界银行的预计，未来几十年里世界城市人口的大部分增长将发生在发展中国家，从 2000 年的 20 亿人增长到 2050 年的 55 亿人。经济学家在 2011 年已经指出，如果发展中国家人口继续以每年 2.5% 的速度增长，并且可建筑用地密度继续以每年 1.5% 的速度减少，那么城市将以每年 4 倍的速度扩张，全世界的累计建筑用地面积将会在 2030 年左右翻倍。从生态的长远角度考虑，将大面积的自然栖息地和露天空间转化为城市用地，供水将会减少，大量污染物会排放到空气中，导致热岛效应，大面积的农业用地也会遭到破坏。此外，城市的快速发展也导致了规划、管理和治理的相对滞后，城市与近郊地区的关系界

---

① 本报告参考网络资料以及其他许多学术资料，不一一注明，在此一并致谢。文中数据，若非另行表明，都来自墨西哥市政当局为参评第二届"广州奖"而提供的资料。

② 参见《世界三大城市伦敦、纽约、东京"城市病"的由乱到治》，《人民日报》2014 年 5月 12 日。

③ 以下内容参见铃木博明、罗伯特·瑟夫洛、井内加奈子《公交引导城市转型》，中国建筑工业出版社，2013，第 22～29 页。

定不清，城乡之间形成大片的管理空白带；城市有效管理能力不能满足需求，各种公共服务设施落后，如许多发展中国家大城市，清洁供水、卫生服务、初级教育、现代化交通要道和高运量的交通系统等基础设施都只维持在较低水平上。

其次，城市空间的剧烈扩张，导致了对机动化出行的过度依赖，城市成为汽车的城市而非以人为本。从 20 世纪 90 年代开始，发展中国家城市如中国和印度的许多地区，城市机动车的增长速度超过每年 20%。例如，世界银行预计，到 2050 年，中国将有 900 万辆机动车，超过目前全世界机动车辆的总数。过度依赖机动车的城市发展模式，带来许多负面效应，如过度的能源消耗和环境污染。此外，空气污染程度和交通事故数量也随着机动车辆的增加而恶化和上升。机动车辆数量的大幅度增长和频繁使用，使空气中的铅、臭氧和悬浮微粒大量增加，导致呼吸道疾病和其他器官疾病大幅增加，世界银行 2012 年在发展中国家城市的一项研究显示，几乎一半的城市居民所使用的药物针对的是由空气污染引起的疾病；而且由于环境的恶化，全球范围内已经出现海平面上升、洪水、极热气流和干旱等恶性气候现象。即使在交通服务较为发达的城市，对小汽车的过度依赖依然造成生活成本过高、其他生活需求相对得不到很好满足、小汽车相应设施侵占过多公共资源和公共投资的问题。

正是由于世界城市发展普遍面临的城市无序蔓延、道路拥堵、环境污染以及人们缺乏社区归属感等所谓"城市病"，当前世界大城市开始广泛实施交通引领城市计划、强调交通与城市空间拓展及城市土地利用的协同发展。这种新的交通与城市一体化发展的理念在北美和澳大利亚是以 TOD（"交通引领城市发展"）作为政策旗帜的；而在欧洲、亚洲和南美，虽然没有广泛使用 TOD 这个名称，但是政策实施的基本理念却如出一辙：实施公交优先政策、大力发展快速交通线，并且通过公共交通系统的发展和完善，连接和推动已有与预期的发展规划。

二 "完整街道" 地铁巴士五号线的项目背景

墨西哥城在 2004 年开始投建地铁巴士项目，当时即形成连续投建 15 条线路的长期规划。所面临的问题与秉持的理念，正是上文论述的"交通与城市一体化发展"。

（一）盲目工业化引发的后果

作为一座拥有悠久历史的古老都市，墨西哥城曾经是世界著名的"日光城"，空气清新，天空碧蓝，在 20 世纪 80 年代之前，也还是座美丽的城市。然而，进入八九十年代之后，这个有着"聚宝盆"美称的城市的工业化发展达到了盲目的程度。短短十年之间人口膨胀到 180 万，占全国人口的 1/4。各行各业的人在城市周围建立起 3 万多家工厂，这些工厂每天排放着工业废气。另外，由于城市规模大，私用小车成为主要的交通工具，全城在 90 年代初已有 30 多万辆汽车日夜奔忙。随着冬季的来临，墨西哥进入旱季，又缺少刮风天气，大量的有害物质笼罩在城市上空，无法飘散，不但威胁着人们的健康，还影响了正常的社会和生产活动。

面对污染的挑战，墨西哥政府采取了一系列措施。如 1990 年在全国公布《生态保护纲要》，在联邦区实施《反污染整体计划》。计划实施后，作为首都的墨西哥城设立了大气监测网，随时监测大气污染情况；同时修建地铁新线，增加公共汽车线路，通过加强公共交通，减少私人汽车的行驶；实施"今日停驶"计划，规定每辆汽车每星期停驶一天；每半年进行一次汽车排污检查，逾期者罚款，不合格者禁止上路。此外，一部分工厂和企业因严重污染环境被搬迁或关闭。但是，这一系列举措的效果并不十分理想，当时的墨西哥全国生态委员会主席卡夫列尔·德拉托雷就指出，新推行的环境紧急措施主要在冬季执行，并没有触及造成环境问题的根本原因。他甚至强调："如想使空气的洁净程度达到国际标准，墨西哥城及其周围 50% 的工厂必须停工，所有的汽车制造厂应关闭。"企业家也抱怨新的环境政策严重损害了他们的利益，他们指出，如果实行每辆车每周两天停驶，而公共交通事业又跟不上，工厂的生产率将下降 20%。墨西哥城污染预防和控制委员会的一份调查报告也指出，"今日停驶"计划并没有减少汽车的使用量，因为很多家庭为避开停驶日而增购汽车，汽油的消耗量已由 1989 年的每天 1.5 万升增至现在的每天 2 万升。另外，许多中产阶级从自己的经济利益出发，也纷纷对"今日停驶"提出异议。①

---

① 陈佩华：《墨西哥城污染的警钟》，《瞭望》新闻周刊 1996 年第 1 期。

（二）失衡的城市交通发展

墨西哥城的交通发展问题更加严峻，可以用"规划不当，发展失衡"来归纳。

进入 21 世纪，墨西哥城人口突破 2000 万人，机动车保有量达到 350 万辆，交通拥堵十分严重。早在 20 世纪 80 年代中期，墨西哥城市政当局就开始制订并推行："联邦交通一体化计划"，综合治理交通方面的问题，经过多年努力，墨西哥城已基本形成一个立体式的交通网络，除私人小汽车外，城市的交通以地铁、公共汽车、电车三大系统为主，还包括小公共汽车、轻轨列车、出租汽车等。其中，尤以地铁的建设规模和缓解交通压力的作用最为突出。但是，这座城市的交通从规划到发展，都问题重重：整座城市公共路网长达 10200 公里，然而其中有 913.15 公里是主干道高速道，另有 9269.06 公里是次级高速道，这样的城市路网规划和建设显然是为私人小车服务的，而不利于普通市民使用。

此外，墨西哥城的街道和人行道建设也十分欠缺，既缺乏维护又非常不利于使用，城市居民中大约有 4.35% 为残疾人，11.34% 是老龄人口，6.98% 是不满 5 岁的儿童，这些人群的出行需求完全得不到考虑。例如，街道两旁的人行道相对狭窄又经常坑坑洼洼，甚至在人行道中间常竖有电线杆、路牌或者树。而且街道和道路标示也非常混乱，经常引发外来游客抱怨。

2004 年开始建设的"地铁巴士"是墨西哥城治理城市交通堵塞的一项重要举措。2005 年 6 月，第一条"地铁巴士"专线在墨西哥城起义者大道开通，全长约 30 公里。这条大街是连接墨城南北最主要的通道，过去也是全城最拥堵的大街之一。按照一位《人民日报》驻墨西哥城记者的访谈，当时的居民明确表示了对于这个建设项目的赞赏："自从开通了'地铁巴士'，这条大街就畅通多了。过去，大街上都是小公共的地盘，随便停车，乱哄哄的。"[①] 到 2011 年初，墨西哥城已有了 3 条"地铁巴士"线：1 号和 3 号线南北走向，2 号线东西走向，3 条线相互连接，同多条地铁线贯通，形成一个公共交通网。乘客只要刷一次卡，不出站台便可在 3 条线路

---

① 张金江："'地铁巴士'畅行墨西哥城"，《人民日报》2011 年 3 月 15 日 022 版。

之间换乘。3 条 "地铁巴士" 线路每天的乘客人数达 65 万人次。[①]

不过，墨西哥城的交通状况并没有因此得到根本好转。2011 年，美国国际商用机器公司（IBM）的一项研究显示，北京和墨西哥城的交通拥堵状况在世界上最为严重。IBM 支持的这个项目叫作 "通勤痛苦研究"，基于对 10 个问题的调查（包括上下班时间、交通行进时间、车辆的流量给人造成的压力的影响、乘客的愤怒和工作等问题），对全球 20 个城市的 8192 驾驶人员进行了访问。受访者中大多数人表示，交通状况在过去 3 年不断恶化。IBM 开展此项研究定的通勤痛苦指数总分为 100 分，北京和墨西哥城都得了 99 分，[②] 是世界上通勤最痛苦的两座大都市。

"完整街道" 地铁巴士五号线项目的推进，正是为了应对上述难题。这个项目是在此前 4 条地铁巴士线路的基础上，建成了一条新的 "地铁巴士五号线"，长 10 公里，每天运送旅客 6 万人次左右。值得关注的是，通过与 "完整街道" 的理念相搭配，墨西哥城实现了城市交通格局的大转变。2013 年 1 月，美国交通和发展政策学会在哈佛大学授予墨西哥城 "2013 年可持续发展交通奖"，表彰墨城在交通的可持续发展方面做出的持续努力。墨西哥城在这方面的建设值得广州学习。

三　项目的基本内容、创新要点以及实施效果

（一）项目的基本内容

"完整街道" 地铁巴士五号线项目的基本理念，是目前印在墨西哥城地铁巴士车身的那句话 "公交改变生活"，这是对 "交通与城市一体化发展" 理念最好的浓缩。

项目目标。2012 年，墨西哥城市政当局投资 8 亿比索对地铁巴士五号线建设工程进行招标，新工程于次年 3 月 25 日动工，年底完工。这个项目的目标非常简洁明了，是重新设计公路网线，使其方便行人、自行车、公共交通工具、商贸用车以及其他机动车辆的综合使用，减少由于路网问题引发的拥堵和不利影响。地铁巴士五号线与 "完整街道" 规划属于同一个

---

① 张金江：《 "地铁巴士" 畅行墨西哥城》，《人民日报》2011 年 3 月 15 日第 22 版。

② 《美调查：北京和墨西哥城交通状况世界最差》，原载《城市交通》2010 年 7 月第 4 期，转载于环球网新闻 http://world.huanqiu.com/roll/2010 - 07/895781.html。

项目的一体两面，在营建新线路的同时，也对街道进行重整，包括沿地铁巴士线路重整公园和公共体育场馆，重新设计人行道和人行横道，重新布设交通路牌路标，重新安排机动车辆及非机动车辆停放点，甚至重新安放街灯、路灯等公共设施等，目的是使行人和车辆更便于使用、更安全。

项目参与者。(1) 公共部门，包括地铁巴士的公共交通体系乘客服务中心、市政道路和交通管理局、市政环境保护局、市政公共安全局，作用在于设计、协调和执行道路和交通领域的公共政策。(2) 私人部门，主要是公交公司（特许经营者），作用在于共同投资建设交通走廊、负责公共汽车运行的日常管理。(3) NGO 和国际组织，主要有 CTS Embarq、ITDP、SIBRT、世界银行、美洲间发展银行（IDB）、拉美发展银行（CAF），作用在于评估交通建设和运营状况，并对其实施提出完善性建议。(4) 学术机构，主要有墨西哥国立自治大学、国家理工研究所，作用是在地铁巴士车道建模方面展开协作。(5) 社团，主要是各市民组建的委员会，作用是从交通走廊建设受益者角度对其设计方案提出改进性意见。

项目参与者通过各参与人共同签署的协作协议规定的协作方式以及洽谈会、定期参观等方式实现对于项目的参与。

项目资金来源。项目的基础建设，如交通站点、交通走廊的建设由墨西哥城公共财政负担；公交车辆由公交公司负担全部费用的 80%，墨西哥城公共财政负担另外的 20%。

（二）项目创新点

"完整街道"地铁巴士五号线项目最突出的一个创新点是，它是作为城市绿化总体规划的一个部分而设计、建设的。为配合地铁巴士新线路的建设和运行，墨西哥城政府近年大力倡导公共交通优先政策。这个政策主张是为了配合近年一个重大的战略环保计划——"绿城计划"（Plan Verde）——而推行的。绿城计划是一个为期 15 年（2007 ~ 2022）的中期战略，实施目标在于降低交通拥堵度、减少排放温室效应气体（GHG）、倡导市民集约化出行和绿色出行。绿城计划为市政各部门、各领域设置的责任和义务，在交通领域要求推行"可持续交通政策"，主要通过两个手段实施：一是提高公共交通系统的效率；二是推动非机动交通工具出行，即生态出行（EcoMobilidad）。"完整街道"地铁巴士五号线项目的建设，同时有助于这两个手段的实施。

首先，地铁巴士五号线作为一种新型环保便捷交通工具的代表，极大地提升了公共交通体系的现代化水平。地铁巴士完全是按照地铁理念设计的"地上铁"：和地铁一样，地铁巴士有专用车道，购票和候车站台都参照或直接体现着地铁的风格，车内同样设有老人、妇女儿童和残疾人专区专座。更重要的是，地铁巴士享有非常的路权保障，墨西哥城通过立法规定公共交通、行人和非机动车享有优先的路面使用权。此外，地铁巴士的票价与地铁一样便宜，购一张5比索的车票就可以在5条地铁巴士线的站台内实现换乘。不仅如此，所有的地铁巴士线路均和地铁线相连，可以实现便利换乘。这些特征使地铁巴士五号线项目极大地提升了公共交通体系的效率。

其次，"完整街道"地铁巴士五号线项目对于推动市民绿色生态出行，也有非常大的作用。绿城计划最重要的举措是在公众中推行"非机动车道计划"和"生态自行车"计划。作为"绿城计划"的一部分，2010年墨西哥城政府在城市中心区开始实行"步行街计划"，倡导人们以步代车。与此同时，墨西哥城政府还努力提高自行车道的长度和数量，并据此发起了"非机动车道计划"及其辅助性的"生态自行车计划"（Ecobici）。后者发起于2010年，主要在商业繁华区提供自行车的租赁服务。该计划的一大特点是价格低廉，可以在市中心85个停放点任意存取，且停放点均方便换乘公交或地铁。而"非机动车道计划"则和新型环保的地铁巴士有机地结合起来。地铁巴士五号线即是一个重要的试点：新的地铁巴士五号线实现了公共交通和自行车共用车道。维持这种设计可行性的基本规则是，地铁巴士靠左走，自行车靠右走。不过，在这样的设计中，车道的安全性和骑车人的风险仍然是一个关键挑战。对此，墨西哥城政府在新建地铁巴士车道上开启了一个"巴士自行车"车道，以提高安全性，同时将巴士自行车道打造成零排放长廊。作为配套设施，地铁巴士五号线还将配备自行车停车位，以方便换乘、鼓励骑车出行。不过，这种设计理念不会用于改造先前的4条地铁巴士线路，因为当时的车道设计不够宽敞。①

因此，与此前的地铁巴士线路建设相比，"完整街道"地铁巴士五号线项目具有更强的综合性。此前的4条地铁巴士线建设仅关注交通沿线走

---

① 郭存海：《墨西哥城的公共交通》，发表于《东方早报》网络版，http://www.dfdaily.com/html/8762/2013/4/23/984470.shtml。

廊的建设，而完整街道项目突出了交通与城市发展一体化的理念，更关心公交、行人、其他机动车辆以及非机动车辆的和谐状况。因此地铁巴士五号线项目不仅仅是关于路网建设的项目，更是关于城市发展的项目：城市公共设施、人行道、人行横道、交叉路口、沿线的公园和公共体育用地等都获得了重整。而且，这个项目的综合性也体现在其包含了大量关于城市绿化的政策举措。例如，要求所有作为公共交通工具的车辆每 6～12 个月做一次废气检测。

（三）项目实施效果

1. 公共交通体系的效率大幅度提高。从 2005 年建成第一条"地巴"后的 10 年间，墨西哥城目前已经拥有 5 条地铁巴士线，运营里程共达 105 公里，每天运送 90 多万人次的乘客，增加了公交出行的吸引力，使同期私家车出行的市民下降了 17%。而地铁巴士五号线，作为最新建成的一条快速公交线路，长 10 公里，每天运送旅客 6 万人次左右，在提升公交体系运营效率方面，起到了非常大的作用。此外，地铁巴士五号线建成后，还带来了一系列的外延效应，如为配合该线路的运营，墨西哥城撤销了 200 个效率低下的运输机构，新增了 56 个地铁巴士机构，现在每天运送 5.5 万名使用者，由此每年减少 1 万吨二氧化碳排放。最后，通过"地巴"专用车道的使用，市民出行时间缩短了 40% 左右。

2. 交通沿线街路的质量水准大幅度提升。"完整街道"地铁巴士五号线项目不仅是建设快速交通线，更是贯彻"交通引领城市发展"的理念，促进了交通沿线的街路重整。例如，人行道和交叉路口被重新设计和完善，确保了沿着整条通道出行的市民享受安全和便利。同时，为行人、私家车驾驶人和公共机动车设立标识，包括在每一条人行道上安装信号灯，促进这些道路的优化使用，增加用户的安全保障。另外，沿线的照明系统得到改善，10 公里线路上安装了 32000 盏路灯。沿线还建设了 12 个广场，与地铁巴士车站相连。最后，新建了 5 万平方米的人行道和 28 个立体公园，每个公园占地 45 平方米，大大增加了沿线市民的活动场所。

3. 城市污染治理取得明显效果。据报道，从 1990 年至今，墨西哥城空气中的铅含量已经下降了 90%；引发哮喘、肺气肿甚至癌症的悬浮颗粒减少了 70%；一氧化碳和其他污染物的排放也已经大幅下降；臭氧水平从 1992 年至今下降了 75%。空气污染的这种治理效果虽然不是仅仅通过地铁巴士的建设而实现的，但是不能否认，该项目通过大力发展公共交通、限制私人小车发展，的确是有着十分直接的积极作用。

四 "完整街道"地铁巴士五号线项目对广州的启示

（一）广州实行交通与城市一体化发展的情况分析

2010年，广州在中山大道上建造并运营了22.5公里的快速公交系统线路。按照联合国专家的比较研究，这条快速公交线路是目前亚洲最繁忙的公交走廊，交通量是亚洲其他快速公交系统高峰乘客流量的3倍多。广州的快速公交系统每天运送的乘客数量高于市内5条地铁线运送的乘客量总数。根据ITDP数据，广州快速公交系统使公交车乘客的出行时间减少29%，小客车乘客出行时间减少20%，每年节省时间达到5200万小时，其中包括公交乘客的3200万小时，价值达到2300万美元。该系统也使广州市的公交车运营效率得以提高。为了更方便地利用快速公交系统，广州还在交通走廊沿线建设了新的高级绿道。在大部分快速公交站点和临近社区中提供自行车停车场和公共自行车租赁系统。公共自行车租赁系统布设在快速公交走廊沿线的109个车站，投放了5000辆自行车。这种措施一方面提高了快速公交系统的吸引力，另一方面也为短距离出行乘客提供了更多的出行选择，最终达到了缓解交通拥堵的目的。

快速公交系统对环境和公共健康的影响非常明显。据研究，在第一个十年内，广州的快速公交系统平均每年能减少二氧化碳排放约86000吨，每年减排创造的价值达1900万元人民币（约280万美元）。快速公交系统还减少了约4吨可引起呼吸疾病的颗粒污染物的排放量。快速公交系统的建设对广州发达地区的土地更新也产生了重要影响。快速公交走廊穿过的天河区东部和黄浦区，沿线土地的多样化利用得到了十分迅速的发展，而一些未经规划、老旧且密集的城中村，也因沿线地产升值而出现了非常大的面貌改变。[①]

但是，广州的交通引领城市发展依然存在非常显著的问题，还远远达不到通过交通发展引领城市走上可持续发展道路的程度。首先，在城市层

---

① 铃木博明、罗伯特·瑟夫洛、井内加奈子：《公交引导城市转型》，中国建筑工业出版社2013，第115~123页。

面，分散的行政区划、部门和机构行为经常阻碍进一步实施更具协调性、大局性的战略规划和投资。例如，在现有的城市土地和房地产开发政策下，快速公交系统的建设，使沿线房地产价值上升，客观上增加了收入相对较低人群利用快速公交系统的成本（因为买不起沿线附近的房子，而不得不选择居住在较远从而较便宜但不方便的地域）；其次，在公共交通发展理念上，缺乏足够超前的眼光，经常导致刚刚建成的设施马上落后于市民生活需求。例如，根据 2012 年的数据，广州的轨道交通发展非常快速，日均客运量达 503 万人次，客运密度也较高，日公里运量达 2.13 万人次，仅略低于香港的 2.16 万人次，远高于国内的北京（1.52 万人次）、上海（1.33 万人次）等城市，但是这也说明广州地铁相对拥挤。横向比较，在万人拥有轨道交通长度指标方面，香港、新加坡高居榜首，均超过 300 米/万人，北京、上海、广州落后于这些发达城市，在 200 米/万人左右。再次，投融资体系的僵化，使公交发展面临困境。目前来看，公交事业难以成为有利可图的事业，因此必须依靠投融资体系的改革和创新，为各类社会资本创建盈利机会，才能吸引社会资本的投入，保障公交事业的可持续发展。最后，法律法规的不健全，也经常导致公交路权得不到切实保护、基本交通管理遭遇抵制等问题。

（二）"完整街道"地铁巴士五号线项目的启示

针对广州实施交通与城市一体化发展历程中的问题，墨西哥城"完整街道"地铁巴士五号线项目有一定的启示意义。

第一，应当坚决确立公共交通与城市一体化发展的理念。墨西哥城从 20 世纪 80 年代后期就开始实施限制私人小车行驶的政策，之后为配合地铁巴士线路建设和运作，还通过立法确立了公共交通、行人、非机动车辆的路权，进入 2010 年后，更是把交通发展与绿城计划的战略规划直接联系起来。这一系列政策的连贯性、持续性，以及推动交通与城市一体化发展的力度，都值得广州学习。在广州推行更大力度的交通与城市一体化发展战略，需要优化全市域功能区划和产业布局，实现公共交通规划与城市功能布局和人口分布相协调。要求在税收、人员、资金、路权、通行权等多方面落实全方位的交通与城市一体化发展政策。如尽快利用 BRT、公交快线和轨道交通等形成公交系统的骨干，让公交出行和小汽车出行相比在价格、速度、便利性、公众形象和服务品质上具有竞争力，并配套出台税收、贷款、土地批租等政策，鼓励乃至确保沿公交线路的高密度综合土地开发和使用。在轨道、巴士站点周边建设居民聚居区，配合购物、娱乐、休闲及医院、学校、市场、体育运动等公共设施，进行多功能、集约式土地开发，增加聚居区内的无噪声、无污染就业岗位，促进职住平衡，在方便市民出行、带旺商业的同时，促进公共交通的发展。

第二，应当实施交通线路与街路重整协同发展的措施。墨西哥城地铁巴士五号线是与"完整街道"计划共同实施的，这种协同性发展使交通体系的效率得到提升，直接引发了沿线街路环境质量的提升。这一点很有启发意义。广州应当针对现有城市交通与城市发展中的问题，实施协同发展的措施：提高公共交通（尤其是轨道交通站点）对人口与就业岗位的覆盖率。按照以人为本的基本要求，在增加公共交通的数量供给、提高乘坐舒适度、改善特殊群体无障碍通行服务等方面下足功夫，增加公共交通的吸引力和竞争力。此外，应当加强科技引领，继续加强智能公交建设，实现智能交通网络对于沿线街路的全覆盖。广州应当逐步整合交通运输、公安交警、规划建设、城市管理等部门现有的交通信息资源，提升城市综合交通的管理和信息服务水平；推进智能交通诱导系统建设，为群众出行提供行车路线和方式的参考；系统优化交通信号配时，实施区域性交通管理，逐步开展公交信号优先系统的建设，减少公交车辆路口信号延误时间，提高公交车辆周转效率。

第三，应当全面投入，提升公共交通的硬件和软件建设水平。对墨西哥城地铁巴士五号线的建设，市政公共财政预算达到 8 亿比索，实现了软硬件建设的高水平。这么高的投入，获得的回报也十分丰厚；而且，如同调研时许多市民反映的，这样的投入水平比起地铁建设来说依然十分值得（约为相同里程地铁建设预算的 1/10）。针对广州的问题，通过学习国外经验，相关部门必须进一步大力完善公共交通车辆，特别是公交、出租车辆、地铁的硬件服务设施，如提高选用的车型档次，增加涉及车辆安全性、环保性、舒适性和可靠性的设施设备，配置满足线路客流情况的大容量、大通道的高级城市客车；增加车辆维护保养、车辆快修的能力，研究新技术、新材料和新工艺在公交车辆上的应用、提供从业人员技能素质，实现车辆的高舒适性、高安全性和低故障率；政府对公共交通车辆升级给予财政支持和保障。

Mexico: Transportation and City Integration Development Initiatives

Guangzhou Development Research Institute of Guangzhou University

Abstract: In response to "urban disease" such as spread of urban disorder, traffic congestion, environmental pollution and the lack of a sense of community, Mexico implemented the project "Complete Streets and Subway Line 5". It has entirely changed its urban traffic pattern. This project has enlightened Guangzhou in the following three aspects: (1) integrate public transport and urban development; (2) coordinate and integrate traffic routes and street routes; (3) improve public transportation's hardware and software levels.

Keywords: transportation and urban integration, complete streets, rapid transit lines, public transport priority

图书在版编目（CIP）数据

城市创新的国际经验：第一届"广州国际城市创新奖"研究／
刘保春，顾涧清，涂成林主编．—北京：社会科学文献出版社，
2016.3（2017.6 重印）

（广州学研究丛书）

ISBN 978 - 7 - 5097 - 8652 - 9

Ⅰ. ①城…　Ⅱ. ①刘…　②顾…　③涂…　Ⅲ. ①城市经济 -
国家创新系统 - 研究　Ⅳ. ①F29

中国版本图书馆 CIP 数据核字（2015）第 314428 号

· 广州学研究丛书 ·

城市创新的国际经验

——第一届"广州国际城市创新奖"研究

主　　编／刘保春　顾涧清　涂成林

出 版 人／谢寿光
项目统筹／王　绯
责任编辑／赵慧英

出　　版／社会科学文献出版社 · 社会政法分社（010）59367156
　　　　　地址：北京市北三环中路甲 29 号院华龙大厦　邮编：100029
　　　　　网址：www. ssap. com. cn
发　　行／市场营销中心（010）59367081　59367018
印　　装／北京京华虎彩印刷有限公司
规　　格／开 本：787mm × 1092mm　1/16
　　　　　印 张：16.75　字 数：275 千字
版　　次／2016 年 3 月第 1 版　2017 年 6 月第 2 次印刷
书　　号／ISBN 978 - 7 - 5097 - 8652 - 9
定　　价／69.00 元